中国政法大学校级人文研究课题结项成果
“法律职业伦理与执业技术”项目成果

农村法律援助问题

NONGCUN FALÜ YUANZHUWENTI

刘晓兵◎著

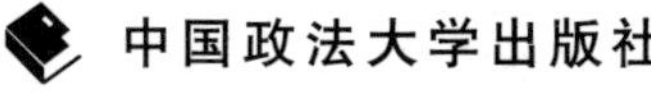
2025·北京

图书在版编目（CIP）数据

农村法律援助问题 / 刘晓兵著. -- 北京 : 中国政法大学出版社，2025. 9. -- ISBN 978-7-5764-2084-5

Ⅰ. D926.04

中国国家版本馆 CIP 数据核字第 2025QD3733 号

出版者　中国政法大学出版社

地　址　北京市海淀区西土城路 25 号

邮　箱　fadapress@163.com

网　址　http://www.cuplpress.com (网络实名：中国政法大学出版社)

电　话　010-58908435(第一编辑部) 58908334(邮购部)

承　印　固安华明印业有限公司

开　本　880mm×1230mm　1/32

印　张　9.25

字　数　223 千字

版　次　2025 年 9 月第 1 版

印　次　2025 年 9 月第 1 次印刷

定　价　49.00 元

前　言

农村法律援助具有自身的特殊性。其特殊性主要表现为援助地域的特殊性、对象的特殊性、援助领域的特殊性以及援助问题的特殊性。

关于中国农村法律援助这一课题，国内外的研究稍显薄弱。

从国内来看，尽管我国的法律援助事业整体上已取得不小进步，但农村的法律援助比较落后，相关的学术研究未受到应有的重视。笔者在“北大法宝”和“中国学术期刊全文数据库（CNKI）”输入“农村法律援助”词条，共检索到4部相关著作，它们分别是王晨光的《农村法制现状》、张品泽的《受刑事追诉农民工的法律援助》、李昌麒的《中国农村法治发展研究》、唐鸣、陈荣卓的《农村法律和社会问题探究》。检索到的论文则要多一些，共有近20篇。尽管这些文献均从不同角度直接或间接地对农村法律援助问题作了有益的探索，但总体而言以下研究仍存在有待完善之处：

第一，从研究的广度来看，上述文献大多把研究视野局限于农村法律援助问题的经济层面和制度层面，从而忽视了对观念层面、历史层面、地域层面和社会结构层面的探究。

第二，从研究的深度来看，上述文献多限于对农村法律援助问题的各种表征进行研究，对农村法律援助的深层次问题发现不够或探究不足，尤其没有从社会学意义上关注到我国农村社会的结构性变化对农村法律援助状况的深刻影响。

第三，从研究的素材来看，上述文献主要把结论建立在20世纪90年代或21世纪最初几年的实证材料之上，因而在一定程度上已经落后于我国当前的农村发展现实。

从国外来看，西方国家很早就建立了法律援助制度，在法律援助方面的理论研究相对发达。尽管两大法系国家均将法律援助视为人权保护的重要内容，但二者的研究视角还是有所区别的：英美法系国家一般倾向于将法律援助纳入诉讼制度的研究范畴，而大陆法系国家则大多倾向于把法律援助纳入社会保障制度的研究范畴。〔1〕美国的法律援助制度最为发达，也拥有一批著名的法律援助研究学者，如哈佛大学教授莫雷（Peter Murray）、波士顿大学教授施潘根伯格（Robert L. Spangenberg）和加州大学伯克利分校教授科尔帕（David L. Kirp）。其中施潘根伯格著称于从人性角度对法律援助进行研究，著有《美国的贫困者辩护制度》一书。

当然，西方国家并没有类似于我国这样的城乡二元结构，在观念上或现实中也没有类似于我国这样的城乡差异，故而在笔者看来这些国家的农村法律援助问题可能不具有理论建构上的类型化条件。但西方国家在法律援助领域的研究成果仍值得我国借鉴。

本课题的研究具有较高的理论价值和应用价值。其理论价值包括但不限于：其一，我国学界对农村法律援助的理论研究总体上还非常不够，本课题的研究可以填补或充实这一理论研究领域的不足和缺憾。其二，农村的法律援助问题相对于城市的法律援助问题更容易受到忽视，本课题的研究可以引起理论界的重视并吸引更多学者加入对农村法律援助问题的研究行列。本课题的应用价值包括但不限于：从宏观层面来讲，本课题的研究可以为我国建设社会主义

---

〔1〕参见宫晓冰主编：《各国法律援助理论研究》，中国方正出版社1999年版。

新农村、提升广大农村的法治水平和制定农村法律援助相关法规政策提供参考。从微观层面来讲，本课题的研究可以为立法部门评估和检视《中华人民共和国法律援助法》（以下简称《法律援助法》）以及《法律援助条例》（该条例继续有效）在我国广大农村的实施效果提供参考，并可以为国务院有关部门或地方政府根据法律援助法规制定相关实施细则提供参考，也可以为有关部门了解农村法律援助状况并建立健全农村法律援助体系提供参考，还可以为有关社会团体、社会公益机构、法律援助组织了解农村法律援助问题或参与农村法律援助事业提供参考。

除了以上理论价值和应用价值，本课题的研究还有以下重要意义：其一，研究农村法律援助问题是“依法治国”和“保障人权”这两大宪法精神的要求。其二，研究农村法律援助问题是构建社会主义和谐社会战略部署的要求。根据《中共中央关于构建社会主义和谐社会若干重大问题的决定》，构建社会主义和谐社会需要“扎实推进社会主义新农村建设，促进城乡协调发展。”农村法律援助是社会主义新农村建设的重要内容，把握农村法律援助中的各种问题可以促进社会主义新农村建设和城乡协调发展。其三，研究农村法律援助问题是党的十八大报告的要求。党的十八大报告强调，解决好农业农村农民问题是全党工作的重中之重。农村法律援助问题是“三农”问题的具体方面，把握农村法律援助中的各种问题可以促进农村法治建设并促进“三农”问题的解决。

目　录

第一章

中国法律援助的城乡二元化问题

改革开放以来，我国实行了一系列旨在促进城乡经济协调发展的改革举措和政策措施，如保障农民土地承包权的长期稳定，支持农业和轻工业的发展；逐步放开农产品流通和价格，实施城镇化战略，积极发展小城镇，支持发展乡镇企业，促进农业剩余劳动力就地转移，减轻农民经济负担，等等。这些措施在一定程度上促进了农村的经济社会发展，也有助于农业问题和农民问题的解决。但是，不可讳言的是，由于我国城市经济社会发展相对于农村具有天然的资源优势和政策优势，城市和农村的经济社会发展上仍有差距，城乡二元结构的矛盾依然存在，在社会保障方面尤其突出。

城乡二元化不但表现在城乡居民的经济收入和社会保障的差距上，而且表现在城乡居民事实上存在的法律援助上的可获得性差异上，这种差异亟待各级司法行政机构和农村工作部门予以重视。

第一节　何谓法律援助的城乡二元化

城乡二元化是一个颇具中国特色的社会问题。一般认为，城乡二元化主要表现为城乡之间不同的资源配置制度及其导致的不均衡结果。法律援助的城乡二元化则表现为法律援助资源在城乡之间的配置失衡，致使法律援助所需的人力资源、物力资源和财力资源绝对集中在城市而非农村，甚至对农村形成虹吸效应。

在 2007 年《中华人民共和国律师法》（以下简称《律师法》）修订之前，中国的律师总量只有十几万人，其中尚存在一定数量的国资律师事务所和公职律师，后者能够为农村提供一定的法律援助服务，特别是普遍存在于农村乡镇的基层法律服务机构，为农村法律援助提供了必要的人力资源。同时，彼时的法律援助资源在很大程度上是由政府进行配置的，尽管总的法律援助资源相对匮乏，但城乡之间在法律援助资源分配方面的失衡状态并不明显。2007 年《律师法》修订之后，国资律师事务所在法律上不复存在，法律援助所需的律师资源进一步向经济发达地区，特别是北京、上海、广州这样的大城市聚集。尽管这种聚集符合资源配置和市场经济的规律，并且在一定程度上促进了我国律师事业的发展，但同时也加大了城乡之间在律师资源占有方面的不均衡。不仅如此，这个时期也是“三农”问题相对突出的时期，大量的农村劳动力涌向城市务工，政府在法律援助资源配置方面更多地投向城市中的农民工，对农民工的法律援助事实上成了农村法律援助的全部，广大农村地区实际上成为被法律援助机构“遗忘”的角落。

时至今日，这种态势并未得到有效改观。一方面，由于经济发达地区具有更多的业务机会，法律援助所需的人力资源进一步向大城市集中。另一方面，政府在法律援助所需的物力和财力资源分配方面更多地向城市倾斜，农村法律援助所需的财力资源相对而言较为匮乏。以法律援助公共设施的投入为例，政府财政在软件和硬件上对城市的投入要远远多于农村，农村的软硬件建设显著落后于城市。特别是在西南、西北和东北边远地区的农村，其在法律援助公共资源的投入和公共设施的建设方面尤其落后于城市，这是有目共睹的事实。

具体而言，我国法律援助城乡二元化主要表现在以下几个方面：

第一，城乡分割的援助体系。法律援助体系主要由援助管理机构与援助实施机构组成。其中，援助管理机构主要负责受理、审查法律援助申请，指派或者安排人员为符合《法律援助法》以及《法律援助条例》规定的公民提供法律、司法方面帮助的部门、机关。或者说是负责组织、指导、协调、监督及实施本地区法律援助工作的机构，统称“法律援助中心”。援助实施机构主要是律师事务所，包括现行《律师法》规定的合伙律师事务所、个人律师事务所和国家出资设立的律师事务所。当然，律师事务所本身并不能为当事人提供法律援助，为当事人提供法律援助的主体是律师事务所的律师。律师是熟悉法律、具有律师资格和执业证书的专业法律工作者，具有系统的法律专业知识，熟悉法律程序，在诉讼方面享有更多的诉讼权利，在提供法律服务和法律援助方面有非法律工作者和其他法律工作者所无法比拟的优势。

从目前来看，我国法律援助体系的设置理念是以城市为中心的，广大农村地区暂无独立而完整的法律援助体系。就法律援助管理机构而言，它们由直辖市、设区的市或者县级人民政府司法行政部门根据需要在本行政区域内确定。暂未设立法律援助中心的区县，由各区县司法局指定职能部门代行法律援助中心职责。不仅如此，律师事务所也都聚集在城市，特别是北京、上海、广州这样的大城市，许多地区的县城或农村地区的乡镇驻地暂时未设立律师事务所。根据笔者的调研了解，目前全国仍有很多县（市、区）没有律师，如四川的汉源县、西藏的阿里地区。[1]这种情况若不改变，可能影响广大农村地区的法治进步和当地经济社会的发展。

第二，城乡分离的援助模式。在城市，法律援助向法律援助中心申请，由法律援助中心指派，由律师事务所承担并由执业律师完成。但在广大农村，法律援助只能向乡镇法律援助工作站提出申请，在没有设立法律援助工作站的农村地区只能向乡镇司法所提出申请。在法律援助承担方面，农村地区的大量法律援助工作都是由乡镇法律服务所完成的，而乡镇司法所的工作人员在法律援助的操作能力方面和操作规范方面往往难以得到有效保证。

严格来说，“法律事务所”并非严格的法律概念。一般作为“基层法律服务所”及法律咨询类公司的统称。法律事务所的法律地位、业务范围、权利都受到法律的限制，不能与律师相提并论。律师事务所里的工作人员都是经过严格考核、取得律师资格后，经司法部审核颁发执业证书的，是社会上唯一能以律师身份提供法律服务的人员。而法律事务所里的工作人员是不具有律师资格的，只能进行一些咨询、代写文书、标的额较小的民事案件的代理工作，最重要的是法律事务所不能进行刑事案件的代理、辩护工作的。随着律师队伍的扩大，法律事务所逐步会退出历史舞台。

第三，城乡有别的投入机制。我国法律援助投入机制属于典型的“城市中心主义”模式。在法律援助制度萌生之初，法律援助的资源多聚集在武汉和广州这样的大城市。1992 年，武汉成立了我国第一个社会性的法律援助机构——“社会弱者权利保护中心”。

---

〔1〕 2013 年的数字是，164 个县（市、区）没有律师。其中，126 个县既没有律师也没有律师事务所，38 个县有律师事务所但没有律师，此外还有 92 个县（市、区）只有一名律师。参见司法部法律援助中心编：《中国法律援助年鉴 · 2013》，中国民主法制出版社 2015 年版，第 262 页。尽管这个统计数据至今已有十余年之久，但目前的情况没有大的改变。

1994 年，广州成立了我国第一个由政府设立的法律援助机构——“广州市法律援助中心”。2003 年《法律援助条例》公布之后，我国正式建立起了真正意义上的现代法律援助制度，国家开始从财政上对法律援助进行有限的投入，但相关财政资金是以城市为中心逐级下拨，而流向农村的法律援助资金较少。同时，法律援助经费主要依赖地方财政。大多数农村当地政府财政能力较弱，无法给予足够的资金支持，导致经费满足不了法律援助工作的实际需要，使法律援助工作无法在农村有效地开展。

除了资金投入的城乡有别，法律援助所需的公共设施建设也有差异。从目前来看，城市大多已经建立起比较完善的法律援助公共设施网络。例如，大多数城市已经建立不少的法律援助便民窗口、法律援助便民服务大厅或行业（部门）法援工作站，以互联网为基础的“互联网+法律援助”服务新模式也已建立起来并延伸到城市的各个社区。而在广大农村，由于缺乏类似在城市设立的便民窗口、服务大厅或“互联网+法律援助”基础设施，法律援助的申请依然要到所在县城才能完成，一些基本的法律咨询也难以便捷地获得，由此城乡在法律援助基础设施和公共服务设施等各方面的差距不断扩大。

第四，城乡有别的申请门槛。根据现行《法律援助法》和《法律援助条例》的规定，公民申请法律援助需要经过严格而繁复的申请程序、审查程序、批准程序，加之该法没有对这些程序设置明确期限，由此导致法律援助申请在现实中久拖不决的情况，每一项程序都可能经过数日、十几日甚至几十日的等待。在申请获批之后，申请人还需要等待法律援助管理机构把法律援助事项最终落实到具体的负责人或提供者，由法律援助服务机构负责实施。不仅如此，申请材料的准备程序也很复杂。以开具“经济困难证明”为例，申请人首先要从乡镇人民政府领取表格并按要求逐项填好，然后由所在村民小组确认个人或家庭收入情况的真实性，再经所在村委会证明，最后报乡政府核准。由于农村交通不便，加之管理机构的服务水平有限以及留守群体的文化水平普遍偏低，往往需要为此往返奔走并等待数天时间。因此，为了方便农村留守群体申请法律援助，建议区县司法行政机关开辟专门针对农村留守群体的法律援助“绿色通道”，对农村留守群体或其监护人申请法律援助做到“三快三简”。所谓“三快”，就是快速受理、快速处理、快速派遣；所谓“三简”，就是简化准备程序、简化申请程序、简化审核程序。总之，从申请人提交申请直至法律援助管理机构完成法律援助人员的指派，所有程序不宜超过 10 天期限。

综上所述，体制性因素事实上形成了农村法律援助资源与城市法律援助资源占有之间的相互隔离，农村的经济收入水平、社会保障水平较低，法律援助资源的人均占有水平也低，这就是法律援助城乡二元化的直接表征。

第二节　法律援助城乡二元化的根源

法律援助城乡二元化的根源主要是资源配置存在问题，即法律援助资源在城市和农村之间的分配失衡。从更深层次来说，法律援助资源配置之所以失衡，其背后既有主观原因，也有客观原因。就主观原因而言，既有法律援助工作人员的因素，也有农村居民自身的因素。就客观原因而言，既有市场规律和政府调节的作用，也有城市化进程的影响。

从个体的维度看，城乡二元化与法律援助工作人员和受援人的个体城市化取向具有密切联系，而城市化取向又必然意味着与农村的疏离。法律援助工作人员——无论作为管理者的工作人员还是作为实施者的律师或其他法律援助工作者——大多都在城市接受高等教育并习惯城市的生活节奏和生活方式，其在毕业后往往会想留在城市而非农村。农村的受援人也更愿意接受来自城市，特别是大城市的律师或其他法律援助工作者的服务。一方面，城市，特别是大城市的律师或其他法律援助工作者较之农村的基层法律服务工作者的法律专业水平的确要相对高一些。另一方面，农村的受援人也在主观上对来自城市的法律援助工作者带有一种盲目的认同感和信服感，其宁愿舍近求远去城市申请法律援助而不愿意接受农村基层法律服务工作者的援助。两相合力的结果就是，法律援助的人力资源不断集中到城市，与此相关的物力和财力资源也不断地集中到城市，甚至对农村和小城市造成虹吸效应。

市场规律对法律援助资源的配置作用更为深刻而有力。在市场规律作用下，资源一般会向经济、社会效益较高的地区聚集。尽管作为一项社会公共产品，法律援助也难以完全摆脱这一规律的作用，其所需的人力、物力和财力等各种资源对社会经济环境的依赖尤其显著。就人力资源而言，律师是法律援助的承担主体，但律师又兼具社会属性和商业属性，其在承担社会责任的同时也要追求一定的经济利益。同时，市场经济就是法治经济，律师在法律服务领域既是市场主体也是法治主体，律师通过为当事人提供法律服务而获得经济利益并不违反其社会属性，律师只有通过为当事人提供法律服务才能维护法律的正确实施和社会的公平正义，并在这一过程中进一步拓展法律服务的机会，借此获得生存和发展的经济利益。正因如此，律师在选择区位发展时，必然首选经济发展水平较高和生活条件较好的城市地区，而不是农村地区。就物力资源和财力资源的配置而言，它们同样要受到市场经济规律的影响。城市的经济、社会发展水平较高，交通、通讯条件较好，与法律援助有关的管理机构、实施机构以及与法律援助相关的司法机关都设在城市，法律援助资源在城市中的流动和使用既方便又快捷。相对而言，如果把资源配置到农村，由于拨付程序复杂和资源在途时间长，这一过程本身就需要成本。加之农村的经济、社会发展仍需提高，交通、通讯和司法机构等法律援助所需的基础设施相对落后，同样的资源投入在产出效益上可能会受到销蚀。

市场经济通过供求机制有效地调节了法律援助的资源配置并激励法律援助事业的发展，但由此也造成了法律援助资源的消极效果，即法律援助所需的人力、物力和财力资源更多地集中在城市，从而与法律援助的公共属性背道而驰。为了抵消这种消极效果，法律援助的资源配置只能更多地依靠政府的作用，即在农村法律援助资源相对匮乏的情况之下，由政府通过其“看得见的手”把法律援助资源倾斜性地配置到农村地区。政府调节作为一只看得见的手，始终发挥着重要的作用。大到各种政策和制度、小到日常生活，作为城乡关系演变的主导者，政府力量不仅决定了有限资源的城乡分配，还决定了农民的日常行为取向。[1]具体到法律援助实践中，政府意志对法律援助资源流动同样具有极大的支配作用，政府既可以通过优惠政策把法律援助资源留存在城市，也可以通过行政手段把法律援助资源从城市引向农村。但在城市中心主义的支配之下，政府在法律援助资源配置方面往往以城市为本位，并通过制度设计、机构设置、政策制定，以及意识形态动员等一系列手段措施把法律援助资源集中配置到城市，以服务城市的经济社会发展需要。

城市化进程当然也是法律援助资源配置问题的推手。事实上，这种情况随着 21 世纪初城市化进程的加快而变得更为显著。一方

---

〔1〕 参见文军、沈东：《当代中国城乡关系的演变逻辑与城市中心主义的兴起——基于国家、社会与个体的三维透视》，载《探索与争鸣》2015 年第 7 期。

面，城市化的推进使得以城市为中心的法律援助资源配置方式更具规模效应，而农村地区由于地域广阔，同样的资源投入在使用效益上难免被稀释，而稀释后的法律援助资源难以形成显著的适用效能，这就使得政府在配置法律援助资源时更多地把它集中在城市，此即所谓“集中资源办大事”的资源配置方式。另一方面，在城市中，政府对于哪些人需要法律援助、需要何种法律援助以及单个法律援助案例需要多少预算都是比较易于统计和把握的，政府可以在某个时期或对某些群体进行比较集中的法律援助投入，从而使法律援助的效益最大化。而农村地区由于人员分散，政府较难统计哪些人需要法律援助以及需要何种法律援助，在法律援助的时间和空间难以确定的情况下也难以把控单个法律援助案件所需的预算，这些都会影响法律援助资源投入的规模效用。

第三节　法律援助城乡二元化的影响

法律援助的城乡二元化是我国城乡二元结构的具体表现，也是法律援助城乡一体化的障碍，其产生的影响主要有以下几个方面：

1. 农村的人权保障应进一步加强

尽管“人权”在世界范围内尚无一致的标准，但人们对它的基本内容并无大的争议。一般认为，现代社会的人权是自然人依法享有的生命权、人身权和政治、经济、社会、文化等各方面的社会权利，是“人因其为人而应享有的权利”。[1] 人权，说到底是“法

[1] 关于人权的范围及其依据，我国和西方具有一定的认识上的差异：西方通常主张人权无国界，认为人权具有普适性，并且这种普适性不因一个国家国内法的限缩而减少。而我国则认为人权的依据主要是国内法，每个国家的人权都有其自身的特征，如生存权在发展中国家就是最基本的权利，没有生存权就谈不上其他权利。无论如何，人权的国际化或普世化是当今时代的一个趋势，这也是许多人权国际公约得以制定的基础。

权”，其具体内容都体现在国家的宪法和其他各项法律之中。但是，在实质意义上而言，人权的保障仅有宪法或法律的规定还远远不够，关键是这些写在宪法或法律上的权利能否在人们的社会生活中成为现实。也就是说，人权不能只是写在纸面上或文件中，更重要的是把它变为现实。对于那些因经济困难而难以获得必要的司法资源的人员和地区来说，法律援助是人权从纸面变为现实的基本途径。

不过，在农村及法律援助城乡二元化的现状下，农村的人权保障措施从纸面变为现实的过程中仍需进一步加强。其一，相对于城市居民而言，农村居民的总体经济收入较低，包括教育、文化和娱乐在内的自我发展机会偏少，以及包括医疗、卫生、劳动和养老在内的社会保障水平偏低，在财产权、人身权的自我保护方面稍显弱势，这些都需要借助法律援助提供必要的咨询。其二，一旦涉及诉讼，法律援助的作用更为重要，这是保障农村贫困人口得以获得司法公正的最有效的途径。这是因为，法律援助正是为填补这项漏洞而设立的，其宗旨就是使那些经济困难的人也能享有专业的法律服务，保证其在权利实现中的公平待遇。只有当社会成员不因经济条件的差异而平等地获得法律帮助时，“法律面前人人平等”这一宪法原则才能更好地实现。但是，在法律援助城乡二元化现状下，对那些经济困难的农村居民来讲，其所需要的法律帮助可能会因其支付不了必要的法律服务费用而落空，而其享有的权利可能在实际中没有很好地得到保障。

更重要的是，农村人权保障水平需提高的问题可能会影响法律援助的城乡二元化现状。这是为什么呢？由于人权保障水平需提高，农村的法律纠纷和诉讼案件可能会增多，而纠纷和案件的增多可能会使法律援助的需求量同步增多。在农村现有法律援助资源配置水平保持不变的情况下，纠纷和案件的增大将使农村进一步面临法律援助资金和人员的紧缺，从而更大地影响法律援助的城乡二元化。

2. 农村的法治进步需更加强化

“法治现代化是人的现代化，人的价值观念、思维方式的现代化。”〔1〕法治的实现要观念先行，法治意识是这一观念的突出体现。法治意识作为法律文化的要素之一，是法治现代化的真正内在动因。“民众是社会最基本的构成元素和最深厚的普遍基础。”〔2〕民众的法治意识对于法治的实施和法治国家的形成起着至关重要的作用。我国法律援助制度的推行，应建立在全民法治意识觉醒和普及的基础上，因为只有如此，弱势群体才会知道在自己的合法权益遭到侵害时设法求助于法律，社会各界才不会任意损害弱势群体的利益。与此同时，我国法律援助制度的实施，有助于全社会法治意识的提高和强化，为法律文化及其他文化的形成与发展提供最为直接的载体。我国法律援助制度作为“法治”的一个重要方面，有赖于“德治”提供社会道德基础，同时又有助于正确引导全社会都来关心、救助、发展弱势群体。这是以人为本理念最直接、最有效的体现与归宿。〔3〕

农村法治建设是国家整体法治建设的重要组成部分，但农村是国家整体法治建设的一个薄弱环节。可以说，农村法治兴，则国家法治兴。而农村法律援助兴，则有助于国家在整体上的法治兴。比如涉及农村承包地、宅基地及农地征收征用、乡村规划建设等案件，老百姓关注度高，对法律援助的依赖度也高，如果不能提供及

〔1〕 姚俊廷：《法律信仰的建构及其意义》，载《理论界》2002年第1期。

〔2〕 卓泽渊：《法治国家论》，中国方正出版社2001年版，第243页。

〔3〕 魏佳容：《法律信仰与中国法治现代化》，载《律师世界》2002年第10期。

时而有效的法律援助，可能会影响农村的和谐稳定，对国家的稳定大局形成销蚀效应。在法律援助的推动下，农村地区可以“大力实施乡村振兴战略，农民更需要以法治思维和法治方式，养成遇事找法、办事依法、解决问题靠法的行为习惯。”对此，全国人大代表、河南省西平县宋集乡宋集村党支部书记刘香莲有感而发。

在法律援助城乡二元化现状下，优质的法律援助资源可能多集中到了城市，农村贫困居民在需要法律援助的时候往往面临申请难以获得批准的窘境，即使可以寻求法律援助，也要付出更大的努力。许多时候，虽然农村的当事人有意寻求法律援助，往往因路途遥远以及需要为此付出的经济代价、体力消耗以及心理煎熬而不得不选择放弃。同时，法律援助并非简单地意味着无偿为当事人打官司，在许多情况下它还意味着为受援人提供相应的法律知识。所以加强前期的法律援助，农村居民便可获得必要的法律知识并且能够正确实施法律行为或处理邻里纠纷。在陕西的“张扣扣”案中，如果张母在最初遭到邻居殴打之时能够得到及时而有效的法律援助，完全可以避免后来的惨剧。

3. 农村的和谐稳定应更进一步推进

人的发展是和谐社会的基本表征。“建设社会主义和谐社会的过程，从本质上讲也就是推进人的全面发展的过程。”[1]关注弱势群体是解决我国社会主义初级阶段中人的问题的重要基础。科学发展观强调要“以人为本”，这里的“人”在理论层面涵盖了社会各阶层在内的最广大人民群众，而在实践中更应该强调和关注弱势群体。只有更加关注弱势群体，才能调动各方面的积极性，才能保持经济社会全面、协调、可持续的发展。社会主义初级阶段的目标是

〔1〕 陈家付：《在建设社会主义和谐社会中推进人的全面发展》，载《学术论坛》2005年第4期。

实现共同富裕，关注弱势群体，改善其生活与生存条件，提升其生存与发展能力。因此，要转变发展理念，在全社会提倡公平意识，制定相应的法律手段来保障弱势群体的利益，充分发挥其自身的积极性、主动性和创造性，这是我国实现农村社会和谐稳定的基础工程。〔1〕

法律援助所进行的一切活动都是以人为中心的，都与人有密切联系，它为弱势群体自身的发展提供了一个法律平台。正因如此，法律援助与社会的和谐稳定具有密切联系，是维护社会和谐稳定的重要手段。就目前而言，应加大农村的法律援助投入、扩大覆盖面，以便达到应援尽援的要求。如果农村居民个体难以通过法律援助获得案件所需的帮助，则其在个案中的程序性权利或实体性权利很有可能受到侵害，或者得不到应有的救济。不仅如此，农村居民在个案法律援助的失败还会产生其他问题。这是因为，对一个农村社会的受援人而言，法律问题仅仅是广泛的社会、情感、健康和其他问题中其遇到的一个方面而已。在法律援助不能为之提供解决个案纠纷所需法律支持的情况下，经济状况不佳和社会地位的有待提高将使个体面临更多的社会、情感、健康等问题。同时，又因农村的现有法律援助水平所限，它不仅难以完成自身基础的法律服务，而且很难提供与法律援助相联系的更为广泛且间接的法律服务。这是因为，农村的法律援助不应仅限于对单个农村居民的法律帮助，而要在单个受援人的生活、权利等发生明显改善后，使之全面提升自己、发展自己，并尽可能帮助周围的人，促进农村社会正气的发扬和爱心的养成，从而实现农村社会的全面发展与和谐进步。所以，在法律援助城乡二元化的现状之下，更应该加大投入改善农村

---

〔1〕 陈家付：《在建设社会主义和谐社会中推进人的全面发展》，载《学术论坛》2005 年第 4 期。

弱势群体的生活环境和发展条件使之得到法律援助，进一步促进农村社会的和谐稳定。

第四节 解决法律援助城乡二元化的途径

在我国这样一个传统的农业社会，法律援助城乡二元化的解决是一个复杂而艰难的问题。尽管从根本上说它的最终解决有赖于城乡二元化的消除，但可能还需一些时间。但农村法律援助不能等，也等不起。因此，法律援助城乡二元化的解决要有超前意识。从当前来看，法律援助城乡二元化的解决需要先确立基本的指导原则，然后再抓住其中的关键点并采取有针对性的解决措施。

1. 解决法律援助城乡二元化的原则

（1）服从中央关于乡村振兴战略的原则。习近平总书记在党的十九大报告中指出，“实施乡村振兴战略。农业农村农民问题是关系国计民生的根本性问题，必须始终把解决好‘三农’问题作为全党工作重中之重。”2018 年 3 月 5 日的政府工作报告中写明了，大力实施乡村振兴战略，科学制定规划，健全城乡融合发展体制机制，依靠改革创新壮大乡村发展新动能。

（2）城乡统筹发展原则。城乡二元化是伴随我国现代化进程的长期历史过程，也是一个不断适应经济社会发展进程要求的复杂的社会经济过程，必须充分熟悉这个过程的长期性、艰巨性和复杂性，了解所面临的矛盾和困难。可以肯定的是，我国传统的城乡二元经济格局已经发生了明显变化，城乡市场分割的局面已经有了较大改善。但是，也应该看到，城乡二元经济结构的关键性体制因素，如城乡生产要素市场的统一、农村土地征占用制度的改革、社会保障制度的建设等仍需加强，有些深层次问题并未取得突破性进展，我们还有很长的路要走。对此，应该要有充分的估计。应循序渐进和重点突破相结合，根据条件成熟程度，不失时机地在重要环节取得突破；根据各地区经济发展水平，在局部地区先行突破，带动整体推进，统筹发展。

（3）尊重农村生产方式的原则。建立有利于改变城乡二元经济结构的新体制，促进城乡二元经济结构向现代一元经济社会结构的转变，是一场深刻的社会变革。不仅包括用城市生产方式和生活方式改造农村生产和生活方式、生产要素重组和农村人口向城市的流动和迁移、城乡产业有机整合和组织方式的变化等，还包括整个社会结构、组织、文化等的变迁。这个过程仍将伴随我国社会主义初级阶段很长的历史过程，不可能一蹴而就。但是，在城乡二元经济结构矛盾日趋突出的情况下，我们必须意识到加快推进改革的必要性和迫切性，不失时机地在重要、关键环节推进改革。

2. 解决法律援助城乡二元化的关键

解决法律援助城乡二元化的关键是优化法律援助的资源配置。这主要可以拆解为以下几个方面：

第一步是统一配置。从中央层面来看，司法部应尽快出台改革方案，深化法律援助制度改革，统筹城乡法律援助发展。一方面，建立和完善有利于法律援助城乡一体化的申请、审批、实施和反馈机制。另一方面，在有条件的地区取消法律援助的户籍差别，建立以合法固定住所或稳定职业为依据的法律援助申请和审批体系。地方各级司法行政机关及法律援助机构应以体制和政策创新为突破口，改革不适应城乡法律援助协调发展或不利于城乡法律援助一体化的各项制度，从根本上消除阻碍法律援助城乡一体化发展的体制因素，促进城乡法律援助体制向不断适应社会主义法治建设内在要求的方向转变。

第二步是均衡配置。各级司法行政机关及法律援助机构在法律援助资源配置方面应有意识地注重城乡之间的均衡配置，促进法律援助申请网络向农村延伸，逐步扩大农村法律援助实施的覆盖面，建立农村法律援助统计数据库，使之接入现有的法律援助数据体系。在法律援助资金分配方面，应确保农村地区可以获得与城市同等的投入，农村地区的人均投入不得低于城市地区。为此，上述机构还应对农村地区的法律援助需求情况进行全面的摸查和统计，做到应援尽援。

第三步是倾斜配置。加大农村地区在法律援助方面的公共设施投入，如乡村法律图书馆、乡村法律援助申请联络点，在其中置备与法律援助有关的申请指引或简明手册；加强与法律援助相关的便利设施的投入，如加强与法律援助有关的交通、通讯、网络等基础设施的城乡统筹规划。对上述农村法律援助公共设施的管理和使用进行规范，使之制度化，规定地方政府新增财政收入用于农村法律援助支出的比例，大幅度降低农村法律援助的申请门槛和成本，提高农村法律援助的性价比。

3. 解决法律援助城乡二元化的具体措施

解决法律援助城乡二元化的具体措施很多，其主要包括但不限于以下几个方面：

第一，建立农村法律援助管理体系。农村法律援助管理体系涵盖法律援助申请、审查和质量监督等各方面的内容，需要在农村地区建立相应的管理机构。农村法律援助管理机构的设置要统一性质、规范设置，否则难以适应指导、管理、协调、监管农村法律援助工作的需要，不仅影响农村法律援助的管理质量和服务水平，而且不利于法律援助政府责任的落实。为了有效解决法律援助城乡二元化的问题，各地可以在现有法律援助管理体系的基础上充实农村法律援助的机构和人员，扩大农村法律援助服务半径，不断提高农村法律援助办事效率。与此同时，有条件的地方可以推行法律援助机构改革，试点法律援助机构下沉，减少法律援助行政管理层次，大幅度减少法律援助行政人员，降低法律援助行政治理成本。

在这个方面，银川市的探索具有借鉴意义，该市把法律援助管理体系无缝楔入便民网点，将法律援助管理体系与法律援助便民服务网点结合起来，有效满足了困难群体的法律服务需求。其具体实施理念是：该市建立以市、县、乡（镇）、信访法律服务中心、便民窗口、行业（部门）法援站为基础的“六位一体”法律援助管理与服务体系，不断巩固完善规范市、县法律援助机构，延伸法律援助基础网络。其具体操作方式是：该法律援助管理与服务体系以市级规范化法律援助便民服务大厅为中心，辐射 40 个乡镇法律援助工作站、14 个行业性专业化法律援助工作站，建立一小时法律援助圈，保证人民群众在遇到法律问题或者权利受到侵害时能够获得及时有效的法律帮助，从而实现法律援助全覆盖。在此基础上，该市还着力简化申请程序，扩大援助范围，建立法律援助“一卡通”机制，降低群众的法律援助成本，建立健全法律援助办案质量抽查监督、互查互评、责任追究等制度，虚心接受受援人和社会监督，努力做到法律援助案件代理（辩护）意见采纳率达到 80%以上，群众满意率达到 95%以上，案件合格率达 100%。[1]

第二，建立法律援助网络服务平台。法律援助网络服务平台是法律援助的网络化，即法律援助的“互联网+”模式。建设覆盖城乡的“法律援助远程服务系统”具有以下方面的好处：一是可以进一步完善城乡法律服务体系资源配置结构，切实解决偏远经济欠发

〔1〕 参见《中卫市建立“六位一体”法律援助体系》，载 http：//news. xinhuanet. com/local/2015-03/12/c_127574821. htm，最后访问日期：2024 年 11 月 10 日。

达地区法律服务资源稀缺和高端法律人才匮乏的问题，使农村居民可以通过网络直接连线优质的律师资源。二是可以解决农村地区法律援助能力不强等方面的问题，通过点线面结合的方式，有序调度总的法律服务资源，实现法律服务资源在城乡之间的互通共享，及时会诊重大涉法“疑难杂症”，为基层群众直接提供方便快捷且优质高效的法律援助服务。三是可以保障基层群众获得普惠均等、优质高效的法律服务，进一步扩大法律援助覆盖面。

在具体操作方面，法律援助网络服务平台的建设应坚持贯彻落实党的十八大和党的十八届四中全会的精神，由地方政府纳入“推进覆盖城乡居民公共法律服务体系建设”的总体规划。在山西，为着力解决山西省区域间法律资源配置不平衡问题，山西省司法厅积极探索“互联网+法律援助”服务新模式，于 2015 年 12 月在全国首创省、市、县三级联网的法律援助远程视频服务系统，把该平台系统延伸至全省 400 个规模较大、基础条件较好、法律服务需求较多的乡镇，不断推动公共法律服务体系建设进程。此系统截至 2016 年，已接待基层群众法律咨询一百余件，举办了一期以“法律援助办案实务中常见的工伤认定问题”为主题的视频直播法律实务讲座，受到基层群众和法律服务人员的好评。[1]

第三，建立法律援助横向联动模式。法律援助横向联动模式有别于自上而下的管理模式，其旨在整合一定地区的法律援助人力、物力和财力资源，为农村居民提供全方位的法律援助服务。在内蒙古，自治区司法厅专门发文要求有效整合律师、公证、基层法律服务、人民调解、司法鉴定、法律援助等法律服务队伍，统筹城乡、区域法律服务资源，突出“内部职能融合”和“横向联动拓展”

---

〔1〕 参见《今天山西将法律援助远程视频服务平台延伸到 400 个乡镇》，载 http：//new. youth. cn/201603/t20160331_7805366. htm，最后访问日期：2018 年 5 月 30 日。

两个重点，建立健全各项法律服务工作之间有机协调的工作机制，为广大群众提供"综合性""窗口化""一站式"法律服务。鼓励、引导社会力量参与公共法律服务，发展壮大法律服务志愿者队伍，完善法律志愿服务管理制度和服务方式，实现公共法律服务提供主体和提供方式多元化，形成部门联动、要素集成、优势互补、相互促进的综合法律服务合力。[1]

法律援助横向联动模式还可以与法律援助网络服务平台有机地链接起来。在有的地区，例如山西省，其业已建立的"法律援助远程服务系统"包含省市县乡四级联动的信息网络平台，司法行政机关可以通过该系统组织省城和大中城市的优质法律服务资源、优秀法律人才，以远程服务的方式，向全省基层特别是边远地区和经济欠发达地区，提供可视化、常态化、制度化的法律援助服务，进而与律师、公证、司法鉴定等部门探索"内部职能融合"和"横向联动拓展"的法律服务新模式。河南省已经建立的法律援助横向联动模式，利用该省的法律援助网络系统协同调度各方面的法律援助资源，采取多方视频会商、远程专家会诊、互动交流服务、即时培训指导、实时监控管理等方式，实现基层法律援助的常态化、可视化、互动化和普惠化。

第四，建立法律援助便民服务网点。法律援助便民网点是直接面向农村居民的办公地点。法律援助便民网点一般设在乡村司法所，也可以单独设在乡村办公驻地。在农村建立法律援助服务网点具有很多好处：可以向农村居民宣传法律援助，让他们接触和知悉什么是法律援助、法律援助的申请条件；可以方便农村居民进行与法律援助相关的咨询，包括自身是否符合法律援助的申请条件；一

〔1〕参见内蒙古自治区司法厅公布的《内蒙古自治区司法厅关于推进公共法律服务体系建设的实施意见》（内司发〔2015〕16号文件）。

旦需要法律援助，还可以方便他们及时提交申请。

正因为其具有以上好处，不少地方已经开始推广。以江苏徐州市为例，该市市总工会此次在铜山区、鼓楼区、云龙区、泉山区和徐州经济技术开发区沿街设立首批 12 个工会法律援助爱心岗，选任 81 名江苏师范大学法学院学生为爱心岗志愿服务人员，为全市职工和农民工提供劳动法律法规的宣传、咨询，并按照工会法律援助机构的指派，代拟仲裁、诉讼文书，处理非诉讼法律事务等服务。2015 年以来，徐州市总工会在全省率先建立工会法律援助志愿者队伍，并借助社会律师、法学院校、司法工作人员等各方力量不断壮大规模、提升素质，在普法宣传、工会维权、依法治市中发挥积极的作用，受到社会广泛好评。为提升志愿者队伍服务效能、扩大工会爱心服务范围、打造工会法律援助志愿服务品牌，徐州市总工会将搭建“工会法律援助爱心岗”列入 2016 年的重点工作，并在江苏师范大学招募了第二批工会法律援助志愿者。2016 年，徐州市工会法律援助志愿者已达 260 余名，列全省第一，志愿服务队从去年的 9 个分队拓展到现在的 15 个分队，服务场所从市总窗口和市直单位延伸到市主城区沿街站点。下一步，徐州市总工会还将把工会法律援助志愿服务拓展到乡镇、社区、企业、工地。据介绍，这 12 个法律援助岗均在显著位置注明了法律援助志愿者的联系方式和工作流程，志愿者们除接受全天电话咨询外，还将在周末驻点接受法律咨询。[1]

再以重庆市大渡口区为例，该区近年来不断降低援助门槛，除依托镇街司法所设立 18 个法律援助工作站以外，还在全区 8 个镇街建立公共法律服务（法律援助）工作站，在 84 个村（居委会）

---

〔1〕 参见《让法律援助体系遍布城乡：市总工会在全省率先设立工会法律援助爱心岗》，载《徐州日报》2016 年 5 月 17 日，第 2 版。

设立公共法律服务（法律援助）工作室，扩大困难群众受援面，先后建立起76个村居的法律援助便民联系点，并在12个律师事务所、3个基层法律服务所建立了接待点，建立8个部门行业法律援助工作站，把法律援助延伸到最基层、最需要援助的困难群众和弱势群体中，实现了法律援助的无缝隙覆盖；优化运行法律援助律师“点援制”。[1]

〔1〕参见《大渡口区司法局织密“四全覆盖”公共法律服务网》《司法创新为民生 服务群众“零距离”》等，载http：//www.ddk.gov.cn/，最后访问日期：2016年11月12日。

第二章

中国农村法律援助概况

本章对我国农村法律援助的发展现状作了比较全面的调研和分析，并以此为以下各章提供实证素材。调研的区域主要包括华北地区、西南地区、东北地区、中原地区、西北地区和中南地区。

第一节 关于农村法律援助概况的调研说明

自我国建立法律援助制度和推进新农村建设战略以来，农村法律援助也有了由点到面，从无到有的发展过程。当然，不可否认的是，农村法律援助在满足农村法治的需求上仍需进一步加强，在总体上仍然处于低水平发展和不均衡发展的状态。基于这一认识，笔者自 2014 年初就在全国范围内对不同地域的农村法律援助进行一定的实地调研，以期探寻我国农村法律援助发展中存在的问题并为解决这些问题建言献策，至今已十年有余。通过调查研究，笔者获得了丰富的实证材料并在综合分析这些实证材料的基础上完成了我国农村法律援助发展概况的调研报告。

一、调研的实施过程

1. 确定调研目标并进行文献检索

本次调研的目标是为了获得关于我国农村法律援助的第一手材

料，全面了解我国农村法律援助的发展现状以及存在的问题，为我国农村法律援助的改革和相关制度建设提供决策参考。

为了实现上述目标并使调研更具可靠性，笔者在着手展开调研之前广泛检索了国内外的相关文献，借此制定详细的调研方案。文献检索的渠道主要包括中国政法大学图书馆（http：//gate. cupl. edu. cn/tsg）、北大法宝（http：//www. pkulaw. cn）、中国学术期刊网（http：//www. qikanw. com）、中国知网（http：//www. cnki. net）。通过文献检索，笔者充分收集了与农村法律援助有关的文献资料并对这些文献资料作了深入分析，从而为展开进一步的实证调研奠定初步的理论基础。

2. 选取调研对象

如前所述，本次调研的地域涵盖中原地区、华北地区、中南地区、西北地区、西南地区和东北地区，调研对象包括基层司法行政机构、法律援助机构和乡镇司法所及其工作人员以及参与农村法律援助的律师事务所及其所属律师。为了确保调研结果的全面性和客观性，笔者在选取调研对象的时候有意识地考虑到调研对象在来源上的差异性。作为调研对象的司法行政机构、法律援助机构和乡镇司法所及其工作人员，既有分布在东部发达地区的，也有分布在西部欠发达地区的。作为具体承担农村法律援助工作的人员，既考虑到律师事务所的律师，也考虑到在乡镇法律服务所从业的法律工作者。同时，在选取律师作为调研对象的时候，为了进一步确保调研结果的全面性和客观性，笔者既考虑到长期参加农村法律援助的经验多的律师，也考虑到未参加或刚参加农村法律援助工作的经验较少的律师。这是因为，经验不同，承担农村法律援助的体验也不同，经验的多寡对个体在农村法律援助方面的观念形成具有一定影响。

3. 调研的手段和途径

本次调研的主要手段是调查问卷。问卷共分为三部分：第一部分是调研对象的基本情况，把握这些基本情况对于分析信息反馈的客观性和充分性具有参考价值；第二部分是选择题，这些选项主要涉及开设卷宗课的具体细节，同时也留下一定空间以征集调研对象的意见；第三部分是非选择题，共有 3 个问题，这些问题重在了解调研对象的主观感受并由此获得相关建议。

由于东北地区和西北地区等地域路途遥远，加之调研经费有限，对这些地区的部分调研对象的调研主要采取浏览当地司法局、法律援助机构或律师事务所网站的方式进行数据收集和分析。尽管以这种方式收集到的数据不是直接的，可能不够全面或不够具体，但大体上应该能达到窥一斑而见全豹的效果。不仅如此，即便在笔者所在的华北地区，许多调研对象也难以一一通过面对面的访谈进行。在这种情况下，笔者转而通过 QQ、微信或电子邮件等互联网通讯方式展开调研。

4. 收集和甄选反馈得来的信息

本次调研共通过上述途径发放调查问卷 520 余份，先后收回 493 份。经过甄选，共获得 455 份有效问卷，其中全部答完的问卷共计 378 份，部分答完的问卷共计 77 份，接受过农村法律援助的受访者反馈答卷共 16 份，提供过农村法律援助的受访者反馈答卷共 28 份。综合这些问卷的反馈信息，足以保证本次调研的有效性、全面性和客观性。

二、调研的结果与分析

通过对数据进行综合的对比分析和总结归纳，现对本次调研结果进行总结分析如下：

1. 关于农村法律援助的价值

法律援助是国家建立的保障经济困难公民和特殊案件当事人获得必要法律帮助的社会保障制度。除了个别受访者对农村法律援助不以为然，绝大多数受访者认为农村法律援助非常重要。有的受访者认为，农村法律援助是确保农村地区的法治发展与和谐稳定的必要保障。有的受访者认为，农村法律援助是维护农村贫困人口的合法权益、维护法律在农村地区得到正确实施以及维护农村社会公平正义的一项重要法律制度。有的受访者认为，农村地区存在一定的“村匪路霸”现象，农村法律援助不但可以为弱势群体维护权益，而且可以对乡村治理起到一定的监督制衡作用。显然，从调研结果来看，村民对农村法律援助持非常高的认可度和支持度，也非常期待农村法律援助能够得到进一步的发展。

2. 关于农村法律援助的需求情况

现阶段农村经济、文化的发展仍然不够平衡，农村文化基础和法律意识淡薄，社会矛盾纠纷比较突出，需要援助的案件数量呈递增趋势，这是农村法律援助的基本背景。在 455 份有效问卷中，共有 432 人认为目前的农村法律援助情况远远不能满足人民群众特别是困难群众日益增长的法律援助需求，占比约为 94. 95%。在其他受访者中，认为农村法律援助能够满足需求只有 6 人，占比约为 1. 32%。其他的受访者要么没有作答，要么认为不了解情况。这些调研数据说明两个情况：其一，农村法律援助宣传不够；其二，我国农村地区对法律援助具有较高的需求，现有农村法律援助资源尚难满足农村法治发展的需要。

3. 关于农村法律援助的机构设置

目前我国的法律援助机构是按照行政区划设置的，根据省、市、县、乡镇的区划，依次设置省法律援助中心、市法律援助中心、区县法律援助中心和乡镇法律援助工作站。绝大多数受访者认为，目前的法律援助机构都以城市为中心，大城市和经济发达地区法律援助机构设置尤其集中，经济发达的东部地区法律援助机构设置偏多，农村尤其是偏远山区的法律援助机构设置偏少，中西部欠发达地区的农村法律援助机构设置尤其缺乏，致使法律援助的现有机构设置难以满足农村社会法治的需求，农村贫困人口无法享有法律援助的权利。当然，由于宣传不够，也有一些受访者对本地农村法律援助的机构设置缺乏了解，有的甚至完全不知道本地设有法律援助机构。

4. 关于农村法律援助的资金配套

随着新农村建设的整体推进，农民的法律援助案件将逐年上升，大多数受访者认为目前的农村法律援助工作经费有限，不能满足农村法律援助的需要。受访者的律师或法律服务站工作人员中，大多抱怨农村法律援助不应采取事后补助的形式，许多甚至在年底也拿不到当年应发的补助，存在一定的拖欠现象。这一问题如果不得到有效解决，势必会影响整个法律援助工作在农村的开展。

5. 关于农村法律援助的便利措施

大多数受访者认为农村法律援助不够便利，认为便利的人数不多。在 16 份接受过农村法律援助的受访者答卷中，只有 3 人认为农村法律援助较为便利，且以年轻人居多，占比为 18. 75%，其余 13 人认为农村法律援助的申请路途太远，或者所在乡镇没有法律援助机构或不知道法律援助机构的具体位置，或者不知道如何提出申请，其占比为 81. 25%。在 28 份提供过农村法律援助的受访者答卷中，9 人认为农村法律援助较为便利，占比约为 32. 16%，其余 19 人认为法律援助不够便利，占比约为 67. 84%。

6. 关于农村法律援助的效果

总体来看，大多数受访者认为农村法律援助有效或效果显著，认为无效或效果欠佳的人数较少。在 16 份接受过农村法律援助的受访者答卷中，9 人认为所获法律援助有效，占比为 56.25%；7 人认为无效或效果欠佳，占比为 43.75%。在 28 份提供过农村法律援助的受访者答卷中，23 人认为法律援助有效或效果明显，占比约为 82.14%，只有 5 人认为无效或效果欠佳，占比约为 17.86%。

7. 关于农村法律援助补助机制

大多数受访者认为现行补助机制过于僵化。长期以来，律师提供法律援助只有 2000 元的补助，并且只能采取事后补助的形式，农村和城市没有差异。许多时候，律师为了完成援助任务所需的差旅费只能自掏腰包垫付。

三、关于上述调研所得问题的构想和建议

综合上述调研结果及其分析，可以发现接受调研的司法工作者、律师、村民均对农村法律援助现状持肯定和改革期待的态度，同时也显现出不少亟待完善或解决的问题。围绕上述问题，受访者也提出一些关于我国农村法律援助制度改革的构想和建议：

1. 改革农村法律援助的机构设置

法律援助机构设置的基本原则就是合理设置，把法律援助需求情况作为设置法律援助机构的依据。在规划法律援助机构设置的城乡分布时，要考虑到我国是一个农民占全国总人口数量比重较大的基本国情，以农村为重点，突出农民对法律援助机构的需求。因此，仅仅把法律援助机构集中设置在少数大城市的做法是有待商榷的，是值得反思的。

在具体操作上，大多数受访者主张坚持法律援助机构“下沉”的原则，把法律援助机构的设置伸向广大农村，县级城市可以设置一个总的法律援助中心，统筹城乡法律援助事务，在每个乡镇设置

农村法律援助工作站，在行政村或大的自然村设置法律援助联络点。乡镇法律援助工作站应以单独设置为原则，附属设置为例外。[1]村里的农村法律援助联络点则可以附属设置，一般以设置在村委会为原则，或者设置在村民活动中心、村卫生所等便于村民联络的场所。

2. 拓展农村法律援助的资金来源

农村法律援助需要大量的资金作为保障。当前，我国开展法律援助工作所需的经费来源，都是由政府财政予以支持。同时，中西部偏远地区的财政经济状况较为落后，财政收入来源有限，法律援助经费较为紧张，有的连教育、医疗、社会保障以及基础设施建设方面的财政投入都难以满足，投放在农村法律援助方面的财政支出更难得到保障，这种情况严重制约农村法律援助工作的开展。面对农村法律援助经费过度依赖政府的现实，基层司法行政机关和法律援助机构应鼓励社会资金的投入并在权限范围内为之制定相应的政策。

在具体操作上，大多数受访者认为农村法律援助资金主要还是依靠政府财政支持，在此基础上可以由县级司法行政机关或法律援助机构制定相应规则，鼓励社会参与。具体参与途径或方式包括但不限于：民间捐赠；建立农村法律援助民间基金；乡镇也可以建立相应的农村法律援助基金，鼓励本乡籍或本镇籍在外工作的成功人士捐款，或者建立一对一的农村法律援助帮扶关系；等等。

3. 鼓励法律援助人力资源从城市走向农村

农村没有专职从事法律援助的机构、组织和个人，主要依赖律

---

〔1〕 所谓独立设置，就是要为法律援助工作站配备独立的办公场所、人员、经费和设施并建立独立的财务制度；所谓附属设置，就是利用乡镇司法所的办公场所进行办公，一个单位两块牌子，甚至没有独立的经费和财务制度。

师事务所、基层司法行政机关，这使律师、司法工作人员的服务压力可能过大，对法律援助工作的及时有效开展极为不利，为此应建立相应的激励机制，使法律援助人力资源从城市走向农村。

在具体操作上，大多数受访者认为当前主要应改革业已僵化的法律援助补助机制，使补助向农村法律援助人员倾斜。一方面，对于提供农村法律援助的律师或乡镇法律服务所的工作人员，应该由地方财政给予一定数额的工作津贴或交通津贴。另一方面，现行法律援助补助额度亟待增加，由目前的 2000 元增加到 5000 元较为适宜，农村法律援助工作者应在新增补助额度的基础上另行补贴。同时，改革目前的单一事后补助方式，由事后补助变为事前、事中和事后分批补助的方式，改变农村法律援助工作人员为完成援助任务自掏腰包垫付资金的现状。

4. 改进农村法律援助供给方式

大多数受访者认为目前的农村法律援助不够便利，认为便利的人数不多。在 16 份接受过农村法律援助的受访者答卷中，只有 3 人认为目前的农村法律援助较为便利，而且年龄都在 40 岁以下〔1〕，占比为 18.75%，其余 13 人认为农村法律援助的申请路途太远，或者所在乡镇没有法律援助机构或不知道法律援助机构具体位置，或者不知道如何提出申请，其占比为 81.25%。而在 28 份提供过农村法律援助的受访者（律师或乡镇法律服务所工作人员）答卷中，9 人认为农村法律援助较为便利，占比约为 32.16%，其余 19 人认为法律援助不够便利，占比约为 67.84%。

关于如何促进农村法律援助的便利化，大多数受访者主张乡镇应该设置农村法律援助站，乡镇法律援助站最好在各村设立法律援

---

〔1〕 相对而言，人在成年以后年龄越低，体能一般越高，不如老年人那样对路途或往返次数等体能性的不便那么敏感。

助联络点。联络点可以由村支书或村主任兼任，有条件也可以聘请有法律知识的年轻人专任，或者由志愿者担任。有的受访者提出农村法律援助网络化的问题，但这个便利措施仅仅适用于有一定网络经验的村民，其中主要是年轻人。对绝大多数老年人而言，由于网络知识和上网能力的欠缺，农村法律援助的网络化很难直接为之带来便利；如果没人为之提供帮助，反倒是一种不便。

5. 关于农村法律援助普及宣传

如上所述，现阶段仍存在城乡法治水平发展不平衡的问题，许多受访者对法律援助不甚了解，因而有必要进一步在农村地区加强法律援助宣传，让村民知道法律援助，懂得法律援助并用好法律援助。

在具体操作上，大多数受访者认为基层司法行政机关，如县级司法局和乡镇司法所，应当在普法教育中加大法律援助的分量，制作农村法律援助宣传册或在广播电视中播放法律援助公益广告。乡镇司法所和村民委员会要派专人进行入户宣传，把农村法律援助手册分发到村民手中并进行必要的讲解。村委会或乡镇政府还可以在公共场所，如所在驻地、集市、圩场，张贴板报或海报，宣传农村法律援助知识。同时，不少受访者（主要是其中的专业人士）认为，法律援助本身就是最好的宣传通道，宣传可以在援助过程中展开——从事法律援助工作的律师或法律服务所的工作人员可以一边援助一边宣传。如果法律援助得到当事人的认可，口耳相传，一传十，十传百，这也可以取得很好的宣传效果，从而实现工作和宣传两不耽误。

四、结论与前瞻

无论如何，我国农村法律援助存在的问题是发展中的问题。在研究农村法律援助问题时，既要看到业已取得成绩，也要看到存在的差距和不足，这样才能全面认识我国农村法律援助的现状。那么，如何认识我国农村法律援助发展中存在的问题呢？一方面，从横向来看，较之西方国家的农村法律援助发展情况，我国的农村法律援助发展的确还有比较大的提升空间。相对而言，我国城乡之间无论是经济、文化的发展水平抑或是法治、法律援助的发展水平状态较不平衡。另一方面，从纵向来看，改革开放四十多年来，我国的总体法治程度有了十足的进步，城市发展了，农村也发展了，但农村和城市之间的差距仍然存在。因此，国家对农村法律援助仍需要加大扶持力度。

在调研过程中，笔者发现大多数受访者都对农村法律援助有浓厚的兴趣。有的兴趣比较纯粹，它更多地表现为农村法律援助知识方面的求知欲。有的兴趣比较功利，比如那些正要申请法律援助的村民，他们对如何申请法律援助以及申请获批之后如何请到好的律师以及能够达到何种效果等问题特别关心。无论如何，这种兴趣都是农村法律援助发展的推动力，也是笔者调研得以推进的推动力。同时，在调研过程中，笔者也曾不止一次地问过受访者对农村法律援助有何期待，尽管受访者的文化水平、富裕程度、社会地位以及认知能力各不相同，他们无不热切地希望农村法律援助发展得越来越好。对于受访者口中的“好”，笔者将其总结以下四个方面，即支出的“少”、设施的“便”、人员的“优”以及程序的“简”。

可喜的是，农村居民对法律援助的上述期望在近年来已经逐渐得到实现。根据 2018 年中央一号文件[1]确定的乡村振兴战略目标任务：到 2020 年制度框架和政策体系基本形成；到 2035 年农业农

---

〔1〕《中共中央、国务院关于实施乡村振兴战略的意见》。

村现代化基本实现；到 2050 年实现乡村全面振兴，全面实现农业强，农村美，农民富的目标。相对以往，2018 年的中央一号文件对实施乡村振兴战略做出了全面部署，也对“三农”问题提出了更高的要求，这已是 21 世纪以来中央一号文件连续 15 年关注“三农”问题了。作为我国乡村振兴战略的重要组成部分，农村法律援助也将随着中央对“三农”问题的重视而不断发展。农村法律援助在助力农村经济社会发展的同时，其所需的软件和硬件也将随着农村经济社会的发展，这既是农村法治建设的需要，也是解决“三农”问题的要求。总之，农村法律援助的发展未来可期，农村法治建设的进步也未来可期。

第二节　东北地区：大庆市农村法律援助考察

大庆市是黑龙江省辖地级市，国务院批复确定的黑龙江中西部重要的中心城市、中国重要的石油生产和石化工业基地，地处嫩江平原北部，地貌类型属于松花江，嫩江冲积一级阶地，属北温带大陆性季风气候区内，总面积 2.1 万平方千米。截至 2022 年，大庆市辖 5 个区、3 个县和 1 个自治县，常住人口为 272.7 万人，城市居民享受最低生活保障人数 0.83 万人，农村居民享受最低生活保障人数 3.5 万人。2023 年，大庆市地区生产总值 2862.5 亿元，比上年增长 1.8%。[1]

〔1〕 数据来源参见《2023 年大庆市生产总值统一核算结果》，载 https：//www.daqing.gov.cn//daqing/c100386/202401/c05_328285.shtml，最后访问日期：2024 年 11 月 12 日。

一、该市农村法律援助的基本条件

1. 大庆市区划及农村人口

大庆市辖5个区、3个县及1个自治县，即：萨尔图区、龙凤区、让胡路区、红岗区、大同区、肇州县、肇源县、林甸县、杜尔伯特蒙古族自治县。此外，大庆市还设有一个高新技术产业开发区，是国务院1992年9月批准设立的第二批国家级高新区之一。各区县基本情况如表2-1所示：[1]

表2-1

区划名称	面积（平方千米）	人口（人）	人民政府驻地	邮政编码	行政代码
大庆市	22161	2815508	萨尔图区东风路15号	163000	230600/230601
萨尔图区	549	325606	萨尔图区学伟大街环城路	163001	230602
龙凤区	510	185666	龙凤区龙腾路1号	163711	230603
让胡路区	1394	457964	让胡路区中央大街102号	163712	230604
红岗区	623	134091	红岗区红岗南路13号	163511	230605
大同区	2235	245320	大同区同城路	163515	230606

〔1〕此处区划地名资料截止到2020年12月；面积数据根据《中华人民共和国行政区划简册（2020）》形成，人口数据来自大庆市政府官方网站统计数据。

续表

区划名称	面积（平方千米）	人口（人）	人民政府驻地	邮政编码	行政代码
肇源县	4198	475068	肇源镇	166500	230622
林甸县	3591	273286	林甸镇	166300	230623
杜尔伯特蒙古族自治县	6427	252127	泰康镇	166200	230624

据2022年千分之五人口变动抽样调查显示，该年末全市常住总人口272.7万人，比上年末减少2万人。其中，城镇人口198.7万人，乡村人口74万人，常住人口城镇化率72.88%，农村人口占总人口的比重达到37.24%。[1]

2. 大庆市农村法律援助机构设置情况

据大庆市法律援助中心工作人员介绍，该市各区县都设有法律援助中心，统筹城乡法律援助实施工作，各乡镇、各街道依托司法所都设有法律援助工作站，各看守所、监狱也都设有法律援助工作站，工、青、妇、残、老等团体内都设有法律援助联络点，乡镇以下的各个村组目前没有法律援助机构设置。

3. 大庆市农村法律援助经费情况

该市自2019年至2023年的年均法律援助经费为230万元左右，其中地方省级财政保障的资金为100万元左右，其他130万元资金由中央转移支付、省里下拨资金以及中央专项彩票公益金法律援助项目资金组成，但农村法律援助的经费占比没有单独统计。上

〔1〕 数据来源参见《2022年大庆市国民经济和社会发展统计公报》，载 http://www.daqing.gov.cn//tongjigongbao/202305/c05_289763.shtml，最后访问日期：2024年11月10日。

述法律援助经费主要用于法律援助案件办理补贴、法律援助值班补贴以及法律援助的设备购买，其中农村法律援助的经费用途也没有单独统计。据大庆市法律援助中心的工作人员介绍，目前的法律援助经费非常有限，农村法律援助经费尤其缺乏。[1]

二、该市在农村法律援助方面的政策保障

为了进一步加强农村法律援助工作，该市法律援助中心于2018年初向各区县和高新区的法律援助中心下发了《关于进一步加强农村法律援助工作的通知》，对农村法律援助工作做了比较详尽的部署：

1. 高度重视，具体落实司法部党组会议的精神

司法部党组会议重在领会习近平总书记在中央农村工作会议上的重要讲话。作为会议精神的贯彻，该市法律援助中心结合工作实际，就进一步加强农村法律援助工作提出指导方针，即在深刻认识农业、农村、农民问题关系是关系国计民生的根本性问题的基础上，努力提高农村法律援助工作的成效，致力于从法律援助层面推动“三农”问题的解决。

2. 对农村公共法律服务工作提出明确具体的要求

司法行政工作要在满足人民群众特别是广大农民对民主、法治、公平、正义、安全、环境等方面的更高需求上下功夫，努力提供更好且更丰富的农村公共法律服务产品，使广大农民获得感、幸福感、安全感更加充实、更有保障、更可持续。各区县法律援助机构要充分认识并做好农村公共法律服务工作，尤其是要认识到法律援助工作的重要性、紧迫性，切实增强法律援助机构服务乡村振兴

---

〔1〕 数据来源是笔者从大庆市司法局调研了解的情况。

战略能力，把学习贯彻中央农村工作会议精神作为当前农村法律援助工作的一项重要任务，深刻领会、认真落实。

3. 真抓实干，努力做好有关农业、农村、农民的法律援助工作

具体的法律援助工作分为：降线扩面、针对农民工群体开辟“绿色通道”、建立和完善城际间异地协作机制、打造“半小时法律援助工作圈”、充分发挥司法所法律援助工作站的作用、推行“一村（社区）一牌、一户一卡”、加强农村法律援助信息化建设、加强农村法律援助宣传，注重总结工作经验，等等。

三、该市农村法律援助实施情况

根据笔者的调查了解，该市农村法律援助实施情况如下：

1. 进一步“降线扩面”

将法律援助经济困难标准调整至最低生活保障线的2.5倍，将军人军属、失独家庭、老年人、重度残疾、一户多残、老残一体、因特殊情况处于暂时性经济困难的群体纳入法律援助范围；将涉及假种子、假化肥、假农药、假农机具、坑农害农、劳动纠纷、环境污染、家庭暴力、交通事故、医疗事故、公证法律援助、司法鉴定法律援助等与民生相关的和困难群众迫切要求解决的事项纳入法律援助事项，使法律援助惠及更多困难群众。

2. 针对农民工群体开辟“绿色通道”

农民工请求支付劳动报酬或劳务报酬，请求支付工伤赔偿或人身损害赔偿等法律援助申请，不再审查其经济困难情况，简化审查程序，坚持优先受理、优先指派、优先办理的“三优先”原则，实行受援人零等待制度，做到当天受理，当天指派，减少当事人来回奔波的时间和费用。对情况紧急的群体性突发事件或即将超过仲裁或诉讼时效的和必须立即采取财产保全措施的法律援助案件，可先

行受理，事后补办手续。

3. 建立和完善城际间异地协作机制

法律援助机构要建立和完善城际间异地协作机制，就异地调查取证等开展协作，降低农民工维权成本。对已返乡的农民工所提出的法律援助申请事项，要按黑龙江省与相关省份签订的《省际农民工法律援助合作协议》及城际间法律援助合作机制的规定提供法律援助，进一步完善农民工输入地和输出地之间的协作工作机制，重点加强农民工法律援助的异地协作，合理配置法律援助资源，最大限度地维护农民工合法权益。

4. 充分发挥司法所法律援助工作站的作用

按照《黑龙江省司法厅关于在全省司法所 建立法律援助工作站的通知》（黑司规〔2017〕6 号）要求，在司法所建立法律援助工作站，进一步加强乡镇（街道）法律援助工作站建设，组织基层法律服务工作者（社会志愿者）直接面向广大农民，提供及时、便捷、有效的法律援助服务。充分发挥司法所法律援助工作站的作用，从法律层面更好地解决农业、农村、农民问题，积极开展高效优质的法律援助服务，为广大农民提供更好更丰富的农村公共法律服务产品。

5. 积极打造“半小时法律援助工作圈”

以法律援助机构和律师事务所为主，以司法所法律援助工作站、社区法律援助工作站、群团法律援助工作站为辅，充分发挥法律援助律师、法律援助志愿者、社区、村法律援助信息员（联络员）的作用，在纵向层级上形成市、县区、乡镇（社区）、村四级法律援助网络；在横向上发挥在“工、青、妇、残、老”、人社局、信访局、建设局、物价局等与普通群众密切相关的部门设立的法律援助工作站作用，以这两个纵向和横向的法律援助网络交织成立体化、快捷、便民的城乡、部门大范围覆盖的“半小时法律援助工作圈”，使需要法律援助服务的普通群众能在半小时内获得需要的法律援助服务。

6. 推行“一村（社区）一牌、一户一卡”

在村、社区的醒目位置悬挂法律援助服务公示牌，将法律援助条件、范围、联系方式等内容进行公示，向每个家庭发放一张法律援助专项工作“惠民联系卡”。使老百姓足不出户就能得到相应的法律援助服务，实现法律援助服务“接地气、连民心”。

7. 加强农村法律援助信息化建设

发挥“12348”热线平台、“12348”大庆法网网络平台作用，提高法律援助工作信息化程度，采取集中培训、选送深造、鼓励自学等多种形式，加大对“12348”工作人员的专业素质培训力度，打造一支基本适应形势任务要求、知识结构优良、工作能力较强、充满生机活力的“12348”专职队伍，实现法律援助工作的在线咨询解答、在线申办、在线受理等功能，让困难群众足不出户就能享受到优质法律援助服务。

8. 加强农村法律援助宣传，注重总结工作经验

与“八五”普法工作相结合，积极利用以“大庆市司法局头条号”为主的今日头条宣传矩阵、“大庆普法”微信公众号等新媒体宣传平台，集中宣传工作开展情况、先进人物事迹等，扩大法律援助的社会影响力，提高法律援助的社会知晓率。同时，积极争取相关部门和新闻媒体的支持配合，加强舆论引导，营造良好工作氛围，及时跟踪宣传报道工作进展情况和经验做法。各县区法律援助机构要及时总结工作开展情况，对工作中涌现出的好做法、好经验、好典型以及典型案例，要及时归纳梳理，并上报市法律援助中心。

四、该市农村法律援助面临的挑战

法律援助是国家建立的保障经济困难公民和特殊案件当事人获得必要的法律咨询、代理、刑事辩护等无偿法律服务，维护当事人合法权益、维护法律正确实施、维护社会公平正义的一项重要法律制度。大庆市司法局为全县法律援助工作的不断发展发挥了积极作用。

尽管如此，现阶段仍然面临以下挑战：一是农村经济、文化的发展仍然不够平衡，社会矛盾纠纷比较突出。这个不只是大庆的农村情况，实际上整个东北地区的农村都存在这种情况。二是农村文化基础和法律意识淡薄，与人民群众特别是困难群众日益增长的法律援助需求相比，法律援助工作还存在制度不够完善的问题。三是农村法律援助保障机制不够健全、援助范围难以应援尽援。这些问题的解决有待社会各界和各相关政府部门的支持，但要从根本上解决这些问题尚需经济社会的进一步发展。

第三节　西南地区：四川南江县农村法律援助考察

南江县早在南北朝时期（公元525年）就已立县，古属巴国之地，汉为益州之境，现为四川省巴中市辖县。该县位于四川盆地东北部、米仓山南麓，东与通江县毗邻，南与巴州区接壤，西与旺苍县相连，北与陕西省汉中市南郑区为伴，是四川北向出川重要门户，县内交通网络便捷，旅游资源丰富，拥有光雾山-诺水河世界地质公园、光雾山5A级旅游景区、成功创成国家首批生态旅游示范区、全国森林康养基地。全县属亚热带季风性湿润气候，境内具有明显的立体气候特点，县域面积3389.55平方千米。截至2023

年6月，南江县辖1个街道、29个镇、2个乡，县人民政府驻集州街道光雾山大道朝阳段6号。截至2023年末，南江县常住人口44.94万人，常住人口城镇化率是40.53%。2023年，南江县地区生产总值（GDP）138.66亿元，按可比价计算，比上年增长7.3%。三次产业结构为27.2∶25.1∶47.7。人均GDP 30 475元，增长9.4%。〔1〕

一、该县农村法律援助的基本条件

1. 该县农村人口占比

根据2023年全国人口变动情况抽样调查资料测算，年末常住人口44.94万人，其中城镇常住人口18.21万人，农村常住人口26.73万人，占总人口比重59.48%。〔2〕总体而言，该县城乡差距比较大，农村贫困人口较多，农村贫困人口的文化水平偏低，法治观念比较淡薄，加之历史习惯原因的影响，许多发生在农村及农村身上的案件属于法律援助条件的范畴。

2. 该县农村法治意识

从笔者调研了解的情况来看，本地村民大多不了解法律援助，基本上对法律援助一无所知。该县农村常见的纠纷主要包括婚姻家庭纠纷、山林土地权属纠纷、侵权纠纷、相邻纠纷、劳动纠纷、交通事故赔偿纠纷、医疗事故纠纷，等等。村民的无讼观念较强，不愿意打官司，以打官司为耻，一旦打官司也意味着纠纷双方撕破脸，事后很难调解和好。因此，对于村民之间纠纷的处理，如果当

〔1〕 数据来源参见《南江县情简介》，载 https：//www. scnj. gov. cnmlnj/zjnj/njgk/index. html，最后访问日期：2024年11月12日。

〔2〕 数据来源参见《2023年南江县国民经济和社会发展统计公报》，载 https：//www. scnj. gov. cnpublic/6598671/13940882. html，最后访问日期：2024年11月10日。

事人之间不能自行和解，主要通过乡（镇）村两级人民调解委员会调解解决。同时，该县宗族传统深厚，宗祠调解也占很大比例。

3. 该县法律援助机构设置情况

该县在城区设有一个法律援助中心，属县司法局事业单位，统筹城乡法律援助工作。各乡镇依托司法所设立乡镇法律援助工作站，具体负责农村法律援助的联络与实施，乡镇以下尚未设立法律援助联络点。村民申请法律援助需要在乡镇法律援助工作站提交申请。

该县乡镇法律援助工作站共计 48 个。具体设置如表 2－2 所示：[1]

表 2-2

南江站	沙河站	乐坝站	长赤站	正直站	大河站	桃园站
东榆站	下两站	赶场站	杨坝站	红光站	天池站	元潭站
关坝站	八庙站	坪河站	赤溪站	双流站	高塔站	团结站
傅家站	红四站	侯家站	双桂站	凤仪站	朱公站	黑潭站
和平站	高桥站	平岗站	仁和站	石滩站	关门站	兴马站
北极站	关路站	燕山站	关由站	红岩站	桥亭站	贵民站
沙坝站	柳湾站	汇滩站	上两站	寨坡站	流坝站	

4. 该县法律援助经费情况

据笔者调研了解，近年来该县每年的法律援助经费为 80 万元左右，其中地方财政保障的资金为 45 万元左右，其他 35 万元资金

〔1〕 数据来自 http：//xxgk. scnj. gov. cn，最后访问日期：2016 年 11 月 10 日。

由中央转移支付、省里下拨资金以及中央专项彩票公益金的法律援助项目资金组成，该经费主要是农村法律援助的经费，县城法律援助经费没有单独统计，占比不大。

二、该县农村法律援助实施情况

根据笔者的调研了解，该县农村法律援助实施基本情况如下：

1. 创新宣传手段，加大宣传力度，提高法律援助工作的社会知晓度

具体措施包括：①充分发挥12348法律援助服务专线的宣传作用。保障电话畅通，通过电话咨询，宣传法律援助的条件和范围，做到有问有答，通过12348援助专线，受理符合援助条件的援助案件。②结合“3・15”“12・4”等国际消费者权益日、全国法制宣传日等活动开展大型法律援助宣传，通过赶集宣传、送法下乡、法律讲座、法律进校园、文艺普法、以案说法等丰富多彩的形式开展宣传，把法律援助的基本知识和法律法规宣传到基层农民群众心中，进一步扩大法律援助社会影响力和公众知晓率。③悬挂法律援助宣传标识牌。在行政服务中心门口悬挂法律援助宣传标识牌，标有名称、服务电话、办公地址，方便群众办事。④在各镇（乡）、村醒目地点，张贴法律援助宣传画，建立法律援助、法律顾问公示栏，提高群众的知晓率。

2. 扩大法律援助覆盖面，让更多的人享受法律服务

具体措施包括：①对贫困群众为维护合法权益申请法律援助的降低门槛，简化手续，开设绿色通道，将那些经济状况处在困难标准“边缘”的困难群众，纳入到受援范围，让困难群众沐浴法律援助的阳光。②缩小受案事项范围的限制，敞开法律援助大门，将那些涉及困难群众生存、生活所必需的，涉及公民生命权、健康权、

生存权等与民生相关的权益纠纷，特别是涉及土地承包经营流转、交通、医疗、工伤、产品质量、高空作业、环境污染损害赔偿等重要事项纳入受案范围，做到应援尽援。

3. 健全农村法律援助人才保障制度，力争建立一支高素质的法律援助队伍

具体措施包括：①增加法律援助机构的人员编制，容纳更多的法律援助人才，做到基层法律援助机构至少要配备 3 名至 4 名专职法援律师，以此缓解法律援助的供需矛盾。②加强对法律援助专职队伍的管理和监督，努力提高队伍的素质和专业化水平。明确社会执业律师、法律服务工作者的法律援助年义务量，将是否完成法律援助年义务量与年检注册挂钩，并作为社会执业律师、法律服务工作者年终考评的一项标准。③不断加强法援律师法律法规相关业务培训，努力提高办案人员的办案水平和能力。④积极支持和引导社会团体和法律院校毕业生参与法律援助工作，充分发挥他们的积极性，壮大法律援助力量。

4. 建立农村法律援助激励机制

具体措施包括：①争取更多的法律援助经费，在经费允许的情况下尽可能地提高律师办案补贴；②在经费有限的情况下，对办理法律援助案件的社会律师采取精神嘉奖的办法，例如定期评选“法律援助先进个人”“优秀法律援助工作者”等称号，提高社会律师的知名度，为其赢得社会声誉；③依托司法所成立法律援助工作站，特别是对于经济落后确实无法增加法律援助机构人员编制的农村地区，可以通过司法所工作人员、基层法律服务工作者为农民提供咨询、代书、非诉讼调解等形式的法律援助。

5. 推动农村法律援助申请便捷化

该县在推动农村法律援助申请便捷化方面做了许多工作，其中

包括向农村法律援助申请人提供《法律援助一次性告知书》《法律援助办事指南》和《办理流程图》。文书内容如下：[1]

（1）南江县农村法律援助事项一次性告知书。

存　根

申请事项	民事、行政代理服务 刑事辩护和刑事代理	审批部门	南江县法律援助中心
联系人	聂晓燕	联系方式	0827-8213652

告知时间：　　年　月　日

南江县农村法律援助事项一次性告知书

<table>
<tr><td>审批事项名称</td><td>民事、行政代理服务
刑事辩护和刑事代理</td><td>承办人及
联系电话</td><td>聂晓燕
0827-8213652</td></tr>
<tr><td rowspan="3">申请人需要提交的材料及要求</td><td colspan="2">身份证或其他有效的身份证明（申请代理人要提交身份证明和有代理权的证明）</td><td>有□；无□。</td></tr>
<tr><td colspan="2">法律援助申请人经济状况证明表</td><td>有□；无□。</td></tr>
<tr><td colspan="2">与所申请法律援助事项有关的案件材料</td><td>有□；无□。</td></tr>
<tr><td colspan="2">一次性告知书出具时间</td><td colspan="2"></td></tr>
<tr><td colspan="4">办理地址：南江县光雾山大道朝阳段政务中心三楼法治政务办理窗口
监督电话：96960　咨询电话：0827-8213652
首席代表：吴绍辉 18090201085
办理结果网上查询网址：http：//www. sczwfw. gov. cn/index. aspx</td></tr>
</table>

[1] 数据来源参见《法律援助事项》，载 http：//scnj. gov. cn/public/6598351/12122861. html，最后访问日期：2024 年 11 月 10 日。

（2）南江县农村法律援助办事指南。

南江县政务服务和公共资源交易服务中心办事指南

单位名称	南江县法律援助中心
事项名称	民事、行政代理服务，刑事辩护和刑事代理
法定依据	《法律援助法》第二条、第四条； 《四川省法律援助条例》第四条、第九条、第十条、第十三条、第十四条、第十五条、第二十条、第二十二条、第二十三条、第二十五条。
受理条件	1. 公民因经济困难没有委托代理人。 2. 符合法律援助（受案）范围。
申报材料	1. 身份证或者其他有效的身份证明（申请代理人要提交身份证明和有代理权的证明）。 2. 法律援助申请人经济状况证明表。 3. 与所申请法律援助事项有关的案件材料。
办理流程	1. 申请人向南江县政务大厅法治政务办理窗口提起申请并提交所需材料。 2. 申请材料齐全，录入四川省一体化政务服务平台，出具《受理通知书》；申请材料不齐全的，出具《一次性告知书》。 3. 首席代表委托南江县法律援助中心对申请人提供的案件材料进行审查。 4. 案件材料审查合格的，出具《办结通知书》。
事项类型	□马上办　□网上办☑一次办
办理时限	法定时限：7 日内　承诺时限：5 日
收费依据	不收费

续表

联系方式	0827-8213652
办理地址	南江县光雾山大道朝阳段政务服务中心大厅三楼法治政务办理窗口

（3）南江县农村法律援助审批办理流程图。

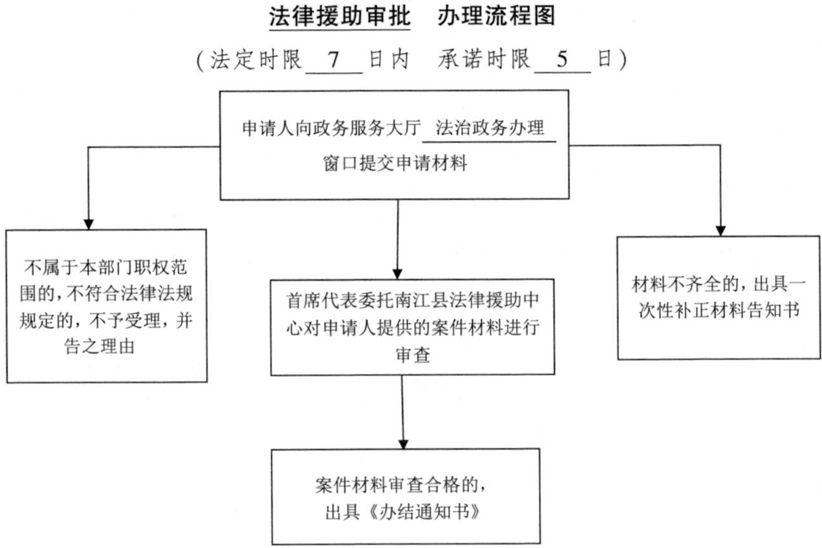

6. 及时发放农村法律援助补贴

该县法律援助中心以往都是按照年度发放法律援助补贴，从事农村法律援助工作的律师或其他人员只能在下一年度初才能领到上一年度的法律援助补贴，这种情况对于城区法律援助工作人员影响不大，但对从事农村法律援助的人员还是存在一定的影响。毕竟，下乡进行法律援助的交通费支出更多，并且需要自行垫付。

自2018年以后，该县农村法律援助补贴发放方式改为按季度发放，这样更能降低农村法律援助律师的付出感并在一定程度上提升其获得感。2018年12月30日，该县及时将2018年度第四季度的农村法律援助补贴一并发放到人（具体发放情况如表2-3）。[1]

表2-3　南江县2018年第四季度农村法律援助经费发放情况

类型	数量（件、天）	补贴金额（元）
民事	51	46 900
刑事	43	24 500
咨询	4820	14 460
合计	85 860	
核定发放金额（大写）	捌万伍仟捌佰陆拾元整	
上浮补贴案件说明	根据《南江县法律援助案件办案补贴发放管理细则》第三条第二款“在本县内办案的，刑事案件审判阶段每件1000元（若为受援人提供辩护的同时代理其附民事诉讼的，增加补贴500元）”的规定，梁某承办的曹某故意伤害案系刑事审判阶段同时代理附民事诉讼，应发补贴1500元。	

三、该县农村法律援助政策保障

按照“广泛动员、形成初稿、征求意见、党组审议、公示执行”五个步骤，先后制定《乡镇法律援助工作站职责》和《村居

〔1〕数据来源参见《2018年第四季度补贴发放表》，载http：//xxgk.scnj.gov.cn/public/6598351/1212312/.html，最后访问日期：2024年11月10日。

法律援助联络点工作规范》两项政策保障文件。

《乡镇法律援助工作站职责》对乡镇法律援助工作站的人员职责作了详细规定，主要包括：①贯彻执行法律援助法规、规章及政策，研究、制定本辖区法律援助工作计划；②负责指导本辖区法律援助联络点的工作；③对公民提交的法律援助申请进行初审，对本工作站参与初审的法律援助案件进行跟踪回访；④接待群众来电来访，代拟法律文书；⑤组织开展本辖区内的法律援助宣传活动；⑥负责组织本辖区法律援助联络员的管理和培训；⑦协助区法律援助中心查证申请人经济状况；⑧接受法律援助中心指派，承办法律援助事项；⑨负责收集并上报本辖区法律援助基本信息；⑩完成法律援助中心交办的其他法律援助任务。

《村居法律援助联络点工作规范》则对农村法律援助联络点的设置作了明确规定，要求各个行政村和自然村都建立法律援助联络点，与乡镇法律援助工作站对接。村居法律援助联络点的负责人由村主任、支书或治安员兼任，有条件的村也可聘任专人值守。村居法律援助联络点主要负责乡村法律援助的信息收集与转达工作，及时发现本村的法律援助案件和村民的法律援助需求。

总体来看，两个文件有效地完善了各个乡镇的农村法律援助工作制度，为农村法律援助工作开展奠定了基础保障。

四、该县农村法律援助工作面临的挑战及采取的应对措施

1. 农村法律援助的额外费用较高

农村法律援助的额外费用很多。为了收集证据材料，农民可能要到国土、房屋管理、工商等行政机关查询资料，交纳查询费。为了调查取证，农民也可能要进行工伤、交通事故、人身损害、医疗事故等各种鉴定。上述各种鉴定收费，少则数百元，多则数千元，

这对收入本来就不高的农民家庭来说无疑是一笔不菲的费用。

2. 农村法律援助人力资源不足

农村法律援助人力资源不足的一个直接后果就是难以做到应援尽援。在农村法治水平和农村的维权意识比较低且农村法律援助的案件较少的情况下，法律援助人力资源不足可能不是大的问题。但是，随着新农村建设的整体推进，农民的法律援助案件将逐年上升，在人员维持现状不变的情况下就显得人手不够。在该县许多乡镇，提供法律援助服务的主力军只有法律援助工作站的一两名法律服务工作者，较难胜任庞大的受援需求。

3. 农村法律援助经费短缺

从目前实际情况看，农村法律援助工作的经费有限，该县对一般案件只能补贴 1000 元/案，而且多年没有增加。尽管 2019 年以后有望一定增加，但据说增加的额度不太会超过 500 元。这一问题如果不能有效解决，可能会影响整个法律援助工作在农村的开展。

4. 农村留守群体的法律援助缺乏充分的信息共享支持

南江县的农村外出务工人数较多，留守问题比较突出，这是该县农村法律援助的一个重要任务。为了更好地维护留守儿童、留守妇女和留守老人的合法权益，需要对其人数和家庭经济状况进行摸底和掌握，但这部分主要是民政部门的职责范围。为此，法律援助机构需要与民政部门之间构建农村留守人群的信息共享机制，以及时掌握农村“三留守”人员的法律需求状况，但目前此类信息共享机制尚未构建，使得沟通协调困难，出现了法律援助“盲区”。同时，对于涉法涉诉的信访案件，法律援助机构还需要与信访部门之间保持信息沟通渠道，但由于缺乏信息共享机制，法律援助机构亦无法及时获取此类群体的权益诉求，从而导致法律援助介入不及时，农村留守群体的权益难以得到有效保障。

为了解决上述问题，南江县近年来一直努力提高法律援助的地方财政保障，增加财政拨款额度，并在法律人才引进方面给予一定的倾斜照顾。同时，为了更好地掌握农村留守群体的数据，县法律援助中心还与县民政局和信访局建立常态化的信息共享机制，从而保障及时有效地为农村留守群体提供法律援助。

第四节　中南地区：湖南省耒阳市农村法律援助考察

耒阳是衡阳市下辖的一个县级市，至今已有2200多年的历史。该市位于湖南南部，五岭山脉北面，东北邻安仁县，东南及南面连永兴县，西南角与桂阳县接壤，西临舂陵水与常宁市隔河相望，北界衡南县。耒阳因地处耒水北岸而得名，耒水是该市的主要河流，河道穿城而过，是耒阳市的主要水源。耒阳也是中国四大发明之首造纸术改进家蔡伦的故乡，城南建有蔡侯祠。

一、该市农村法律援助基本条件

1. 农村收入情况

全市年末户籍总人口136.9万人，其中城镇人口54.28万人，农村人口56.3万人，城镇化率49.09%，全市城镇居民人均可支配收入46 465元，农村居民人均可支配收入29 856元，全体居民人均生活消费支出25 610元，增长5.3%，其中城镇居民人均生活消费支出28 365元，增长4.5%，农村居民人均消费支出22 813元，增长5.9%，农村人口的生活水平和城镇人口的生活水平差距较大。[1]

---

〔1〕 数据来源参见《耒阳市2023年国民经济和社会发展统计公报》，载 http://leiyang.gov.cnxxgk/szfxxgkml/sjfb/sjfb/20240313/i3278070.html，最后访问日期：2024年11月12日。

2. 农村人口占比

截至2023年底，耒阳市总人口136.9万人。其中，农村人口56.3万人，约占全市人口总数的41.12%。[1]

3. 农村法律援助机构设置

截至2017年底，该市除在6个市辖街道设置法律援助工作站之外，还在19个镇和5个乡设有法律援助工作站，分别为大和圩乡工作站、坛下乡工作站、长坪乡工作站、太平圩乡工作站、亮源乡工作站、新市镇工作站、遥田镇工作站、夏塘镇工作站、南阳镇工作站、公平圩镇工作站、黄市镇工作站、小水镇工作站、哲桥镇工作站、三都镇工作站、永济镇工作站、龙塘镇工作站、大市镇工作站、淝田镇工作站、南京镇工作站、仁义镇工作站、导子镇工作站、马水镇工作站、东湖圩镇工作站、大义镇工作站。

4. 农村法治意识

该市是一个传统的农业县级市，深受两千多年的封建专制传统的影响，传统观念对农民影响深厚，由此形成了重视集体利益而忽视个人权利和重视道德教化而忽视法律制度的思想。同时，该市的宗族传统对农村的法治意识也具有一定的消极影响。在公平、小水等乡镇，农村建立起以家族为单位，以血缘关系为纽带，以宗法伦理为特征的社会关系，农村社会关系主要通过人情及道德规范来调整。因此，当合法权益受到侵害时，农民往往更青睐于依赖传统伦理和乡土规范确立起的行为准则来维护自己的权益。

---

〔1〕 数据来源参见《耒阳市2023年国民经济和社会发展统计公报》，载 http://leiyang.gov.cnxxgk/szfxxgkml/sjfb/sjfb/20240313/i3278070.html，最后访问日期：2024年11月12日。

二、该市农村法律援助实施情况

根据笔者的调研了解，该市农村法律援助实施基本情况如下：

1. 成立“法润三湘”公共法律服务志愿者队伍

该市自2017年开始组织开展“法润三湘”公共法律服务志愿者活动，组织公共法律服务志愿者深入龙塘、夏塘、新市、大市、哲桥等各乡镇圩坪，宣讲法律援助知识，共张贴图片及标语50余幅，发放宣传资料5000余份，现场受理农村法律援助案件10余件。

2. 开展为农民工讨薪的专项法律援助行动

2018年，该市司法局联合相关部门，加大合作力度，联合打击恶意欠薪行为，着力维护农民工合法权益。讨薪专项行动主要包括以下措施：①成立组织领导小组。为在2018年春节前保障农民工工资支付工作，该市司法局成立了专门的领导小组，以分管领导为组长、中心主任及各股室负责人为成员，积极做好农民工法律援助工作，确保辛苦一年的农民工能够春节前拿到工钱回家过年。②开展专项活动，加大法律宣传。根据春节时间表，该市司法局在2018年1月1日至3月31日开展“法律援助为农民工讨薪维权”专项活动，集中为农民工讨薪维权提供法律咨询、代写法律文书、代理诉讼与非诉讼等法律援助服务。并在用工比较集中的厂矿区进行法律宣传，对有欠薪的用工单位进行法治宣传教育，督促其落实农民工工资。③联合相关职能部门进行欠薪清理。为使农民工工资能足额发放到位，法律援助中心与政府相关职能部门加强协作，加大对欠薪行为的打击力度。④对被欠薪的农民工申请法律援助实行先受理后审批的程序，加快工作效率，简化审批程序。[1]

该市外出务工的农民工较多，农民工讨薪一直是需要解决的问题，也是当地法律援助机构特别重视的问题。在此摘录当地一起典型的法律援助案例——“罗某亮等94位农民工讨薪案”[2]，案件的承办人员：伍某娟、左某律师，受援人是罗某亮等94位农民工，虽然案件发生时间较久，但仍然具有典型意义，可以用来说明农村法律援助工作的复杂性和艰巨性。

（1）案情简介：2011年3月份罗某亮等94人来到耒阳市南阳镇兴旺兴新联办矿工作，因煤矿产业效益不好，该矿一直拖欠农民工工资。为扭转该矿亏本困局，2013年4月18日耒阳市南阳镇兴旺兴新联办矿合并到耒阳市兴田煤业有限公司，但效益仍不见好转，一直属于亏损状态。截止到2016年1月，该矿累计拖欠94位农民工工资达到人民币1 626 850元，94位农民工多次委派代表和煤矿协商拖欠工资一事，但一直未得到解决。煤矿产业陷入困境，导致大量煤业工人的劳动报酬被拖欠数年，使这些农民工生活更加艰难。

（2）承办经过：2016年1月28日上午，农民工罗某亮等94人来到耒阳市法律援助中心，他们一个个面带愁容，要求申请法律援助，追讨耒阳市兴田煤业有限公司拖欠的工资。罗某亮等人激动地说，他们早在2011年3月就到该矿工作，到现在四五年都过去了，还没领到一分钱工资，大伙情绪十分激动。中心受理后，立即安排伍某娟、左某律师承办此案，并对心急如焚的农民工进行心理安抚

---

〔1〕 参见《治欠法律援助制度》，载 http：//www. leiyang. gov. cn/xxgk/bmxxgkml/szfgzbm/ssfi/gzjz/20200214/i1148361. html，最后访问日期：2024年11月20日。

〔2〕 参见《罗湘亮等94位农民工讨薪案》，载 http：//www. leiyang. gov. cn/xxgk/bmxxgkml/szfgzbm/ssfj/gzjz/20200214/i1149916. html，最后访问日期：2024年11月20日。

和疏导，94 位农民工被拖欠的工资均为 2011 年至 2013 年间，拖欠时间久且拖欠数额大，被拖欠的工资达 160 余万元。为了使农民工兄弟能回家过个安心年，中心为 94 位农民工开启了法律援助绿色通道，加班加点地为他们办理了法律援助手续，提起劳动仲裁申请，为确保案件裁决后农民工的工资落实，承办律师与耒阳市劳动人事仲裁争议委员会联系，争取在春节前把该案立案。该案在年后第一个工作日于耒阳市仲裁院开庭，2016 年 2 月 18 日就作出了仲裁裁决书，承办律师的代理意见得到全部采纳，94 位农民工的仲裁请求全部得到支持。该份裁决书生效后，承办律师又马上为他们申请法院强制执行。

（3）承办结果：经过法援律师的不懈努力，94 位农民工最终于 2016 年 4 月份都领取到了属于自己的劳动报酬，共计人民币 1 626 850 元。这次成功的法律援助让 94 位农民工感受到法律的正义和温暖，取得了较好的社会效果，维护了社会稳定。

3. 完善法律援助服务站点建设

该市根据省司法厅工作部署，在城区建成公共法律服务中心，在各个乡镇设立法律援助服务工作站，在全市 375 个村均设立了法律援助服务工作点，为农村群众提供一站式的法律援助便捷服务。2017 年，上述中心和工作点共接受咨询 1000 余件，办理各类法律援助案件 327 件。其中刑事援助案件 159 件，民事援助案件 163 件，为困难群众挽回经济损失 1000 余万元，取得了较好的社会效果。

4. 组织送法下乡活动

送法下乡活动是耒阳市农村法律援助的基本工作，目前已成常态。以 2017 年夏为例，该市司法局组织法律援助中心深入马水乡、新市镇开展“送法下乡促和谐、法律服务进乡村”活动。趁马水乡早集高峰，法律援助中心在圩场设置宣传台，向百姓发放法律读本、解答法律咨询。后又赶往新市镇高炉村，走街串户，向摊主、店主、百姓发放法律知识资料，将农村常用的法律法规资料送到百姓手中。宣传组赶到新市镇时，因高温酷热赶集百姓大多已散去，在新市司法所的协助下，宣传组成员手拿宣传资料上门送到百姓手中，冒着炎炎烈日为当地老百姓送去法制大餐。

三、该市农村法律援助面临的挑战及应对之策

该市农村法律援助面临的挑战主要表现为援助领域有限，援助模式单一，援助方式落后，缺乏质量跟踪以及申请难获批准等诸多方面。

作为应对之策，该市也采取了几个方面的措施，并取得一定成效：

第一，积极拓宽援助领域。由于诉讼途径的法律援助往往时间较长，受援人不堪重负，法律援助中心积极鼓励采用非诉讼手段来先行寻求解决农村矛盾纠纷的可能性，尽量为受援人提供解决问题的多种办法和措施，为当事人节约成本，节约时间。

第二，创新农村法律援助模式。对于农民工维权的特点，法律援助中心指派律师提前介入，为受援人提供法律咨询、帮助受援人积极收集证据，代理受援人参与协商、调解，尽最大限度地维护受援人权益。

第三，充分整合并利用接待室和“148”法律咨询专线为来电来访群众提供更便利的法律咨询服务。对于群众的来电来访应咨询登记备案，接待农村来访人员尤其按照热心接待、耐心倾听、细心解答、真心服务的“四心”标准进行接待答复。对于来信咨询，工作人员则遵循“来信必复、限时回复”的原则进行解答。遇有农村

当事人咨询事项，接待人员尤其应注意询问其家庭经济情况，如果经济困难，工作人员及时引入法律援助程序。

第四，建立农村法律援助质量回访制度。为保证法律援助质量，法律援助中心狠抓法律援助日常管理工作，以案件全程监督为抓手，不断地把农村法律援助质量管理不断提高到一个新的水平。对于农村法律援助的重点案件，中心落实专人负责制、全程跟踪监督制、联系人回访制、重点案件旁听制等质量监督管理制度，从指派到案件归档各个环节进行了规范要求，对农村法律援助案件质量进行有效监控和动态管理，确保案件质量。

第五，加强农村法律援助宣传。自从法律援助被列入民办实事项目以来，市法律援助中心始终坚持从全局和政治的高度来理解和把握做好为民办实事项目的重大意义，大力开展面向农村的法律援助宣传，提高法律援助在农村的知晓率，使之更加贴近农村居民。

第六，降低农村法律援助门槛。市法律援助中心紧紧围绕“应援尽援，构建和谐耒阳”为目标，牢固树立以人为本，服务人民的理念，降低农村法律援助门槛，真正做到应援尽援，始终将维护农村居民的合法权益摆在法律援助工作的首位。对于上门申请援助的农村法律援助案件，一律采取一式办公，即申请—审核—指派均在一小时内完成，提高了工作效率，节约了办案成本。

第五节　华北地区：北京延庆区农村法律援助考察

延庆区隶属北京市，地处北京市西北部；东邻怀柔区，南接昌平区，西与河北省怀来县接壤，北与河北省赤城县相邻，城区距北京德胜门 74 公里。平均海拔在 500 米，气候独特，冬冷夏凉，素有北京“夏都”之称。2013 年 9 月，北京延庆地质公园入选联合国教科文组织世界地质公园网络名录，被授予“中国延庆世界地质公园”称号。2018 年 12 月 12 日，延庆区被命名为第二批“绿水青山就是金山银山”实践创新基地。

一、该区农村法律援助基本条件

1. 农业人口和外来务工人员基本数据

截至 2023 年，据延庆区国民经济与社会发展统计公告数据，年末全区户籍总数 147 647 户，常住人口 34.3 万人，其中城镇人口 20.7 万人左右，乡村人口 13.6 万人左右，占比 39.7%。[1]

2. 农村法律援助机构设置情况

目前，该区设有法律援助中心一个，直属司法局管理，主要负责全区法律援助案件的受理、审批、指派和归档工作。全区 18 个街道和乡镇均依托司法所设有法律援助工作站，即百泉站、香水园站、儒林站、康庄站、八达岭站、永宁站、旧县站、张山营站、四海站、千家店站、沈家营站、大榆树站、井庄站、刘斌堡站、大庄科站、香营站、延庆站和珍珠泉站，每个法律援助工作站配有 2~3 名法律服务工作者，负责法律咨询和民事法律援助案件的办理。除了法律援助工作站，该区 376 个行政村均设有法律援助联系点，每个联络点配备一名法律援助联络员。[2]

3. 农村法律援助的经济基础

延庆虽然地处首都北京，却是京郊比较偏远的一个区，城乡差别较大。2017 年，该区农村经济总收入 1 378 673.8 元，农民人均

---

〔1〕 数据来源参见《延庆区 2023 年国民经济与社会发展统计公报》，载 http：//bjyp.gov.cn/yanging/zwgk/tjgb/yq23251693/index.shtml，最后访问日期：2024 年 11 月 10 日。

〔2〕 数据来自 http：//www.bjyq.gov.cn/yanqing/zbm/sfj，最后访问日期：2016 年 11 月 10 日。

所得20 436元，平均收入水平线（20 436元）以上的农户数有30 275户，占32.9%；平均收入水平线以下的农户数有61 696户占67.1%（如图2-1）。[1]

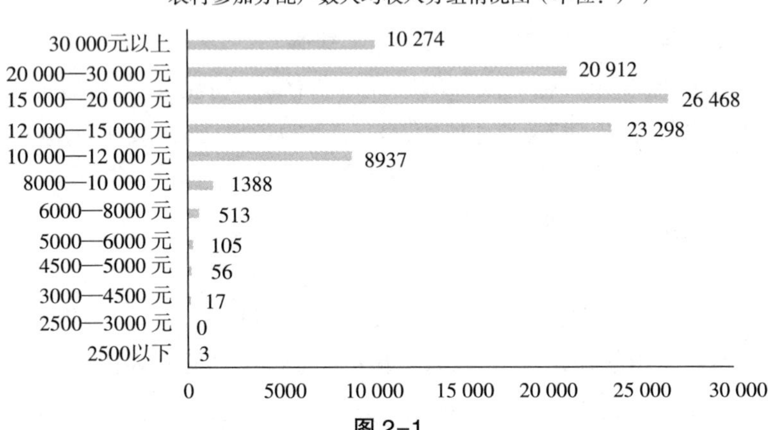

图2-1

截至2023年，这种城乡差别仍然没有大的改观。根据北京市"延庆区2023年国民经济与社会发展统计公报"披露的数据，该区人均可支配收入为43 874元，其中城镇居民人均可支配收入为58 507元，农村居民人均可支配收入为21 601元[2]，二者差距非常明显。

---

〔1〕 数据来源参见《2017年度延庆农村经济统计情况分析报告》，载http://zfxxgk.beijing.gov.cn，最后访问日期：2019年12月30日。2017年之后，未见该区对农村人均收入和农村贫困人口进行单独统计并在互联网上公布。

〔2〕 计算方式：[人均可支配收入43 874元×总人口34.3万-城镇居民人均可支配收入58 507元×城镇人口总数20.7万]÷乡村人口总数13.6。

二、该区农村法律援助工作开展情况

1. 法律援助宣传方面

法律援助宣传是该区法律援助的亮点。长期以来，该区法律援助中心积极发动各个乡镇的法律援助工作站开展农村法律援助宣传。其特点主要有三个：一是宣传手段多，包括印制法律援助宣传册，设置法律援助宣传栏，出动法律援助宣传车，发放法律援助知识卡，张贴法律援助宣传标语，举办法律援助现场知识竞赛，组织以法律援助为内容的文艺演出等多种形式。二是宣传力度大，把法律援助宣传下沉到人、到户，把法律援助知识宣传到农村千家万户，使之家喻户晓。三是宣传有重点。重点关注农民工、老年人、妇女、残疾人的法律援助需求，降低标准，应援尽援，全力维护农村百姓的合法权益。

2. 法律援助机构设置方面

延庆区是北京市较早全面建立法律援助工作站的区县之一，在全国也比较领先。其在农村法律援助方面的特色主要在于：①依托乡镇司法所建立法律援助工作站，作为区法律援助中心的辅助工作机构，工作站将把法律援助与人民调解工作相结合，切实帮助农户维护自身权益。②使全区所有农村乡镇均设立法律援助工作站，并逐步在行政村设立法律援助联络员，切实为群众提供便利。③由区法律援助中心牵头，和在京法学院校建立合作关系，组织在京法学院校的在校学生到各个法律援助工作站进行值班，为村民提供法律咨询，代写法律文书，为村民讲解法律知识，宣讲法律援助政策，让广大农民明白法律援助的性质、对象、条件和程序，了解法律援助、相信法律援助。

3. 法律援助实施方式方面

该区司法局和法律援助中心积极探索以乡镇法律援助工作站为

平台建立“法律援助诊所”的模式，通过专业律师或高校师生定期进驻诊所值班，采取“坐堂问诊”和“登门巡访”等方式，为辖区村民或农民工提供法律援助服务，引导当事人依法正确表达利益诉求。不仅如此，区司法局还与民政局联合，深入村民小组进行贫困人口和弱势群体的摸底调查，将所有低保户、特困户、老年人、残疾人等受援对象分类建档，为符合法律援助条件的对象发放《法律援助便民服务卡》，打造农村法律援助的“快速通道”。

4. 法律援助对象方面

延庆区的外出务工农民较多，大多数的务工去处都是北京市区，因而存在一定的留守人群，这是该区农村法律援助的一个重要群体。在调研过程中，笔者接触到长期在该区提供法律援助的汪律师，其向笔者讲述一起该区农村留守少年法律援助的案例。

该案的援助对象是延庆区张山营镇的高小某。高小某生于2002年10月，自幼跟随祖父母生活，母亲患有精神病，父亲常年在市区开出租车。由于家庭经济十分困难，加之从小缺乏父母管教，高小某还没有读完小学三年级就开始辍学，沉迷于上网玩游戏并结交社会闲散人员。2018年8月8日，高小某和同村高大某多次窜至邻村入室盗窃财物，价值人民币6193元及手机两部，数额较大，其行为触犯了《中华人民共和国刑法》（以下简称《刑法》），构成盗窃罪。

汪律师接受指派后，在第一时间会见被告人高小某，并前往法院查阅案卷材料。经过仔细研读案卷和反复会见高小某本人，王律师认为起诉书指控的盗窃犯罪存在主体认定上的偏差。在和同事说起本案的这一案情时，同事们都说走走过场就行了，没必要对这种“混混”太投入，但汪律师觉得还是要遵从职业伦理的要求，反复和承办法官沟通。事实上，高小某在本案中处于从犯地位，作案的对象、时间和谋划主要由高大某确定，犯罪所得也主要由高大某占有，高小某除了占有其中一部较旧的手机之外，仅仅分得不到1000元赃款。该意见最终被审判员采纳，从轻判决高小某6个月缓刑，并处罚金人民币1000元。判决后，法律援助律师会见了被告高小某，高小某表示对判决结果满意。

高小某是农村留守少年，从小缺乏管教，法治意识淡薄，以至于误入歧途。延庆区法律援助机构及时为高小某提供法律援助，为其争取到了从轻处罚的判决结果，从而有效地维护其合法权益。在案件宣判以后，法律援助律师配合公检法对高小某进行法治教育，向其交代缓刑期间的执行规定，使高小某深刻认识到自己的错误，承诺一定改过自新，重新做人。

三、该区农村法律援助工作的特点

1. 征地拆迁补偿安置纠纷是农村法律援助的主要任务

由于京冀北部交集区域的交通基础设施建设较多，延庆区的征地拆迁任务较重，加之包括风景名胜区保护和城乡结合部棚户区改造在内的各项工程都涉及农村土地、宅基地的征地拆迁矛盾。不仅如此，延庆区的商品房开发和保障房建设在近年来也带来一系列的安置补偿纠纷。面对此类矛盾和纠纷，作为征地拆迁补偿安置对象的农村居民往往处于不利的地位，家庭经济贫困人口尤其难以承担相关的诉讼费用。在这种情况下，延庆区法律援助中心在司法局的指导下，根据《北京市人民政府关于扩大法律援助事项范围的通知》，决定把全区低收入农村人口面临的征地拆迁补偿安置案件纳入农村法律援助的案件范围。

2. 农村地区对法律援助的需求较大

延庆区地处北京市与河北省交界的北部远郊，在北京各个区县中处于经济发展相对落后的位置。以 2023 年的 GDP 为例，延庆区实现地区生产总值 GDP 总量为 224 亿，排名北京全市最后一位，相对于海淀区的 11 020 亿元，也就是它的五分之一多一点。同时，在北京市的各个区县中，延庆区的农业人口约占全区总人口的 43.5%，其中还有一定数量的农村贫困人口，因而相对于城区或其他近郊区县具有更大的农村法律援助需求。

3. 申请法律援助的农民工逐年增多

总体而言，北京市在华北地区乃至全国都是经济发展程度较高的地区。但是，经济发展水平和案件发生频率之间并无确切的必然联系。有时候，经济越发展，案件数量反而更多。随着该区经济近年来发展较快，该区外来务工人员逐渐增多，涉及农民工的案件也比较多，因此劳动争议申请法律援助的案件逐年增加。

四、该区农村法律援助面临的主要挑战

1. 农村法律援助问题易受忽略

在农村法律援助领域，延庆区处于一个比较“尴尬”的地位。一方面，它属于经济社会发展水平领先全国的首都北京，因而容易让人形成一种经济社会发展水平很高的错觉。另一方面，在研究法治问题时，学者们的研究视域更容易投向全国的其他落后地区，或者根本不认为作为北京市组成部分的延庆区也会存在法律援助方面的困难。然而，事实上，随着城镇化的推进和新农村建设的进行，该区农村出现了越来越多的新型法律纠纷，除了传统的婚姻家庭、债权债务、人身损害赔偿之外，因为土地承包、土地确权、宅基地使用、征地拆迁、村民待遇等原因引起的法律纠纷也越来越常见。这些纠纷不但关乎农民切身利益，而且处理起来难度较大，应将这些事项涉及的权利列入法律援助范围，避免让农民处于无助的

境地。

2. 农村法律援助人力资源短缺

尽管延庆区处于法治环境良好和法律资源丰富的首都北京，但随着普法宣传的深入，广大农民的法律意识也在不断增强，农民寻求法律帮助的积极性越来越高，对法律援助的需求量也就越来越大，法律援助人力资源并不充裕。根据笔者了解的情况，大量的律师事务所和法律人才都集中在市区，该区法律援助中心仅有在编工作人员 3 名，仅是负责法律援助案件的受理审批及日常的法律咨询、接待和各类调研、报表报送等任务已不堪重负，更不用说办理具体的援助案件以及为此进行的调查取证。从案件的具体承办来看，由于该区律师资源相对于城区要少得多，民事法律援助案件基本上由基层法律服务工作者承办，只有刑事案件才能指派给执业律师承办。一旦出现同案犯较多的共同犯罪，有时还会出现难以指派律师的情况。从目前的发展趋势来看，随着农村法律援助案件的日益增长，这种人力资源短缺的现象亟需改善。

3. 农村法律援助质量有待提高

和全国许多地区一样，该区也存在农村法律援助质量欠佳的问题。究其原因，一方面是由主管部门的考核意向决定的，另一方面是由法律援助工作人员的质量意识和服务水平导致的。就考核意向而言，该区近年来在农村法律援助方面主要偏向于从案件援助数量来考核法律援助工作，从而在一定程度上忽视了农村法律援助的服务质量，影响了法律援助的健康发展。就法律援助工作人员的质量意识和服务水平来说，延庆区深受市区“吸空效应”的影响，法律人才都往市区流动，现有农村法律援助人员缺乏训练，要么质量意识不够，要么服务水平偏低，致使在案件办理中存在定性不准或适用法律错误的问题，从而影响了法律案件的质量。此外，办好一个案件除必备的法律专业知识和技能外，还要具有一定的经济、文化、教育、家庭、心理、医疗等方面的知识和较丰富的社会经验，如近年来该区征地拆迁安置补偿案件增多，而从事这一领域的专业法律援助人才尤其不足，这必然在一定程度上影响了此类案件的质量。

为了应对挑战，近年来延庆区也采取了一系列的有力措施。一方面，区司法局深入学习《法律援助法》的立法精神，贯彻落实市委政法委和司法局关于加强农村法律援助工作的意见，充分认识农村法律援助的必要性和重要性，不断加大农村法律援助的经费分配和工作力度。另一方面，为了解决法律援助人力资源有限的困境，区司法局借鉴国内同行的有效做法，推行村居法律顾问制度，尝试实行法律援助案件承办“合同制”，向全市范围内的律师事务所招标，通过洽谈、议标等形式确定合作律师事务所，签订法律援助案件承办合同。在此基础上，为了提高法律援助服务质量，区司法局增加法律援助机构的工作人员的编制名额，根据法律援助的实际需求量来确定当地的法律援助机构人员编制，加强法律援助服务人员尤其是基层法律服务工作者的培训，进一步提高法律援助服务人员的业务素质，建立健全法律援助案件质量监管制度，提高法律援助办案质量。

第三章

农村法律援助的承担主体

律师是农村法律援助的承担主体，这是由律师职业的社会属性决定的。本章分为四节，内容主要包括律师的职业属性、律师的职业属性与社会责任之间的关系、社会属性是律师承担农村法律援助的决定因素以及资深律师在社会性及其社会责任承担方面的特殊性。

第一节　律师职业的社会属性

关于律师的职业属性为何，理论界和实务界一直是仁者见仁，智者见智。[1]根据马克思主义哲学的观点，属性是事物在与其他事物的相互联系中质的外在表现。事物的属性总是掩藏在一事物与其

---

〔1〕 有学者持“两性”说，认为律师是社会自由职业者，兼具社会性和自由性的双重属性。陈卫东主编：《律师执业概论》，法律出版社2005年版，第19页。有学者持“三性”说，认为律师是为委托人提供法律服务的社会工作者，专业性、委托性和社会性是律师基本属性。田文昌主编：《律师制度》，中国政法大学出版社2007年版，第32页。也有学者持“四性”说，认为律师的职业属性体现和渗透在相互联系、不可分割的四个方面中，这就是律师的法治性、社会性、独立性和专业性。参见顾永忠等：《论律师的职业属性》，载《中国司法》2007年第4期。还有学者持“五性”说，认为律师职业兼具五个方面的属性，即法定性、社会性、专业性、独立性和一定的商业性。参见司莉：《律师职业功能正义性的悖反与统一》，载《河南社会科学》2008年第1期。

他事物的相互联系中，只有在事物的相互联系中才能予以揭示。[1]律师职业同样如此，律师与上层建筑之间的联系决定律师职业具有政治属性，律师与社会公众之间的联系决定律师职业具有社会属性，律师与当事人或委托人之间的联系决定律师具有服务性和有偿性，这种服务性和有偿性归根结底就是律师职业的商业属性。在上述职业属性中，律师的社会属性是非常显著的。这是因为，律师为社会提供法律服务，以处理社会纠纷或社会关系的不良状态为任务，在为社会创造价值的同时实现个人的应有价值。

在我国，对律师社会责任的认识经历了一个长期的过程。1980年8月26日，全国人大常委会公布《中华人民共和国律师暂行条例》（以下简称《律师暂行条例》，已失效），其中第1条把律师界定为“国家的法律工作者”。根据该条规定，律师职业是国家司法制度的组成部分，律师的职业属性是国家干部，行使相应的国家权力。1993年，司法部向国务院提出对律师制度进行改革的建议和方案，律师职业的属性从国家干部转变为中介组织。据此，深圳特区率先突破以所有制和行政级别套用于律师机构和律师事务所的束缚，对律师体制进行改革，成立了一批不占国家编制、不要国家经

---

〔1〕 例如，金属具有导电的属性，导电是金属本质的外在表现并且只有在金属与电的相互联系中才能发现。但是，导电不是金属的特征，水也可以导电，金属和水的区别不在于导电这种属性。参见肖明主编：《哲学》，经济科学出版社1991年版，第175页。具体到律师职业这一领域，自由性、独立性、法定性和专业性显然不是律师的职业属性，因为四者并非存在于律师职业与其他事物的联系之中，也不需要与律师职业建立某种外在联系才能发现。与前四者不同，受托性、社会性和商业性则需要在律师职业与其他社会主体之间的联系中才能体现出来，并且也在不同程度上反映出律师职业的质或质的规定性，因而属于律师职业的属性。但是，需要指出的是，受托性并非律师职业的独立属性，而是律师商业性的子属性，律师职业之商业性除了受托性，还包括服务性和有偿性。同一事物往往具有多方面的属性。仍以金属为例，它既有导电的属性，也有导热的属性，金属与不同的事物之间的联系反映其自身具有不同的属性。

费，自收自支、自负盈亏、自我发展、自我约束的律师事务所。1996 年，全国人大常委会公布《律师法》，该法第 2 条把律师界定为“依法取得律师执业证书，为社会提供法律服务的执业人员”，从而在律师职业的立法史上第一次把社会性确定为律师的职业属性。

律师职业的社会属性主要表现为以下四个方面：

1. 个体性

个体性是指律师以个人名义、个人资质和个人独立意志承担社会责任，只要获得司法行政部门颁发的执业证书，便可以律师的名义和专业技能服务于社会，并且没有地域上的限制。律师在社会责任中的个体性是律师执业个体性的延伸或具体表现。律师自我决定是否承担或参与承担社会责任，自我决定社会责任的承担方式、承担内容、承担期限以及退出之后的处理。在承担社会责任过程中，律师自我管理其服务的数量、质量以及执业技能、职业伦理道德。对于在承担社会责任过程中因故意或过失导致的损害，也要承担相应的纪律责任或法律责任，若因此给所在律师事务所造成损害，律师事务所可以向律师追偿。当然，律师在社会责任中的个体性并不排斥团队性，甚至在许多时候比普通执业过程更为依赖职业群体的团队力量。例如，律师对社会责任的承担离不开所在律师事务所和律师协会的支持，大型的公益活动也是单个律师难以完成的。正如法国社会学家涂尔干在《社会分工论》中指出的那样，职业群体是使社会避免因为分工而肢解和破裂从而达至社会团结的重要机制，职业团体为国家和社会之间提供了一种反思性的沟通机制。[1]

---

〔1〕［法］埃米尔·涂尔干：《社会分工论》，渠东译，生活·读书·新知三联书店 2000 年版，第 82 页。

2. 专业性

律师是为社会提供法律服务的执业人员，律师大多数承担社会责任的行为或活动都需要法律服务的专业水准作为保障。早在16世纪的英格兰，著名的柯克法官即已注意到法律服务的专业性问题。当时的英格兰国王詹姆士一世表示希望亲自审判某些案件，遭到大法官柯克的反驳："的确，上帝赋予了陛下丰富的知识和非凡的天资，但陛下对英格兰王国的法律并不精通。涉及陛下臣民的生命、继承、动产或不动产的诉讼并不是依自然理性来决断的，而是依人为理性和法律的判断来决断的。法律乃一门艺术，一个人只有经过长期的学习和实践，才能获得对它的认知，鉴于此，陛下并不适合进行司法审判。"〔1〕同理，律师为承担社会责任而从事的法律服务，无论是法律援助这样的具体的社会责任，还是维护当事人合法权益，维护法律正确实施，维护社会公平正义等这样的更高层次上的社会责任，都需要专业水准作为保障。不仅如此，律师承担社会责任的专业性还要受到当事人和社会公众更为严格的公众检视。无论是委托律师的当事人还是没有委托律师的社会公众，都会对律师承担社会责任的行为保持更高的评价标准。即使接受无偿法律援助的受援助当事人也不例外，因为所有的当事人都想找到一位有能力并负责任的律师，以其专业确保个案得到最好的处理结果。

3. 无偿性

律师承担社会责任以无偿为原则，以有偿为例外。律师社会责任的无偿性是指律师不因承担社会责任而收取费用或报酬。律师在法律援助活动中为弱势群体进行法律咨询、代写文书，应该是无偿的；律师在法律宣讲活动中为社区、学校或社会公众提供法律教育

---

〔1〕 李慧：《法官的操守》，载《人民法院报》2015年7月3日，第7版。

和普法宣传或为有关部门提出立法建议，也应该是无偿的。当然，律师在提供法律援助时可以接受政府补贴或法律援助基金的补贴，这并非无偿性的悖反。但是，涉及案件代理的公益法律服务，往往由于投入成本、牵涉精力比较大，律师自己完全承担的能力也更弱，则可以收取一定比例的费用或接受一定比例的报酬。需要指出的是，在大多数情况下，律师职业的商业性与社会性是难以截然分开的，律师社会责任的无偿性并不排斥基础代理行为的有偿性。例如，当事人付费委托律师为其提供法律服务，无论是诉讼业务还是非诉业务，律师均应切实维护当事人的合法权益，维护法律的正确实施，以现实社会的公平和正义，前者是基础代理行为，后者是承担社会责任的表现，律师在有偿服务的基础上承担了相应的社会责任。

4. 自愿性

自愿是律师履行社会责任的重要特征之一。所谓自愿，就是根据自己的主观意志而不是外力强制而作出某种决定或实施某种行为。律师承担社会责任的途径通常包括三种，即自我承担、由律所安排而承担以及因他人委托而承担。在三种途径中，自我承担的自愿性不言而喻，由律所安排而承担或因他人委托而承担在很大程度上也包含自愿的成分。若非律师出于自愿，一般不会接受律师的安排或他人的委托。当然，自愿是以自觉为基础的。例如，《律师法》规定律师有接受法院指派而向贫困当事人提供法律援助的义务，律师只要不拒绝指派，即可视为自愿。同时，律师在社会责任中的自愿性不是绝对的。例如，在律师承诺提供某项捐赠或接受某项委托之后，就应尽职尽责，善始善终，不能半途而废，否则应当承担因其行为给当事人带来的损害，除非存在法律规定的例外情形。

第二节 律师职业的社会属性与农村法律援助之间的关系

律师职业的社会属性与律师承担农村法律援助之间具有密切联系，考察律师参与农村法律援助不能不考察律师职业的社会属性。

第一，社会性是律师承担农村法律援助的内在依据。站在历史唯物主义的立场上认识问题，不同国家、不同社会、不同的历史时期，律师的职业属性会有不同的具体内容。这是因为，职业都是历史发展和社会分工的产物，律师职业也不例外，律师职业的存在状态并不完全是由律师自身的内在因素决定的，它是律师与社会存在（社会现实和社会规律）共同作用的结果。基于当代的社会存在，律师的职业属性只能是它的社会性，即解决社会的矛盾和冲突，促进社会的和谐与发展，谋求“最大多数人的最大福利”。同时，在律师职业的诸多属性中，社会属性与律师承担农村法律援助之间的联系较之于政治属性和商业属性更为紧密，更为直接。尽管律师职业具有一定的政治性，但其并不直接服务于国家利益或某一政党、社会阶层的利益，而是服务于不特定的社会公众——当事人，即维护当事人的合法权益。虽然律师职业具有一定的商业性，但其并不以营利为目的，而是旨在维护法律的正确实施，维护社会的公平和正义。正因如此，在律师职业的诸多属性中，唯有社会属性是律师职业的本质属性，只有社会属性才是律师承担农村法律援助的决定因素，对此本章第三节将有进一步的详细阐述。

第二，承担农村法律援助是律师职业之社会属性的外在表现。根据马克思主义哲学的基本观点，属性是一个事物和其他事物发生关系时表现出来的一切规定性，是事物存在的外在表现形式，是人脑对事物关系的一种反映。也就是说，事物的属性都是在与其他事物相互联系、相互作用的过程中表现出来的，若无其他事物的存在，事物就没有什么属性可言。同理，律师职业的社会属性也需要借助一定的外在因素才能表现出来，这种外在因素可以表现为一定的行为方式，也可以表现为一定的社会活动。律师承担农村法律援助正是这样一种行为方式或社会活动，只有通过律师承担社会责任的状况，才能认识律师的社会属性。否则，如果律师不为当事人服务，不参与社会冲突或利益纠纷的解决，律师的社会属性就无从认识，也无从评价。

在现实中，律师的社会责任为社会发展作出了应有的贡献。早在古希腊和罗马时期，律师就已经开始承担一定的社会责任，公元前 6 世纪的雅典共和国时期“辩护士”和“保护人”对古罗马律师的诞生产生过重大影响。古希腊和罗马时期，一些学习、研究法律的法学家为诉讼当事人解答法律问题、提供法律咨询意见、代理当事人参加诉讼。由于他们的活动有利于社会秩序的稳定，所以公元 3 世纪的时候罗马皇帝以诏令的形式确认了“律师”的存在。在现代社会中，对律师社会主体地位的理解已经远远超出古希腊和罗马时期的范围，律师不但可以在法律业务之内承担社会责任，而且可以在法律业务之外承担社会责任。在诉讼活动中，律师通过在个案中维护当事人或委托人的利益而在制度上构成对国家司法权力的有力制约，从而在长远目标上达到维护国家司法公正的目的。律师执业身份、执业范围的社会化恰恰是律师发挥重要制度作用的前提，律师正是站在代表民众的社会立场上，来制约司法权力，并最终使国家的执法和司法臻至完善。在非诉讼活动中，律师作为专业的法律工作者，通过直接协助当事人最大限度地设置和保护自己的合法权益，从而达到提前避免法律纠纷和维护当事人合法权益的目的，并可以最终使法律得到普遍遵守。

截至2024年9月，根据2024年9月6日司法部公共法律服务管理局长杨向斌在国新办举行的“推动高质量发展”系列主题新闻发布会的最新介绍，我国的律师人数已经达到75万。[1]在数量增长的同时，律师的社会责任意识也在加强。绝大多数律师都应能认识到自己所从事职业的神圣性与崇高性，在实现自身价值的同时，实现相应的社会价值。其中，公职律师在提供公益法律服务、承担社会责任方面发挥了重要的作用，但人数毕竟很少。公职律师之外的律师群体是社会责任最主要的承担主体，这些律师发挥其法律专业的优势，以各种形式广泛地参与到农村法律援助活动中，不但在关涉农村地区的诉讼或非诉业务中承担社会责任，而且在业务之外为社会提供更多优质的公益法律服务并在更大范围内传播公益法律的理念，从而使农村社会公众广泛受益。

需要指出的是，尽管律师在某些社会责任活动中需要以集体方式或团队方式进行，但集体方式或团队方式不是律师承担农村法律援助的主要方式。其原因在于三个方面：其一，律师执照以个体形式颁发，律师职业本身具有较强的“个体性”特征。其二，在执业过程中，除非存在法律规定的特殊情况，律师才能以团队方式或集体方式执业，往往以个体形式进行。其三，律师的法律知识和专业技能各有差异，服务质量也各有差异，当事人对律师的直接的人身信任是律师能否开展法律服务活动及当事人的合法权益能否得到维护的重要前提。

---

〔1〕 参见《最新数据：截至2024年9月全国律师总人数75万左右，13座城市律师破万》，载“北大法宝”公众号，2024年10月29日推送。

第三节　社会属性是律师承担农村法律援助状况的决定因素

一、关于律师职业本质属性的探讨

事物的联系不同，其质的表现——属性也不同，并呈现不同层次的表现形式。其中，反映事物内在本质的属性就是本质属性，它决定事物的根本性质和发展方向。[1]那么，在律师职业的多种属性中，何者是律师职业的本质属性呢？对于这个问题，本章第二节第一部分已有初步探讨，在此需有进一步深入探讨的必要。

如前所述，律师职业的本质属性与律师职业的质、本质和特征具有密切联系。质、本质和特征都是认识律师职业需要把握的内在的或外在的规定性，是认识律师职业必须先后经历的不同层次。所谓律师职业的质，是指律师职业固有的、不可分离的规定性，它决定律师职业是一种与其他法律职业不同的职业，反映了法律职业分工的差异。律师职业的本质是指律师职业最根本、最重要的规定性，它决定律师职业的产生和发展以及发展的方向。律师职业的特征则是律师职业属性的外在表现，是现象层面的东西，其只需通过对多种法律职业进行简单的对比就能发现。

在西方，尤其是在英美法系国家，人们对律师职业的本质属性基本上没有太大争议，律师一般被定位于“自由法律职业者”，其在本质上具有营利性。[2]在我国，关于律师职业的本质属性，理论与实务界则一直存在争议。

---

〔1〕 参见肖明主编：《哲学》，经济科学出版社1991年版，第175页。

〔2〕 参见司莉：《律师职业属性论》，中国政法大学出版社2006年版，第114~123页。

有的学者认为，律师的本质属性应当是其独立性。在这一观点看来，律师职业的独立性是指律师执业不受国家权力机关和政府部门的领导或干涉，国家以法律的形式允许律师建立自己的行业组织律师协会，由律师协会负责自我管理，具体表现为律师意志的相对独立性、律师组织的相对独立性和律师工作形式的相对独立性。〔1〕

还有的学者主张律师职业同时具有两个本质属性：社会性与政治性。基于此，这一观点认为，律师职业的应然性定位也应该具有双重性，即律师一方面是自由职业者，另一方面又是司法辅助者。〔2〕

有的学者认为，律师是依法取得律师执业证书，为社会提供法律服务的法律工作者，维护法律正确实施，维护当事人合法权益的，其本质属性就是维护法律的正确实施。〔3〕

笔者赞同上述最后一种看法，即律师的本质属性是其社会性。前已叙及，律师职业的本质在于维护权利和制约权力，律师维护权利和制约权力的水平直接标志着一个国家的法治文明程度。正因如此，“律师兴则国家兴，律师制度的成败关乎国家的兴亡——只有律师制度发达了，国家的民主、法制制度才能够更加完善，更有保障。”〔4〕不难设想，如果强调律师职业的经济性，可能使律师无视当事人的合法权益而片面追求一己之利；如果强调律师职业的政治

---

〔1〕 参见谢佑平：《独立性：律师职业的本质属性》，载《中国律师》2002年第7期。

〔2〕 参见陈海：《律师职业的本质属性与律师职业定位的应然性思考》，载《内蒙古农业大学学报（社会科学版）》2010年第1期。

〔3〕 参见缪晓宝：《正确认识律师的本质属性》，载《人民日报》2004年3月31日，第14版。

〔4〕 江平、陈夏红：《律师兴则国家兴》，载《北京日报》2010年11月1日，第20版。

性，可能使律师与权力合流而难以制约权力。也就是说，在律师职业的各种属性中，政治性和商业性都不是律师职业的本质，政治性仅仅反映律师职业在司法体制中特定分工的质，商业性仅仅反映律师职业在受托服务中收取对价的质，二者都不是律师职业的本质。

二、社会性何以成为律师职业的本质属性

与律师职业的政治性和商业性不同，社会性最能反映律师职业处理社会关系的本质，因而可谓之为律师职业的本质属性。究其理由，主要在于如下五个方面：

第一，律师职业的服务对象是广泛的社会主体。现行《律师法》第 28 条明确规定了律师的七项业务，而这七项业务中最根本的业务就是要求律师为各类社会主体提供专业法律服务。这些社会主体在外延上非常广泛，具体包括自然人、企业法人、社会团体、事业单位、政府机构及其他组织，较之医师、教师和会计师所服务的社会主体要宽泛得多。

第二，律师职业的服务内容涉及社会生活的各个方面。随着市场经济的发展和社会法治的进步，律师服务的内容不但包括传统的刑事辩护、诉讼与仲裁代理、法律咨询、代写法律文书，而且已经深入到金融、保险、证券、商标、专利、海事、房地产、国际贸易、知识产权保护、反倾销、反垄断等非诉讼业务领域，这些非诉讼业务对于社会生活各个层面具有日益重要的影响。

第三，律师职业具有社会公益性。尽管律师服务以有偿为原则，但却不以营利为目的，因而具有一定的社会公益性。律师职业的社会公益性不但体现在法律援助制度赋予律师的无偿救济职能中，而且体现在律师通过法律服务产生的各种社会效益中。例如，律师为当事人提供法律服务，其在直接效果上是使当事人的合法权

益得到维护，但最终也促进了整个社会秩序的良性发展。

第四，律师职业具有相对的独立性。众所周知，律师的基本职责是维护当事人的合法权益，其权源来自当事人的委托授权而不是国家意志，既不接受党政机关及其工作人员的指令，也不接受公安司法机关及其工作人员的非法干预，党政机关、公安司法机关及其工作人员更不能把自己的意志强加到律师身上。特别是在诉讼中，律师有权依法独立履行职责，有权对案件提出意见，如果发现法庭审判有违法行为，有权要求予以纠正，并有权向有关部门检举控告，对认为有误的一审判决、裁定，律师经当事人同意可以帮助其提出上诉。

第五，律师职业具有相对的自由性。律师职业的自由性是其本质属性的重要表现，是律师在执业形式、方法和时间安排上的自主性。在律师、法官和检察官这三大法律职业中，法官和检察官不具备像律师职业这样的相对自由性。律师职业的自由性不但是律师职业区别于法官、检察官等法律职业的显著特征，也是律师切实有效地维护当事人合法权益的必要条件。当然，律师职业的自由只是律师职业道德与执业纪律范围内的自由，并非意味着律师在执业形式、方法和时间安排上完全不受任何约束。

此外，从我国当前的律师职业立法来看，社会性也已凸显为律师职业的本质属性。其一，较之 1996 年《律师法》的抽象表述，现行《律师法》把律师的服务对象具体化为：为“当事人”提供法律服务和维护“当事人”的合法权益，这意味着律师服务的权利主体由抽象的社会本位落实到具体的社会本位，从权利主体的角度强调了社会性是律师职业的本质属性。其二，较之 1996 年《律师法》的笼统表述，现行《律师法》把律师的服务任务具体细化为：“维护当事人合法权益，维护法律正确实施，维护社会公平和正义”，意味着律师服务的社会价值既有多重性，又有多元性，从社会价值的角度强调了社会性是律师职业的本质属性。其三，较之1996年《律师法》的表述缺位，现行《律师法》明确指出律师为当事人提供服务的法律依据除了接受委托而提供有偿服务，还包括接受司法机关指定而提供无偿的法律援助，从社会公益的角度强调了社会性是律师职业的本质属性。作为上述法律规定的进一步具体化，司法部在2003年公布的《司法部关于拓展和规范律师法律服务的意见》（已失效）中对律师的社会责任主体地位作了更为明确的规定。对此，该意见指出：“发展社会主义民主政治，建设社会主义政治文明和深化政府机构改革，将给予律师发挥作用的新契机；依法治国，健全中国特色社会主义法律体系，推进司法改革，尊重和保障人权，将赋予律师更重要的社会责任。”2004年，中华全国律师协会制定的《律师执业行为规范（试行）》也规定了律师在社会责任承担方面的主体地位。2009年，中华全国律师协会对《律师执业行为规范（试行）》作了进一步的修订，修订后的《律师执业行为规范》重申了律师承担社会责任的主体地位。

需要指出的是，律师职业的社会性本质不同于马克思主义哲学所表述的人的社会性本质。[1]后者是从社会交往意义上而言的，是人的存在方式；而前者是从个人、社会和国家三者关系的角度而言的，是一种价值取向。

三、律师的社会性决定律师应当承担农村法律援助工作

根据唯物辩证法的基本原理，事物的本质属性决定事物的功

---

〔1〕 关于人的本质，马克思明确指出：“人的本质并不是单个人所固有的抽象物。在其现实性上，它是一切社会关系的总和。”参见中共中央马克思恩格斯列宁斯大林著作编译局译：《马克思恩格斯全集》（第一卷），人民出版社1972年版，第18页。

能、作用和价值。律师职业也不例外，律师职业的社会属性决定律师应当承担一定的农村法律援助工作，其理由主要在于以下三个方面：

1. 律师职业的社会属性内在地包含了社会责任之意

如前所述，律师的服务对象是广泛的社会主体，服务内容涉及社会生活的各个方面，律师的任务在于维护当事人的合法权益，维护法律的正确实施，维护社会的公平和正义，这些都是律师职业的社会属性的具体表现。那么，律师若要充分彰显或发挥其职业的社会属性，势必需要借助一定的方式和途径才能达到这一目的。其中，最主要的方式不外乎两种：一是执业活动，即为当事人提供法律服务，包括诉讼代理、刑事辩护和其他非诉讼法律服务。二是在上述执业活动之外为社会承担一定的责任，包括提供法律援助服务、法律宣传、参政议政，等等。当然，从广义上来说，律师在执业活动中为当事人提供良好而令人满意的法律服务，本身也意味着承担社会责任。

2. 律师职业的社会性源于解决社会冲突的需要

解决社会冲突是律师最重要的社会责任。社会是人们通过相互交往而编织成的网，人们在社会活动中不可避免会因为交往而导致利益冲突，这在任何一个社会中都具有普遍性。根据马克思主义的观点，在母系氏族社会，公有制经济是社会的基础。当游牧部落从野蛮人群中分离出来后，生活资料的生产有了发展，出现了剩余产品和经常的交换，产生了私有财产，于是便产生了最初的原始社会利益冲突。随着生产的发展和私有制的出现，阶级也逐渐形成，对立阶级之间的冲突越来越不可调和，于是便形成了国家。[1]包括律

---

〔1〕《马克思恩格斯全集》(第二十一卷)，人民出版社1965年版，第112页。

师制度在内的司法制度就是随着国家的产生而逐渐形成的。在西方非马克思主义看来，利益可以分为个人利益、公共利益和社会利益三类，不同的利益之间，必然要发生各种各样不同的冲突。随着社会的不断发展，社会冲突的形式也越来越复杂，并在法律意义上形成三类基本的冲突形式，即因犯罪行为而形成的刑事冲突、因平等主体之间的违约或侵权行为而形成的民事冲突以及行政机构与公民之间因行政行为而形成的行政冲突。无论何种形式的社会冲突，如果冲突者之间不能通过自行达成和解加以解决，则只能通过诉讼或仲裁——第三方裁判的方式加以解决。[1]

3. 律师职业的社会属性为律师承担农村法律援助工作提供了标准

律师在承担农村法律援助时应以律师职业的社会属性为标准。也就是说，如果满足律师职业的社会属性，其承担的农村法律援助就是合格的。无论在诉讼内的农村法律援助还是在诉讼外的农村法律援助，律师都应以社会属性作为最低行为标准。《中华人民共和国民事诉讼法》（以下简称《民事诉讼法》）规定，律师可以作为委托代理人帮助当事人提出回避申请，收集和提供证据，进行法庭辩论，请求调解，提起上诉，申请执行。《中华人民共和国行政诉讼法》（以下简称《行政诉讼法》）规定，代理诉讼的律师，可以依照规定查阅案件有关材料，可以向有关组织和公民调查、收集证据。《中华人民共和国刑事诉讼法》（以下简称《刑事诉讼法》）第 37 条和《律师法》第 31 条均规定，辩护人的责任是根据事实和法律，提出证明犯罪嫌疑人、被告人无罪、罪轻或者减轻、免除其刑事责任的材料和意见，维护犯罪嫌疑人、被告人的合法权益。在

---

〔1〕［美］罗斯科·庞德：《通过法律的社会控制》，沈宗灵译，商务印书馆 1984 年版，第 33 页。

刑事诉讼的侦查阶段，律师的介入能够有效制约警察权的滥用，从而防止刑讯逼供和暴力取证现象的发生。特别是在刑事诉讼的庭审阶段，律师是确保公平审判所必需的制度设置，它能够充分实现控辩对抗并协助裁判者发现案件事实真相，从而有效防止冤假错案的出现。不仅如此，随着社会经济的发展和法治的进步，社会冲突可能发生的领域越来越广，不但从传统的小农经济领域扩展到现代社会大生产和市场经济领域，而且从国内扩展到国际。冲突的多样化和国际化不但要求律师掌握充分的专业法律知识和娴熟的法律应用技能，而且要求律师承担更多、更复杂的社会责任。

第四节　我国律师在承担农村法律援助责任方面取得的进步

律师承担农村法律援助主要是一种志愿行为，因而也会受到一定的内在和外在因素的影响。自 20 世纪 80 年代初恢复律师制度以来，中国的律师职业群体在践行农村法律援助工作方面虽取得了显著的进步，但也存在一定程度的问题。为了对律师承担农村法律援助进行必要的促进与激励，我国应进一步完善法律规范并建立相应的激励机制、培训制度，以此激励律师承担或分担农村法律援助的工作量。

农村的法治建设和农村的和谐发展离不开律师的社会责任。1980 年 8 月，《律师暂行条例》在全国人大常委会审议后通过，中国律师制度开始恢复重建。四十多年过去，我国的律师制度和律师执业与改革开放同步，见证着我国走向繁荣昌盛的历史进程，契合国家法治建设和社会和谐发展的时代呼唤。经过四十多年的历史发展，中国律师已经在践行农村法律援助工作方面取得以下几个方面的长足进步：

一、维护农村社会的公平正义

如本书第四章所述，律师对农村社会公平正义的维护主要通过处理个案而实现。近年来，我国媒体每年都要评选一定数量的影响性个案，其中包含大量的农村个案。律师通过为这些农村个案中的当事人提供法律服务而维护农村社会的公平和正义。[1]

在有的影响性个案中，律师通过努力保障农村居民的个体人权而在整体上提高了公安司法机关的权益保障意识。在湖北农村的“佘祥林案”中，一审律师何大林在相关案件材料中发现诸多疑点，直接证据只有佘祥林的口供，间接证据则不能形成完整的证据锁链，没有足够的证据证明佘祥林杀妻，因而为其作了无罪辩护。何律师的意见在一定程度上受到湖北省高级人民法院的重视。1995年1月，该院以“事实不清、证据不足”发回荆门中院重审。荆门中院又将此案退至京山县法院。1998年6月15日，在事实仍然不清的情况下，京山县法院以故意杀人罪改判为有期徒刑15年。佘祥林上诉至荆门中院，被驳回。之后，佘祥林被投入沙洋监狱服刑。在佘妻“复活”之后，荆门中院随即指令京山县法院再审此案。再审代理律师张成茂接受委托后，在佘祥林的家乡以及湖北省的荆门、京山两地日夜搜集证据。在法庭上，张成茂出具了四份证据：张在玉的哥哥张在生的证词，证明张在玉还活着；张在玉的证词，证明她是佘祥林的妻子；佘祥林的女儿和张在玉的母亲的户籍证明；湖北省公安厅的DNA鉴定报告，证明张在玉同女儿、母亲为血亲关系。法庭当庭宣布佘祥林无罪，本案最终进入国家赔偿程序。

---

〔1〕这些影响个案不但广受人们关注，而且广为媒体报道。例如，《南方周末》每年都会在年末结合公众投票与专家意见对当年的影响性个案进行评选。

在有的影响性个案中，律师通过努力维护农村居民的个体人权而最终解决了某些权益保障方面的法律问题。在孙志刚案中，多名律师向全国人大常委会递交审查《城市流浪乞讨人员收容遣送办法》的建议书，认为收容遣送办法中限制公民人身自由的规定，与我国有关法律相抵触，应予以改变或撤销。多名且著名的法学家于2003年5月23日向全国人大常委会提出，就孙志刚案及收容遣送制度实施状况启动特别调查程序。2003年6月20日，国务院令公布了《城市生活无着的流浪乞讨人员救助管理办法》并将于2003年8月1日起施行。1982年5月12日国务院公布的《城市流浪乞讨人员收容遣送办法》同时废止。[1]

除了佘祥林案、孙志刚案和呼格吉勒图案这样的影响性诉讼案件，律师更多地通过一件件普通的诉讼案件实现农村社会的公平和正义。在这些普通案件的背后，是一个个默默无名的律师，他们积极地为当事人提供专业的辩护或代理，为当事人追求公平正义，通过无数的个案维护中国农村社会的公平和正义。这是一个集腋成裘的过程，也是由量变到质变的过程，其中无不体现律师的社会责任。

二、促进农村社会的法治进步

从国家立法层面来说，改革开放以来的重要法律的立法无不凝结着律师业界的专业意见和建议。这些法律广泛地包括1982年《宪法》,《刑法》《刑事诉讼法》《中华人民共和国民法通则》(已失效),《民事诉讼法》《行政诉讼法》等其他重要法律。一些重要的国家立法修订工作也同样凝结着律师的努力。例如，农村宅基地

---

〔1〕 参见唐杏湘、李志刚、匡映彤:《从孙志刚案看〈城市流浪乞讨人员收容遣送办法〉的废止》，载《律师世界》2003年第7期。

使用权立法方面就凝结了全国律师的心血，其参与是很有成效的。农村宅基地使用权是指农村集体经济组织成员依法无偿、无期限获得建造居住房的一种集体土地使用权。现有的农村宅基地使用权政策法规与行政管理，由于存在严重的立法缺位与冲突，已无法满足农村经济发展需求，给农村经济发展和农民个人合法权益带来了不可估量的损失，同时也是农村基层组织存在腐败现象的重要原因之一。在律师协会的积极推动下，我国调整和管理宅基地使用权的法律法规已经形成比较完整的体系，现已制定完成《中华人民共和国土地管理法》（以下简称《土地管理法》）、《中华人民共和国土地管理法实施条例》《村庄和集镇规划建设管理条例》和《确定土地所有权和使用权的若干规定》及各省市的地方性法规、规章和规范化文件。

从地方立法来看，律师的参与程度也越来越高，各地律师在促进地方立法的科学化、民主化的同时，更增强了立法的适用性与可操作性，使得立法更贴近社会大众的要求。例如，“农村集体资产是广大农民多年辛勤劳动积累的成果，是发展农村经济和实现农民共同富裕的重要物质基础。管好、用好集体资产，对于壮大集体经济实力，改善农业生产条件，促进农业和农村经济发展，增加农民收入，增强农村基层组织凝聚力，保持农村社会稳定，都有着十分重要的意义。”这是湖南省律师协会农村法律事务专业委员会向省政府法制办的立法建议强调的观点。2015 年 6 月 5 日，湖南省政府法制办通过《湖南日报》、省政府门户网、省政府法制网发布公开征集立法建议项目的公告，向公众公开征集省人民政府 2016 年度立法建议项目。公告发出后，各方面高度关注，有律师、机关干部、小区业主、水库移民、农村居民、患者家属等多方人士提出立法建议，涉及农村集体资产管理、村（社区）法律顾问服务、垃圾分类回收利用处理、物业管理、小广告管理、进城落户的库区移民待遇、尸体器官摘取管理等8个方面的事项。大部分建议对建议项目的背景及立法必要性、可行性、需要规范的主要问题作了比较详细的论述，具有较高的参考价值。如上述省律协农村法律事务专业委员会的建议说，由于湖南省迄今尚未就农村集体资产管理立法，农村集体资产所有者民主管理制度不健全，政府主管部门监督指导措施和手段无依据，所以整个农村集体资产管理还相当薄弱，集体资产流失严重。因此，建议提请省人大常委会制定《湖南省农村集体资产管理条例》，明确政府主管部门职责、界定农村集体资产产权、明确农村集体资产管理主体及其职责、规范农村集体资产经营管理与评估审计、强化政府部门的指导监督和服务、设定侵害农村集体资产行为的法律责任等，将农村集体资产管理纳入法制轨道。建议还列举了主要立法依据，介绍了外省农村集体资产管理立法情况。〔1〕

此外，从律师执业立法来看，司法部和中华全国律师协会自2008年以来先后制定出台了30多部覆盖律师业务各领域、执业活动各环节的部门规章、规范性文件和行业规范，标志着一个以《律师法》为核心，相关规章文件为配套的中国特色社会主义律师法律制度体系基本形成，中国律师迈入法制化、规范化的快车道。〔2〕其中，为破解“会见难”“阅卷难”“调查取证难”等刑事辩护“三难”问题，党的十八届四中全会以来，中央政法机关密集发声保障律师执业权利：①最高法的《人民法院第四个五年改革纲要(2014—2018)》提出，落实律师在庭审中发问、质证、辩论等诉

〔1〕 这是作者调研了解到的情况。

〔2〕 参见白阳：《为公平正义的法治中国护航——中国律师事业35年发展纪实》，载《人民法院报》2015年8月20日，第1版。

讼权利针对律师执业权利保障方面存在的问题；②公安部关于《全面深化公安改革若干问题的框架意见》提出，完善侦查阶段听取辩护律师意见的工作制度；③2012 年修正的《刑事诉讼法》规定，除危害国家安全犯罪等三类案件，侦查期间律师会见在押犯罪嫌疑人应当经侦查机关许可外，其他案件律师只要持律师执业证书等“三证”就能会见。[1]

三、促进农村社会的和谐稳定

律师主要通过调解纠纷和处理信访而促进农村社会的和谐稳定。在这两个方面，我国的律师群体都取得了很大的成效。

就律师的调解工作而言，据中华全国律师协会发布的《中国律师行业社会责任报告》（2013）[2] 中的不完全统计，我国律师早在 2010 到 2013 年间就参与矛盾化解 58 万余次，这些矛盾纠纷集中在拆迁、劳动和突发公共事件领域，部分矛盾社会影响较大，律师的参与对于依法化解矛盾、保障当事人合法权益、维护社会稳定发挥了重要作用。2010 年 9 月，某企业的矿库发生尾矿坝溃坝，导致 22 人死亡，直接经济损失高达 6.5 亿元。由 76 名律师组成的法律援助律师团经过 760 多个日夜，历经数百场次调解，最终以调解方式圆满解决纠纷，帮助受灾群众成功索赔 1.976 亿元，开创了国内以诉讼手段解决重大安全责任事故善后赔偿的先河。再如，2010 年 7 月，南京市某工厂区内丙烯泄漏发生爆燃事故，造成周边地区居民、企业、个体工商户重大人员、财产损失。事故发生后，南京

---

〔1〕 参见李娜：《中央政法机关密集发声保障律师执业权利彰显公正司法决心》，载 https：//news. sina. com. cn/o/2015-02-08/185331496654. shtml，最后访问日期：2025 年 3 月 12 日。

〔2〕 2013 年之后未见该协会发表类似报告。

市律协立即组织和调集政治素质强和业务精干的律师，成立了紧急事件处理小组，为指挥部提供法律咨询，拟订事故人身损害及财产损失赔偿处理方案、分类草拟事故处理法律文书、赔偿协议书及善后处理工作注意事项等，为南京市委、市政府处理突发事件提供了专业法律保障。[1]

不仅如此，律师还深入参与信访处理，为政府依法处理各类矛盾提供专业指导。中华全国律师协会发布的《中国律师行业社会责任报告》（2013）中的不完全统计，我国律师在2010年到2013年间共参与接待信访6万余次，直接接待信访次数超过11.5万余次，律师提出工作建议数达4.3万余份。[2]在北京地区，北京律协近年来共组织3000余名律师在新农村建设、拆迁改造等重点工作提供法律服务；7000余名律师参与到基层人民调解组织之中；3000余名律师参与涉法涉诉调处工作，为化解社会矛盾起到积极作用。[3]

四、增进农村社会的公益福祉

在农村法律援助方面，2003年《法律援助条例》公布实施以后，律师对农村法律援助的参与在力度和广度上迅速扩大，许多农民工欠薪、残疾人就业、老年人养老问题借助律师提供的法律援助得以成功解决。2009年起，司法部、全国律协等部门启动“1+1”

---

〔1〕 参见中华全国律师协会：《中国律师行业社会责任报告（2013年）》，载http：//www.fxcxw.org.cn/dyna/content.php?id=2794，最后访问日期：2025年3月12日。

〔2〕 参见中华全国律师协会：《中国律师行业社会责任报告（2013年）》，载http：//www.fxcxw.org.cn/dyna/content.php?id=2794，最后访问日期：2025年3月12日。

〔3〕 参见白阳：《为公平正义的法治中国护航——中国律师事业35年发展纪实》，载《人民法院报》2018年8月20日，第1版。

法律援助志愿者和“同心·律师服务团”行动，选派优秀律师到中西部等律师资源严重不足的地区提供服务。在北京地区，针对上访群众普遍“信访不信法”的问题，北京市民政局于 2013 年开始聘请律师进入信访大厅“坐堂接访”，帮助信访者剖析诉求是否合法、合理，引导信访群众通过法律渠道依法处理相关问题，取得良好效果。[1] 2021 年《法律援助法》实施之后，在其中第 4 条的指引下，律师对农村法律援助事业的参与程度更深更广了。

在法治宣传方面，自从律师制度恢复四十多年来，广大中国律师身体力行地传播法律，实践法律，让法治的种子在中国遍地生根。根据中华全国律师协会的统计，仅 2010 年到 2013 年期间，中国律师开展的普法培训达到 35 000 余次，普法宣传的受益人群达到 267 万余人次。各地律师协会还在一些重大节假日，定期组织普法宣传活动，如每年的“12·4”全国法制宣传日、“3·15”国际消费者权益日、五一、七一、国庆等，各地律师协会都会组织一些大型普法咨询活动。许多省市律师协会或专业委员会还组织了一系列各具特色的普法活动。全国律协未成年人保护专业委员会组织了“百城千校律师普法进校园活动”等活动，受到各方高度关注，社会反响良好。此外，各地律师协会针对公司管理者、企业员工、学校教职员工、政府执法人员开展专业法治培训，提高重点群体的依法行政能力、司法专业水平及自我维权能力。据不完全统计，2010 年~2013 年内，全国各地律师协会开展此类专业培训 35 000 余次，培训人次超过 63 万，对提高法治水平、预防权力滥用和纷争发生

---

〔1〕 参见《首都民政打造“人文信访、法制信访、和谐信访”》，载 https：//www. gjxfj/news. /gzdt/bwdt/webinfo/2016/03/1460416225662334. htm，最后访问日期：2024 年 12 月 10 日。

发挥了重要作用。[1]

律师提供的法律服务对于确保农村社会的经济发展具有更为重要的意义。在有“体制机制创新的试验田”之称的北京中关村国家自主创新示范区，2011年就在北京律协主导下成立了法律服务团，致力于为中关村示范区建设营造优良的法治环境。服务团一方面为中关村企业提供知识产权、合同管理及“新三板”上市等法律服务，一方面为政府相关部门提供法律建议、法律咨询。2013年，法律服务团调研形成的《中关村国家自主创新示范区核心区知识产权管理体系建设方案》被列入海淀区委、区政府重点工作任务。2013年提出的“一带一路”倡议，让中国企业加快了“走出去”的步伐。例如，广西律协陆续与越南、柬埔寨签订框架合作协议，并协助在东南亚投资的企业处理涉外法律纠纷；新疆律协以第四届中国亚欧博览会及西部律师论坛为契机，引导律师为丝绸之路经济带建设提供法律服务。不仅如此，“走出去”的中国企业随时面临着国际规则的考验。许多律师凭借对世贸组织规则的深刻理解和过硬的国际法律功底，在“双反”领域据理力争，突破了许多国家的“贸易壁垒”，成功为我国企业挽回了巨额损失。[2]

第五节　影响律师参与农村法律援助的主要因素

影响律师参与农村法律援助的因素是多方面的，其中主要有以

---

〔1〕 参见中华全国律师协会：《中国律师行业社会责任报告（2013年）》，载http：//www. fxcxw. org. cn/dyna/content. php？id=2794，最后访问日期：2025年3月12日。

〔2〕 参见中华全国律师协会：《中国律师行业社会责任报告（2013年）》，载http：//www. fxcxw. org. cn/dyna/content. php？id=2794，最后访问日期：2025年3月12日。

下几个方面：

一、社会责任意识的影响

社会责任意识在此主要是指律师职业群体的社会责任意识。律师本人的社会责任意识对律师是否承担社会责任以及如何承担社会责任具有重要的影响。正如本书第四章已经阐述的那样，无才而有德的律师始终胜过有才而无德的律师，因为后者绝对有害于法律秩序和法律信仰的形成。对此，美国前耶鲁大学法学院院长高洪柱曾经在一次演讲中告诫法学院的学生，“永远不要让你的技能胜过你的美德”。[1]在我国，也有学者指出：“法治在一定程度上是‘法律人之治’，法治的实现需要仰赖法律人的推动和实施”。[2]倘若作为法律人的律师无视法律和职业伦理，不仅不能履行自己的社会责任，反而还会破坏法律的实施和司法公正的实现。在这个方面，美国是有深刻教训的。在1974年“水门事件”中，涉事的尼克松总统本身就是律师，其顾问团队也都是律师；为了掩盖水门事件的真相，尼克松和他的顾问团队竟然为了小团体之私，共同违背法律和职业伦理，不但妨碍司法调查，而且为之提供伪证，令社会舆论哗然。[3] 我国律师行业经过四十多年的发展，虽然业已承担了大量的社会责任，但总体的社会责任意识仍然有待进一步提高。尤其是在近年来市场经济不断发展的情况下，我国律师行业的商业主义思想受到极大的刺激，致使少数律师过于追求商业利益，无视甚至背

---

〔1〕 参见高洪柱（Harold Hongju Koh）于2008年8月27日在耶鲁大学法学院新生入学典礼上的演讲（the Dean’s Welcoming Speech, August 27, 2008, Yale Law School）。

〔2〕 孙笑侠等：《法律人之治——法律职业的中国思考》，中国政法大学出版社2005年版，第13~14页。

〔3〕 参见任东来、陈伟、白雪峰等：《美国宪政历程：影响美国的25个司法大案》，中国法制出版社2005年版，第295页。

弃社会责任精神。

二、行业竞争程度的影响

在人们的印象中，律师业似乎是一个高收入的行业，但许多业内人士对律师的收入和生活水平并不乐观，大部分律师面临案源不足、成本开支大、市场竞争激烈的困难。[1]

律师行业的激烈竞争直接影响律师对农村法律援助的参与程度。以北京这样一个法律服务市场相对广阔的大都市为例，根据北京律协发布的“2022 年北京律师行业数据概况”，截至 2022 年 12 月底北京市共有律师事务所 2887 家，比上一年增加 154 家，增长了 5.63%，共有执业律师 46 971 人，而十年前的这一数据是 1404 家，约占全国律师事务所总数的 9.4%，共有执业律师 21 549 人，约占全国律师的 13%。[2] 激烈竞争的结果之一就是形成两极化的态势：具有竞争力的律所占据越来越大的市场份额；竞争力差的律所拥有的市场份额越来越小，高端业务向少数大型律师事务所集中的趋势明显。

当然，这种竞争态势并非近年来才形成，而是早在 21 世纪初就形成了。根据当时北京市司法局、北京市律师协会委托零点研究咨询集团所作的《律师行业发展指数报告》（2009），中国律师在 1999 年以前就已经形成了两极化的竞争态势：具有竞争力的律师事务所占据越来越大的市场份额；竞争力差的律师事务所拥有的市

---

〔1〕 据《法制日报》2012 年 12 月 16 日报道：目前，中国拥有律师的比例较之西方并不算高，以全国人口 13 亿、律师 23 万计算，律师占全国总人口的比例不到万分之一点八。而据《北京晚报》2006 年 10 月 14 日报道，早在 21 世纪初，美国的这一比例就已达到万分之三十三，英国达到万分之十五，我国香港地区也有万分之十点二。

〔2〕 王清友主编：《北京律师发展报告 No. 6（2022）》，社会科学文献出版社 2023 年版，第 2 页。

场份额越来越小。再以当时的上海为例，2008 年排名前五的律师事务所创收总额为 23 亿元，占上海律师当年总收入的 50%。也就是说，95%的律师事务所一年的辛苦所得，仅和 5%的律所收入基本持平。[1] 在这种情况下，为了维护竞争地位或取得竞争优势，许多律师不得不放弃一部分社会责任，如参政议政、社会公益活动等，从而把全部的时间和精力放在日常执业和业务拓展两个方面。但同时也出现了有的律师为了在竞争中维护既有的客户资源，以各种借口推卸责任，拒绝承担农村法律援助之类的法定社会责任的情形。

尽管如此，仍有很多律师克服各种困难，坚守社会责任理念，尽职尽责地面向农村和农村居民提供法律援助服务。以笔者认识的几位从事农村法律援助的律师为例，尽管每一次在和笔者谈到农村法律援助问题时，他们都会感叹："法律援助难，农村法律援助尤其难"，但他们从来没有因为困难而止步不前。笔者的前同事、北京瀛和律师事务所的张磊律师也是他们中的一员。张磊律师虽身处首都北京执业，但心系全国广大农村并在农村法律援助方面作了大量工作。根据笔者的了解，张磊律师曾于 2023 年为河北沧州一位村民提供法律援助，该案取得良好的援助效果，并积累了有益的经验。该案基本情况如下：

受援人赵某某系河北省沧州市献县张村乡人，1985 年 9 月出生，2020 年到北京市建筑工地务工。2021 年 12 月 18 日，在天津市某建筑工程有限公司工地搬运重物时因缺乏必要的劳动保护措施及防护器具，导致被重物砸伤。致右胫腓骨远端骨折、右侧下胫腓骨分离、右侧胫腓前韧带断裂、右侧距腓前韧带损伤，后经北京市

[1] 参见零点研究咨询集团发布的《律师行业发展指数报告》(2009)。

丰台区劳动能力鉴定委员会劳动能力鉴定，为工伤9级伤残。天津市某建筑工程有限公司未给赵某某缴纳社会保险及工伤保险，对其工伤也不进行任何赔偿、补偿。当事人因无钱手术治疗，在医院保守观察58天后，面临截肢风险。其家属在与公司多次协商无果后，无奈向北京市丰台区劳动人事争议仲裁委员会提起劳动仲裁，要求天津市某建筑工程有限公司支付医疗费、伤残补助金及工资。

案件经过北京市丰台区劳动人事争议仲裁委员会仲裁及北京市丰台区人民法院一审审理，丰台区人民法院于2023年10月28日作出（2023）京0106民初7779号民事判决书，判决天津市某建筑工程有限公司向赵某某支付一次性伤残补助金、一次性工伤医疗补助金、一次性伤残就业补助金、停工留薪期工资、医疗费、住院伙食补助费、护理费共计353 631元。

被告天津市某建筑工程有限公司对一审判决不服，向北京市第二中级人民法院提起上诉。北京市法律援助中心于2023年9月5日，指派北京瀛和律师事务所张磊律师代理该案。

接到市法律援助中心指派后，张磊律师立即联系了赵某某了解案件情况，并向北京市丰台区人民法院申请调取一审卷宗查明仲裁及一审的证据情况。同时，张磊律师了解到：赵某某因工伤致残后，天津市某建筑工程有限公司始终未赔付医疗费，而赵某某又是家里的唯一劳动力，其配偶照顾两个未上学的子女，无法外出务工。赵某某受伤后，家里失去了唯一经济来源，其治疗、生活费全部系亲戚朋友接济，因为没有钱，赵某某二次手术始终没有做，钢钉和钢板一直留在体内。

在得知赵某某的遭遇及困境后，张磊律师积极与二审法院沟通，请求尽快安排开庭，尽快形成生效判决、尽早进入执行程序以解决赵某某的经济困境。同时与法院沟通能否先予执行，请求法院要求天津市某建筑工程有限公司先予执行赵某某部分医疗费，使其可以尽快手术。北京市第二中级人民法院耿某军法官了解到赵某某的特殊情况后表示：相比于立即开庭、立即作出判决，“先予执行”的请示和研究决定流程恐会时间更久，因此耿某军法官调整了原定工作计划，立即安排了赵某某二审案件的开庭时间。

本案二审的争议焦点：一是双方劳动关系是否解除；二是赵某某的工资标准。上述焦点直接影响赵某某能得到的赔偿金数额。因天津市某建筑工程有限公司在二审中提交了双方的《劳动合同》，记载了赵某某的工资标准为每日 220 元，形势对赵某某非常不利。

张磊律师对案件进行认真分析及研究后，确定了诉讼思路：

1. 根据一审证据，双方聊天记录显示，赵某某其姐姐与公司法定代表人微信聊天记录，确认双方的劳动关系已经解除。

2. 赵某某工资标准，不能按《劳动合同》上记载的每日 220 元计算，而应按每日 512 元计算。因此，要否定双方《劳动合同》关于工资约定的效力。通过《劳动合同》系赵某某受伤后双方补签的证据，证明合同记载的每日 220 元工资标准并非真实意思表示。同时向北京市统计局申请政府信息公开，调取北京市统计局关于 2021 年度建筑行业平均工资的统计数据，建筑行业年工资收入为 117 157 元，按年度法定工作日 250 天计算，建筑业平均日工资为 468 元，证明天津市某建筑工程有限公司主张的 220 元是远远低于行业平均工资，而原告主张的工资标准符合市场价格和统计数据。

经过庭审，北京市第二中级人民法院采纳了张磊律师的全部代理意见，于 2023 年 11 月 23 日作出（2023）京 02 民终 13599 号民事判决，驳回天津市某建筑工程有限公司上诉、维持一审判决，维护了受援人赵某某的合法权益。

在代理工作完成后，案件进入执行程序。虽然案件在执行中赵某某并未申请法律援助，北京市法律援助中心也没有继续指派张磊律师代理其执行程序。但张磊律师对赵某某申请执行程序继续给予了大力的帮助，为其起草和整理了申请执行所需的材料，并指导如何申请强制执行。赵某某及其家人为表达感激之情，多次向张磊律师表示要送一面锦旗，但都被张磊律师婉言谢绝了。后得知，赵某某还是坚持制作了锦旗并送往了北京市法律援助中心。

三、相关制度设置的影响

涉及律师参与农村法律援助的相关制度很多，主要包括律师广告制度、律师收费制度、法律援助制度、执业利益冲突制度、律师与当事人或其他法律职业者之间的关系规范、律师社会公益行为规范、相关的激励或惩戒制度，等等。总体来看，我国当前涉及律师社会责任的相关制度仍不完善，其中主要表现为两个方面：

第一，对律师如何承担农村法律援助缺乏引导性的制度规范。首先，从主体来看，目前我国的法律市场准入机制还不够完善，除了一般的执业律师，还有企业法律顾问、乡镇法律服务工作者，非律师公民代理人参与案源争夺并与执业律师形成竞争。然而，这些法律职业主体在参与执业的同时也很少承担相应的社会责任，相关法律也未对此作出具体规定，致使律师在一定程度上被误解。[1]其次，从对象来看，律师社会责任不应仅仅关注经济标准意义上的社会弱势群体。一方面，经济标准意义上的社会弱势群体具有很大的相对性，在某个地域属于经济上的弱势群体，换一个地域生活可能

---

〔1〕 根据现行《律师法》第55条的规定，没有取得律师执业证书的人员以律师名义从事法律服务业务的，由所在地的县级以上地方人民政府司法行政部门责令停止非法执业，没收违法所得，处违法所得1倍以上5倍以下的罚款。若文中除执业律师之外的人员在法律许可范围内从事法律服务业务，可以参照执业律师承担相应的社会责任。

成为强势群体。另一方面，即使没有地域上的转换，在某一特定地域生活的、在经济上高于当地标准的所谓强势群体，也可能因为某种法律上的困境而成为弱势群体。因此，在社会责任的指向对象上，立法应更多地坚持“需求”标准，这样才能在内涵上扩大社会责任的范围，使律师为所谓“强势群体”提供的法律服务也能因社会责任的彰显而受到肯定和鼓励。再次，从方式来看，除了传统的律师承担社会责任的方式外，还可以进一步拓展并通过立法肯定律师承担社会责任的新方式。例如，律师完全可以深度介入民间或基层社会的纠纷解决之中，充分发挥其对社会纠纷的调解、调停和私人仲裁功能，使大量的社会纠纷就地得到化解而不至于演变成为诉讼，从而有效缓解法院繁重的案件压力。然而，从现实来看，我国律师在非诉讼纠纷解决领域一直少有建树，这不是因为律师的专业能力有问题，而是因为欠缺应有的途径和机制。又次，从律师社会责任的评价和激励来看，我国仍需建立有效的律师社会责任评价制度以及相应的律师社会责任激励机制，对律师承担社会责任难以形成正面的倡导效应和弘扬效果。正因如此，当人们提起一个成功律师的时候，印象多停留在某某律师收入高、生活条件好、社会关系广，而不是律师为社会做过多少贡献，或为当事人挽回多少损失以及维护多大权益等。最后，在管理体制方面，现行律师行政管理制度和行业自治制度较为僵化，对律师承担社会责任存在不必要的束缚，这种情况也对律师承担社会责任形成直接或间接的影响。正如前文已经提到的那样，公民依据现行《法律援助法》申请法律援助需要经过严格而繁复的申请程序、审查程序、批准程序，且每一项程序都需要经过数日、十几日甚至几十日的等待。在申请获批之后，申请人还需要等待法律援助管理机构把法律援助事项最终落实到具体的负责人或提供者，由法律援助服务机构负责实施。不仅如此，申请材料的准备程序也很复杂。以开具“经济困难证明”为例，申请人首先要从乡镇人民政府领取表格并按要求逐项填好，然后由所在村民小组确认个人或家庭收入情况的真实性，再经所在村委会证明，最后报乡政府核准。由于农村交通不便，加之管理机构的服务水平有限以及留守群体的文化水平较低，往往需要为此往返奔走并等待数天。

第二，对律师拒绝承担农村法律援助的行为缺乏严格的惩戒机制。律师背弃社会责任的行为大体可以分为两类：一类是直接背弃社会责任的行为。这类行为主要表现为律师违背其应当承担的社会责任义务。例如，律师不得拒绝承担法律援助义务、律师不得破坏法律实施、律师不得破坏社会秩序、律师不得破坏社会的公平和正义，等等。另一类是间接背弃社会责任的行为。这类行为主要表现为律师违背其应当遵守的执业行为规范。例如，律师不得在执业中存在利益冲突、律师不得随意泄露当事人的秘密、律师不得违规收费、律师不得违规发布广告、律师不得从事不正当竞争、律师不得与法官或检察官之间存在不正当的关系，等等。对于上述两类背弃社会责任的行为，我国目前需建立严格的惩戒机制。以律师之间的不正当竞争为例，我国已经制定了相关的法律、法规和其他规范性文件，1995 年司法部也为此专门公布了《关于反对律师行业不正当竞争行为的若干规定》，但这些规范性文件的一个共同点就是都未能对律师之间的不正当竞争制定有力的、切实可行的惩戒措施。不仅如此，对于现已制定的惩戒措施，司法行政机关和律师行业自治机构也没有有效地付诸实施，从而导致现实中律师之间广泛存在不正当竞争行为。再如，不少律师用支付案件介绍费的形式获得案源，故意发布不当的业务推介广告，不合理压低律师费，人为制造垄断以排斥其他律师的进入，与法官、检察官建立利益同盟关系，恶意吹嘘自己，贬低别人，类似的不正当竞争行为比比皆是。这些不正当竞争行为不仅损害当事人利益，而且损害律师职业的整体形象，也扰乱了法律服务市场的正常秩序，其最终结果就是背弃了律师本应在这些领域承担的社会责任。

四、社会或公众对律师承担农村法律援助的要求或需求

在产业划分上，律师业属于服务业，其能否生存和发展，从根本上取决于它的服务对象——社会公众是否需求它。[1]作为律师服务的一种特殊情况或表现形式，律师社会责任同样适用这一规则，律师为社会公众承担的社会责任与社会公众对律师社会责任的需求之间可以形成供需对应关系。社会公众对律师承担社会责任的需求越多，律师为社会公众承担社会责任的可能性就越大，反之则越少。一言以蔽之，社会需求对律师社会责任具有一定的促进作用。

一般来说，一个社会的法治越发展，对律师社会责任的期望就会越高，对律师社会责任的需求也会越多。从现实情况来看，随着我国多年来在法治建设中取得的进步，社会对律师践行社会责任的需求的确得到了快速的提升，社会公众在日常生活、生产、工作以及交往过程中越来越离不开律师的服务。在诉讼领域，当事人希望律师为之伸张正义，通过律师的辩护或代理在诉讼中制约司法权的滥用。在刑事诉讼中，当事人希望律师为之提供法律咨询，代理申诉、控告，申请取保候审，担任刑事辩护人或自诉代理人。在非诉讼领域，当事人希望律师为之担任法律顾问，解答有关法律的询问、代写诉讼文书和有关法律事务的其他文书。除此之外，我国的证券业务、保险业务、房地产业务、鉴证业务、海商业务、外贸业

---

〔1〕 顾永忠：《论律师维护社会公平和正义的社会责任》，载《河南社会科学》2008 年第 1 期。

务、金融业务、信托与保理、资信调查业务也都越来越多地需要律师法律服务的保障。同时，作为落实依法行政的重要举措，各地各级政府也日益重视律师在政府工作中的作用。行政机关在决策之前，除了充分进行调研、论证并广泛听取社会各界人士的意见以外，开始注意倾听来自律师依法出具的建议和意见，以有效保证其决策的科学化、合法化。行政机关在出台行政法规、行政规章以及其他行政规范性文件之前，开始注意聘请律师对这些文件进行研究、讨论、把关，以提高立章建制的质量，从源头上做到依法行政，使行政权力的运用更加符合法治精神。

同时也要承认的是，我国社会公众对律师参与农村法律援助的需求尚未得到应有的或充分的激发。一方面，由于长期的封建思想的影响，我国社会一直存在根深蒂固的无讼观念，既有“好人不见官”的俗语，也有“惜讼”“厌讼”甚至“耻讼”的传统。在这种传统观念的影响下，人们不愿意打官司，更不愿意请律师，甚至认为打官司和请律师是一种耻辱。另一方面，我国社会对律师职业依然存在一定的偏见，对律师的信赖度不高。人们在涉入纠纷时不是通过法律解决问题不是聘请律师提供法律服务，而是利用传统的伦理道德等观念来调节协调。此外，我国社会也未形成日常的律师服务消费习惯。显然，由于这些情况的存在，律师很难充分而深入地介入社会生活的方方面面，其结果必然影响律师为社会公众承担农村法律援助的积极性。

第六节 律师在承担农村法律援助责任方面存在的主要问题

近年来律师违背或涉嫌违背社会责任的案例屡屡见诸媒体并撞

击人们的眼球，让人忧虑，值得反思。[1]其主要表现有以下几个方面：

一、损害农村法律援助案件当事人合法权益

律师在执业活动中存在故意损害当事人合法权益的行为。有的律师片面追求经济利益，私自收费、不按规则收费，甚至欺骗当事人。例如，广西柳州某律师事务所的律师欧某在代理案件中，没有按规定收费标准收取法律服务费遭当事人投诉，当事人梁某在鱼峰区司法部门投诉未果后，改向物价部门投诉，柳州市物价局经调查认定该所行为违反了《广西壮族自治区基层法律服务收费管理办法》有关规定，责令该所退还多收当事人梁某的法律服务费 13 710 元。[2]

二、拒绝承担或不认真承担农村法律援助义务

2012 年，苏州某律师事务所的主任律师在代理某村民法律援助案件中，因工作疏忽遗漏了当事人的索赔项目，也未针对相关费用的举证提出司法鉴定申请，致当事人本应获得的赔偿受损。在此情况下，当事人起诉了律师事务所，要求赔偿当事人因此受到的经济损失。该案二审法院经审理查明，苏州某律师事务所接受法律援助中心指派承办某农民工的工伤法律援助案件，由该所主任律师具体承办。但是，该主任律师并未亲自为该农民工提供法律援助，而是交给本所的一名实习律师代为出庭。该案二审法院经审理认定，

---

〔1〕 除了此类引起轰动的案例，更多违背律师社会责任的案例被记录在各地律师协会或司法行政机关的卷册中。以北京市为例，根据该市律师协会执业纪律与执业调处委员会的信息，自 2010 年以来平均每年都有近 20 名律师因违反职业伦理受到律师协会的惩戒，并且总体上呈现逐年增多的趋势。

〔2〕 参见陈景艳、焦洪宝：《解读律师诚信》，载《天津律师》2003 年第 5 期。

一审法院先后 5 次开庭审理此案，全由实习律师代劳，该主任律师一次也未出庭参加诉讼，对案件也未进行必要的指导和把关，最终造成赔偿漏项，导致农民工维权受损。苏州市律师协会对该律师事务所作出处分决定书，认定该所律师在承办该农民工的人身损害赔偿法律援助案件中，存在代理起诉遗漏的事实，并导致当事人之后另行聘请律师另案提起诉讼的情况发生，客观上给当事人造成了一定的损失，苏州市律师协会对该所法援律师进行了公开谴责。〔1〕

三、在农村法律援助过程中恶意炒作敏感案件，影响社会秩序

有的律师既未接受委托，又不了解案情，动辄以“维权”律师自居，恶意炒作，以此抬高自己在案件代理中的要价，甚至以正常的社会秩序为代价换取一己之私。例如，北京某律师事务所的 9 名律师就因恶意炒作敏感案件信息而被采取刑事强制措施。在该案中，多名律师被指经常在微信群里发布特定敏感事件的视频或照片以及一些极具煽动性的看法，组织策划炒作 40 余起敏感案事件，其中不乏农民工和农村上访人员的案件。涉案律师打着“维权”和“公益”的旗号，借机出名，从中牟利，甚至组织“访民”去现场“声援”，严重扰乱社会秩序，严重违背律师本应承担的维护社会秩序的社会责任。〔2〕

---

〔1〕 参见《律师未尽“勤勉义务”律所承担相应责任》，载《工人日报》2012 年 05 月 26 日，第 6 版。

〔2〕 参见袁国礼：《北京锋锐律师事务所 9 名律师被采取刑事强制措施》，载 https：//www.chinanews.com/gn/2015/07-19/7413721.shtml，最后访问日期：2024 年 11 月 20 日。

第四章

农村法律援助的政府责任

关于法律援助的责任主体，学界主要有以下三种观点，即国家责任说、政府责任说和社会责任说。国家责任说认为，国家是一国法律援助制度的唯一责任主体。国家被认为是某个地域内人类的最高结合体，根据马克思的观点“这种从社会中产生但又自居于社会之上并且日益同社会脱离的力量，就是国家。”[1]因而国家作为一个抽象的公民权利的高度集合体，承担着对本国公民自上而下的责任。法律援助在脱离最初的社会慈善性质后，如今普遍被认为是一种保障弱势群体诉讼权利、维护社会公平正义的司法救助制度。正是基于其对实现司法平等、保障人权、完善社会保障体系等的价值，法律援助理所应当受到国家法律保护，并成为由国家强制力为后盾的一种国家对公民所承担的义务。于是，社会契约、人权保障和实质平等构成了法律援助国家责任的理论基础。政府责任说认为，国家是抽象的，政府是国家的具体表现形式，法律援助终归需要政府制定具体的组织实施措施并为此配置必要的人力、物力和财力。社会责任说则认为，法律援助既不是国家的责任，也不是政府的责任，其在本质上乃是全体社会公众通过纳税义务得以保障的一种责任，是社会为贫困成员应尽的义务。

---

〔1〕 参见中共中央马克思恩格斯列宁斯大林著作编译局编：《马克思恩格斯选集》(第四卷)，人民出版社 1972 年版，第 166 页。

笔者认为，法律援助的责任主体是政府，此即法律援助的政府责任。

第一节　关于政府责任含义的界定

什么是政府责任？在对社会责任予以界定之前，有必要讨论“责任”一词的含义。

所谓责任，根据《辞海（词语分册）》的解释，是指权限所及的范围。[1]根据《现代汉语词典》，责任则有两种含义：一是分内应做之事；二是因未做好分内应作之事而应承担的不利后果。[2]所谓“分内应做之事”，亦即基于某种特定的属性、身份或岗位而应做的事情。例如，律师接受委托后应当为当事人尽到勤勉的责任、考核方案应当详细划分不同岗位的责任等。在此，“责任”一词的含义与义务大体相同。所谓“不利后果”，则可以从两个方面加以理解：一是应该承受谴责或惩罚的状态。例如，大家对这次意外事故都有责任，不掩饰责任是一个党员的基本素质等。在此，“责任”一词的含义相当于过错、过失。二是应该承受的或实际承受的惩罚。此类责任可以分为法律责任和道义责任，其中法律责任又可以分为刑事责任、民事责任和行政法上的责任。

显然，政府责任是从责任的第一层意义而言的。它是指政府依据其属性或法律规定而应为公民、社会承担的分内之事，大体上可以解释为“职责”。在此，“政府”并非“责任”的对象，而是“责任”的承担主体，意为“政府应当承担的责任”。所谓政府，是指国家进行统治和社会管理的机关，是国家表达意志、发布命令

---

〔1〕《辞海》（词语分册），上海辞书出版社 1988 年版，第 1099 页。

〔2〕《现代汉语词典》，商务印书馆 1995 年版，第 1444 页。

和处理事务的机关，实际上是国家代理组织和官吏的总称。政府的概念一般有广义和狭义之分，广义的政府是指行使国家权力的所有机关，包括立法、行政和司法机关；狭义的政府是指国家权力的执行机关，即国家行政机关。[1]所谓分内之事，其本质就是责任主体应当履行的义务。这种义务可能是法律上的，也可能是道义上的；可能是强制性的，也可能是自愿性的，但对政府而言，仅指法律上的责任。换言之，这种法律上的责任也意味着政府应当向公民、社会承担的义务。除了所蕴含的法律性和义务性，“政府责任”一词还有很强的目的性。也就是说，政府之所以为公民、社会承担某种分内之事，其目的是追求或实现公民、社会的整体福利而非概括的或某一部门的私利。

政府责任是政府作为责任主体所应承担的责任。广义的政府是指国家的立法机关、行政机关和司法机关等公共机关的总和，代表着社会公共权力。政府可以被看成是一种制定和实施公共决策，实现有序统治的机构，它泛指各类国家公共权力机关，包括一切依法享有制订法律、执行和贯彻法律，以及解释和应用法律的公共权力机构，即通常所谓的立法机构、行政机构和司法机构。从这个意义上说，“政府就是国家权威性的表现形式”。狭义的政府特指国家的行政机构，即承担国家执法权的部门分支，其在我国是中央政府——国务院及其组成部门以及地方各级政府。在我国政府体系中，国务院居于最高领导地位，它统一领导所属各部、委的工作，统一领导全国各级地方行政机关的工作，有权根据宪法、法律管理全国范围内的一切重大行政事务。根据我国《宪法》和《中华人民共和国地方各级人民代表大会和地方各级人民政府组织法》规

---

〔1〕 参见李鹏主编：《公共管理学》，中共中央党校出版社 2006 年版，第 28 页。

定，国务院依法负有以下 18 项责任。这 18 项责任可归结为六个方面：①根据宪法和法律，规定行政措施，制定行政法规，发布决定和命令。②向全国人民代表大会或者全国人民代表大会常务委员会提出议案。③规定各部和各委员会的任务和职责，统一领导各部和各委员会的工作，并且领导不属于各部和各委员会的全国性的行政工作。④统一领导全国地方各级国家行政机关的工作，规定中央和省、自治区、直辖市的国家行政机关的职权的具体划分。⑤负责编制和执行国民经济计划与国家预算，领导和管理科学、教育、经济、文化、卫生等工作。⑥任免行政人员权。此外，国务院还有最高权力机关及其常设机关授予的其他职权。地方政府可以分为省、直辖市、县、市、市辖区、乡、民族乡、镇政府。县级以上政府的责任主要包括：①执行本级人民代表大会及其常务委员会的决议，以及上级行政机关的决议和命令，规定行政措施，发布决议和命令；②领导和监督所属各工作部门和下级人民政府的工作；③执行经济计划和预算，管理本行政区域内经济文化建设、民政和公安等工作；④依法任免、培训、考核和奖惩行政工作人员；⑤保护公共财产，维护社会秩序，保障公民权利，保障少数民族的平等权利；⑥监督所属各部门和下级人民政府的工作；⑦办理上级国家行政机关交办的其他事项。乡、民族乡、镇级政府的责任主要包括：①执行本级人民代表大会的决议和上级国家行政机关的决定和命令。②执行本行政区域内的经济和社会发展计划、预算，管理本行政区域内的经济、教育、科学、文化、卫生、体育事业和财政、民政、公安、司法行政等行政工作；③保护社会主义的全民所有的财产和劳动群众集体所有的财产，保护公民私人所有的合法财产，维护社会秩序，保障公民的人身权利、民主权利和其他权利；④保护各种经济组织的合法权益；⑤保障少数民族的权利和尊重少数民族的风俗习惯；⑥保障宪法和法律赋予妇女的男女平等、同工同酬和婚姻自由等各项权利；⑦办理上级人民政府交办的其他事项。自 1994 年起，各级地方政府机构相继进行改革，改革的主要内容和重点是：转变政府职能，实行政企分开；合理划分职权，理顺各种关系；大力精兵简政，提高行政效率。

总之，政府责任是一种特殊的责任，其内容是由政府作为特殊主体在社会中的职能和地位决定的。同时，也正因如此，政府作为主体所承担的责任在价值目标和评价标准两个方面也不一样，其根本的价值目标应定位于社会公共利益并以此为评价标准。

第二节　基于政府责任的农村法律援助性质分析[1]

如前所述，法律援助的责任主体是一个国家的政府。这一结论的依据主要在于以下几个方面：首先，在 2003 年公布的《法律援助条例》第 3 条中规定到“法律援助是政府责任”，这一条被诸多学者认为是我国首次通过立法对法律援助的政府责任主体予以明确规定。在 2021 年公布的《法律援助法》中，尽管第 2 条、第 8 条、第 9 条、第 10 条等许多条文规定法律援助是国家责任，但在具体承担主体上都规定为政府或相关政府部门，其中第 4 条明确规定是“县级以上政府责任”。其次，法律援助责任的核心是经济责任和人员责任，如果把它的责任主体归为国家，是否意味着人大、政协、法院、检察院都要为此提供经济的支持或人员的支持呢？实际上这是不可能的，也是不可行的。法院、检察院在法律援助方面并无这两个方面的资源。事实上，根据该法的规定，我国的法律援助工作

〔1〕笔者的硕士研究生黄香蕾对本部分写作有一定贡献。

由各级司法行政机关监督管理，由各级政府提供财政支持，由社会各界提供人员支持，人大、政协或法院、检察院只能提供一定的信息或沟通工作。最后，支持政府责任说的学者们普遍认为，相比于“国家”这一空洞的、缺乏实质内涵的抽象概念，由政府作为法律援助的责任承担者，更为具体化、鲜明化，更具有可操作性，相比于将法律援助责任主体上升到国家责任的高度却无法赋予其具体内涵而言，政府作为该制度的责任主体才能够切实提高法律援助质量，完善法律援助制度。

那么，政府在法律援助上的责任是一种什么性质的责任呢？对此学界主要存在两种不同的看法，即行政给付说、政府福利说和社会保障说。

行政给付说认为，法律援助实质上就是一种行政给付，符合行政给付的定义和特征，因而法律援助自然应当由政府承担责任。行政给付是指行政主体在特定情况下，依法向符合条件的申请人提供物质利益或赋予其与物质利益有关权益的行为，同时具备以下特征：①以行政相对人的申请为条件；②是一种物质帮助权益；③通常由专门款项拨付；④行政相对人处于某种特殊状态下。对比上述行政给付的定义和特征，可以发现法律援助符合上述要点。首先，除去刑事辩护当中的部分例外情形，一般须由公民主动向法律援助机构提出申请；其次，法律援助主要是保障经济困难且需要帮助的公民得到无偿的法律服务，虽然不是直接的金钱给付，但是相对来说是一种物质帮助权益；再次，我国法律援助的经费由国家财政支持，专款专用，需要接受财政、审计部门的监督；最后，法律援助不是针对所有公民，而是那些需要得到法律服务以保障自身合法权益却又因经济困难等原因而无法实现的公民。因此，有观点认为法律援助实质上是一种行政给付，按分类属于社会福利类，而行政给付一般的主体是行政机关，属于行政行为，行政给付是政府责任的具体化，因而，法律援助的责任主体为行政机关即政府。

政府福利说认为，其与社会保障说一样，并不是直接探讨法律援助责任主体，而是通过分析以北欧国家为主采用的以政府福利类型存在的法律援助模式，为确定我国法律援助责任主体提供思路。福利国家通过创办并资助社会公共事业，实行和完善一套社会福利政策和制度，对社会经济生活进行干预，以调节和缓和阶级矛盾，保证社会秩序和经济生活正常运行。而现代福利制度被认为起源于素有“福利国家之父”之称的英国经济学家威廉·贝弗里奇爵士于1942年提交的《贝弗里奇报告——社会保险和相关服务》，该报告中提出了福利制度的三项指导原则：①普遍性原则，即公众普遍所享有，用以预防社会风险；②统一性原则，即由大一统的福利行政管理机构实行统一的有关政策；③均一性原则，即依据公民的需要获得资助而不是依据他们的收入。依据上述原则，世界范围内普遍认为北欧国家福利化程度最高，被认为是福利国家的代表，诸如瑞典、丹麦等。福利国家制度不等同于社会保障制度，可以说它是所有社会保障、社会救济政策等的集合，突出强化了现代国家的再分配功能。

法律援助制度的社会保障说更多的是对法律援助性质的一种探讨，但对我们探索法律援助责任主体具有相当的价值。关于社会保障的定义，“现代社会保障是政府和社会为了解除或预防某些社会经济风险对社会成员造成的威胁，通过一系列公共措施，为社会成员的生存和发展提供的一种保护，是现代社会实现保护人权的一种重要手段。”〔1〕从上述定义可以看出，社会保障是保障社会成员生

〔1〕张露藜、陈心歌、李克：《法律援助在社会保障体系中的地位和作用——北京市法律援助工作调查论要》，载《北京政法职业学院学报》2007年第1期。

存与发展的权利，为社会弱势群体提供来自社会的全方位帮助，社会保障体系涉及方方面面，而法律援助则被认为是该体系中不可或缺的重要组成部分。由于个体差异、地区差异、经济差异等诸多原因，社会成员间势必存在着诸多差异，不论这种差异是体现在经济上，还是文化程度亦或是身体年岁上，都可能会造成他们在享受自身权利时被不平等的对待。而伴随着西方资本主义的发展，自由平等的观念不断传播，社会本位的思想使得人们越来越重视人权保障及实质平等，当无法完全消除因市场经济发展而带来的贫富差距等情况时，为弱势群体提供社会保障成为人类社会追求和谐稳定的基本途径。结合经济学上的观点，社会保障的经济属性具有公共物品性，即指那些“可供全体居民或部分居民消费（享有）或受益，但不需要或不能让这些居民（受益者）按市场方式分担其费用或成本的产品”，〔1〕而公共物品还具有两大主要特性：非排他性及非竞争性。非排他性简单来说就是任何人都无法单独去占有或消费它，而非竞争性则是即便一个人已经消费享有了它却不影响其他人的消费和享受，即不存在互相间的竞争性。于是，依据社会需要所提供的公共物品，可以为那些在竞争中的弱势群体提供支持和帮助，就如同法律援助正是为那些因经济等原因在寻求司法帮助时处于弱势地位的人们提供的保障，作为司法保障的法律援助制度因而成为社会保障体系的重要一环。

笔者赞同社会保障说。依据上述对公共物品的定义及特性，法律援助肯定不能像其他普通物品一样由私人供给，该种供给无法由市场自动调节，否则必然丧失效率。于是，国家作为公共社会的管

---

〔1〕马刚：《公共物品供给方式及其对我国公共物品供给的思考》，载《经济师》2003年第9期，转引自袁冲：《城镇弱势群体法律援助研究》，北京交通大学2006年硕士学位论文。

理者，在市场之外自然承担起这种公共物品提供者的角色。回归到法律援助中，在分析解剖法律援助时，引入公共物品概念后有人将法律援助分解为法律援助制度和法律援助服务两部分，并提出法律援助制度作为国家立法的具体制度安排，属于纯公共物品，但法律援助服务则属于准公共物品。[1] 因为法律援助制度作为由一国法律确定的一种社会制度，完全符合非排他性和非竞争性的特性。但是，法律援助服务，虽然同样具备公共性，但是法律援助服务作为一种法律服务，投入的人力、财力等支持使其必然产生相应的成本，因而在公共性下，该种服务的供给会存在着“拥挤效应”和“过度使用”的问题，就如同法律援助中存在的地区发展不平衡以及人员紧缺等问题。在面对上述困境时，仅仅依靠国家的人力、财力投入似乎是不够的，充分调动社会参与，才能够更好地应对。吸纳社会资金及相关人员，将法律援助变为社会性的公益事业，将该制度各环节打通，让其在社会资源的帮助下顺利循环流通，才有利于法律援助服务质量的提高，更好地为社会弱势群体提供保障，维护社会秩序。例如，在人员方面，高校中兴起的法律诊所、大学生法律服务志愿基地等；在资金方面，中央专项彩票公益金法律援助项目、全国及各地的法律援助基金会等，都是社会广泛参与并支持法律援助事业的贡献。总之，在社会保障说下，通过引入部分经济学领域的概念和分析方式，明确了法律援助质量不高背后的经济性因素，同时也提供给我们一种思考，法律援助虽然由国家承担责任，但如果想要更好地发展法律援助，绝对不可以忽视社会的力量，“政府主导，社会参与”才是法律援助发展的良好途径。

---

[1] 袁冲：《城镇弱势群体法律援助研究》，北京交通大学2006年硕士学位论文。

第三节 农村法律援助的政府责任履行方式

政府在农村法律援助上的责任内容主要体现为其以“看得见的手”进行的资源配置所能涵盖的范围，即政府针对农村法律援助所需的人力、物力和财力三个方面对农村地区的资源配置。

一般来说，政府层级越高，其在农村法律援助所需的人力、物力和财力的配置方面就越宏观，反之就越微观。具体而言，中央层级（通过司法部）可以为农村法律援助制定相应的行政法规，省级政府可以（通过司法厅）制定相应的部门规章或其他政策性文件对农村法律援助资源进行配置。以浙江省为例，该省早在 2006 年就专门针对农村法律援助问题制定相当完善的政策性文件。由于其具备的完整性、系统性和针对性，本书将其全文摘取作为附件，以供感兴趣的专家学者参考：

浙江省司法厅关于加强农村法律援助工作的意见

（浙司〔2006〕50 号）

各市司法局：

为贯彻中共中央、国务院《关于推进社会主义新农村建设的若干意见》，进一步落实省委、省政府关于加大法律援助工作力度，加快农村法律援助体系建设的要求，切实维护农民的合法权益，促进“平安浙江”、“法治浙江”建设，现就加强农村法律援助工作，提出如下意见：

一、充分认识农村法律援助工作的重要性

农村的稳定是社会稳定中至关重要的一个方面。农民占人口总数的三分之二以上，是推动我国经济社会发展的重要力量。进一步加强农村法律援助工作，切实保障农民的合法权益，是建设社会主义新农村的重要内容，是保证社会公平正义、构建和谐社会的必然要求，对于建设“平安浙江”、“法治浙江”具有重大意义。

几年来，我省的法律援助工作取得了较大成绩，为维护弱势群体的合法权益、促进社会和谐稳定发挥了很好的作用。但是，法律援助工作在农村还存在诸多薄弱环节，如农民对法律援助的知晓率较低；经济欠发达地区和海岛、边远山区申请法律援助的渠道还不够畅通；有的地方法律援助经费和律师资源不足，农民得不到法律援助的情况依然存在，农村法律援助工作离“应援尽援”的要求还有一定的距离。因此，在当前和今后一段时期，迫切需要我们切实加强农村法律援助工作，保障农民的合法权益，促进社会和谐稳定，在社会主义新农村建设中发挥应有的作用。

二、加强农村法律援助工作的主要任务

加强农村法律援助工作，要坚持以农村困难群众为重点，加强法律知识的宣传，不断提高农民对法律援助的知晓率；以维护农村困难群众合法权益为目标，动员社会各方面力量参与法律援助，逐步实现农村法律援助的“应援尽援”；以增强法律援助专职人员的工作责任性和提高法律援助质量为根本，使受援农民获得优质的法律援助，提高法律援助的满意率。

（一）健全农村法律援助网络。要形成一个以县（市、区）法律援助中心为龙头，以乡镇（街道）法律援助工作站为骨干，以村（居）法律援助工作点（联络员）为补充，职责明确并覆盖全省农村的法律援助工作网络。一要着力加强县（市、区）法律援助中心窗口建设，提升法律援助工作水平，实行规范化服务。二要以乡镇司法所为依托，建立健全乡镇法律援助工作站，指导农民申请法律援助，解答法律咨询，协调、参与办理法律援助案件。三要在农村以及农民工集中的劳动力市场、开发区和企业建立法律援助联系点，明确联络员，引导农民以合法的途径解决纠纷。

（二）加强法律援助队伍建设。农村法律援助工作面广量大，各地要在抓好网络建设的同时，抓好人员落实，资源整合。一是尚未落实法律援助机构专职工作人员的县（市、区），要按照《浙江省人民政府关于进一步完善新型社会救济体系的通知》（浙政发〔2005〕65号）和省政府办公厅《关于切实做好法律援助工作的通知》（浙政办发〔2004〕26号）的要求，配强配好法律援助机构专职人员。二是有条件的乡镇、街道可以建立法律援助志愿者队伍，调动全社会力量参与法律援助工作。三是要积极采取措施，合理配置律师资源，让律师资源丰富的城市支持律师资源匮乏的农村，解决律师资源匮乏地方群众打官司难的问题。四是要对法律援助工作站人员及联络员和志愿者等进行培训，提高他们的业务水平，提高工作质量。

（三）落实法律援助经费。各地要根据《国务院关于解决农民工问题的若干意见》（国发〔2006〕5号）关于“政府要根据实际情况安排一定的法律援助资金，为农民工获得法律援助提供必要的经费支持”的精神，努力争取同级财政部门在每年法律援助专项经费预算时，将外地进入本地打工的农民工人数考虑在内，适时增加法律援助专项经费；争取经济开发区、工业经济发达的乡镇政府为农民法律援助提供专项经费。应积极争取社会多方支持，依靠社会力量筹集资金。省厅将进一步争取省财政对经济欠发达地区法律援助经费的补助。

（四）完善便民利民措施。要进一步落实和完善便民、利民措施，方便农民群众寻求法律援助。一是抓好法律援助中心窗口建设。今年争取有40%的法律援助中心建有便民的服务窗口；要加强法律援助窗口的基础设施建设，设立统一的标识，实行规范化服务。二是畅通法律援助咨询电话。要完善市、县（市、区）二级“12348”法律服务专线，由法律专业知识丰富、服务态度好的律师和工作人员值机；要在各村设立标有“寻求法律援助，请拨“12348”的指示牌。三是继续为符合条件的困难群众发放法律援助卡；制作法律援助服务指南，方便上门求助的农民群众阅览和了解法律援助的有关事项；对农民工申请法律援助，要简化程序，快速办理。

（五）加大农民法律援助案件办理的力度。将农民作为重点援助对象，为他们提供优质的法律援助。要加大对农村群体性案件的办理和调处，及时有效地维护农民的合法权益。要将建设领域及劳动强度大、劳动保障措施差、工伤事故易发多发的企业作为法律援助重点领域。以解决拖欠农民工工资、医疗事故、交通事故、工伤事故赔偿、老人赡养等作为重点援助事项，给予积极办理，特别是对申请支付劳动报酬和工伤赔偿法律援助的，不再审查其经济困难条件。要加强监督检查，提高法律援助工作质量。

三、农村法律援助工作的要求

（一）围绕中心，突出重点。要围绕党委、政府的中心工作，从维护社会稳定的大局出发，认真履行好法律援助的各项职能。加大对农民法律援助工作的力度，组织协调当地有影响的大案要案，切实维护农民的合法权益。

（二）加强宣传，提高认识。要采取多种方式、利用多种渠道、依靠各种媒体，进一步加大对法律援助工作的宣传力度，注重宣传工作的针对性和有效性。要把《法律援助法》列入各地普法内容，送法进村入户，普及法律援助知识，使农民工在权利被侵害时，能够自觉寻求法律保护。

(三) 注重实效，提高效率。推进农村法律援助工作，要注重实际效果。要坚持方便农民，服务基层，将法律援助及时送到农村，使农民申请法律援助，快捷、方便和实惠。要注重采取非诉协调的办法办理法律援助案件，提高工作效率。充分发挥“12348”法律服务热线在解答法律咨询，维护稳定等方面的便捷功能。

(四) 加强协调，改善环境。各地要主动与法院、检察院、公安、劳动、工商、土地、建设、档案等部门及仲裁机关、鉴定机构等组织的沟通协调，依据《浙江省法律援助条例》等规定，出台有关具体规定，促进各相关部门支持、配合做好法律援助工作，降低法律援助费用，改善法律援助环境。

(五) 加强领导、落实责任。各地要从贯彻落实十六届五中全会精神，推进社会主义新农村建设，服务“三农”，服务基层，维护农村社会稳定的高度，充分认识农村法律援助工作的重要性，增强责任意识、大局意识、服务意识，切实加强领导，加强监督，确保农村法律援助各项工作真正落到实处。各级法律援助机构的工作人员和承担法律援助职能的法律工作者要恪尽职守，诚心诚意为农民做好事、办实事。

以上意见请认真贯彻执行。

二〇〇六年三月二十四日

与中央和省级政府不同，县和乡镇在农村法律援助资源配置方面更为具体，因而可以采取相对具体的措施进行配置。具体可以采取以下几个方面的措施：

1. 摸查农村法律援助需求情况

农村法律援助是一个综合性的法治工程，各级政府对特定的法律援助对象，可以施加有针对性的法律援助服务。为此，各级政府，特别是基层政府应当对农村地区的法律援助需求情况进行定期的全面摸查，对本辖区符合法律援助标准的居民人数进行统计。在此基础上，为了整合农村法律援助资源、提高农村法律援助的针对性，各级政府的司法行政部门还要实时跟踪法律援助申请的主要领域，把握农村法律援助的规律。以前，我国农村法律援助主要集中在索要劳动报酬、工伤、赡养、抚养等领域。但从目前来看，农村征地拆迁、环境污染、土地流转、农村股份制改造等领域已经取代过去的传统领域，越来越多地成为法律援助的重点，也是目前农村经常发生矛盾纠纷的领域。

2. 发展农村法律援助专业团队

农村法律援助需要一定的人力资源，这种人力资源应当具备一定的专业性，但同时又不能完全指望大城市的律师们常年驻守当地。在这种情况下，县级基层政府有必要因地制宜地发展适合农村法律援助的专业队伍。在层级方面，至少应当延伸到乡镇，有条件的地区可以拓展到村级。在人数方面，每个乡镇的农村法律援助人员不能低于2人，最好为3人或以上，这样既可以轮休，也便于在遇到复杂法律援助问题时相互商量。就村级法律援助而言，每村配备一名法律援助人员即可。在人员来源方面，提供法律援助的途径主要有三种：一是本着便民利民的原则，为农民提供无偿的法律咨询、代写法律文书、提供法律意见等非诉讼法律援助服务。二是接受法律援助中心的指派，办理农民工讨薪、工伤、家庭暴力、行政诉讼、拆迁补偿等诉讼类案件。法律援助律师应当认真代理案件，保证案件的质量，尽力维护农民合法权益。三是参与农村集体性纠纷的调解工作。农村的很多纠纷通过调解的途径解决更能节约维权成本，促进社会和谐。有专业律师的介入，调解过程将更合法、更顺利。律师参与调解，应当维护好农民的利益。农村律师团的成立，不仅能一定程度上满足农村日益增加的法律需求，缓解各种矛盾冲突，同时能以其专业的法律服务带动法律援助案件质量的提升。志愿团体能够弥补农村法律人才的不足，吸纳法律工作者为农村法律援助提供服务。

3. 建立农村法律援助服务组织

农民因自身文化水平和法律意识的限制，当他们遇到纠纷时，很难在自己熟悉的生活范围外去寻求法律的保护，他们往往只是在自己熟悉的生活圈子内寻求帮助。比如他们会找村委会或者基层法律服务所，而极少会找到律师事务所。为了方便解决农民的这种需求，丰台区法律援助中心在 5 个乡镇都建立了法律援助工作站，推行了法律援助受理代理制。这种工作站“分散受理”，中心“统一审批”的工作机制，扩大了农村地区法律援助的覆盖面，方便和满足了农民的需求。充分发挥好与农民联系较为密切的基层法律援助工作站的作用，要加强相关人员的培训，制定实施有关的便农利农措施，同时也要加强监督指导。

法律援助的主体是律师和法律工作者。与律师事务所不同的是基层法律服务所主要服务于本区域农村、城市街道各基层单位和个人，因此，基层法律服务所与农民的联系更为密切，基层法律工作者对农民有较多地了解，他们熟悉农民的语言和方式，与农民交流起来更得心应手，所以办理农民法律援助案件的主要力量应该是基层法律工作者，特别是像赡养、婚姻家庭等传统矛盾纠纷，基层法律工作者在解决这类纠纷时能够很好地发挥自身优势。但是对于一些难度较大、专业性较强的案件，则应当指派有经验的律师来办理较为适宜。

4. 降低农村法律援助申请门槛

为了让更多的困难农民享受到法律援助，降低农民申请法律援助的门槛是关键。降低法律援助门槛主要包含两层含义：一是降低经济困难标准；二是扩大法律援助的受案范围。关于农民申请法律援助的经济标准，有关部门出台了不少优惠措施，例如：对农民工申请支付劳动报酬和工伤赔偿的法律援助案件，只需确认农民工身份，不再审查其他条件，并予以优先办理。这主要是针对农民工的优惠措施，对于本地农民申请法律援助，确立一个合理明确的经济标准是具有指导意义的。实践经验说明了经济标准不难确定，如何审核经济状况才是难点，这是需要法律援助工作人员衡量把握的，以最低生活保障证明作为唯一标准对农民太过苛刻，所以应降低申请门槛，在经济状况的审查上，笔者认为有村委会和乡镇民政科出具的收入证明即可。在扩大农村法律援助案件范围方面，尚没有明确的规定。笔者认为，确定法律援助案件范围规定不宜“一刀切”，不同地区根据当地农民特点来确定本地区的农村法律援助的案件范围更为科学。以北京市丰台区为例，单户从事农业生产的农民已经没有了，所以将因所购种子、化肥、农药、饲料等农业生产资料质量低劣导致经济受到损失这种情形列入法律援助范围就没有多大意义。而随着村民待遇、股份分红、拆迁补偿、宅基地引起的邻里矛盾、人身损害赔偿等纠纷的日益增多，成为丰台区农村涉法热点问题，因此酌情将村民待遇、拆迁补偿这类案件列入农村法律援助受案范围以满足农民需求更为妥当。

第四节　当前农村法律援助的政府责任履行问题及其解决途径

1. 对农村法律援助的重视程度需加强

农村法律援助事关广大农村地区的长治久安与和谐稳定，是建设社会主义新农村和解决“三农”问题的一项基础性的工作。政府履行农村法律援助责任的一个前提就是要重视它并把它作为一项重要的工作来抓。从目前来看，各级政府，特别是基层政府对这一工作的重视程度是有待提高的，还有很大的提升空间。长期以来，各级政府特别是基层政府对农村工作的关注可能仅限于对农业 GDP 的追求以及对农村工作政绩的追求，二者成了各级政府特别是基层政府在农村工作领域的最重要的任务。相对而言，对于农村法律援助这样的软件设施或软实力的建设和发展要进入地方政府的日程上较难。这种情况既不利于社会主义新农村建设，也不利于“三农”问题的解决，最终也在一定程度上影响了包括 GDP 在内的各项农村工作的进程。

2. 对农村法律援助的宣传力度需加大

农村法律援助的推动需要借助一定的宣传工作才能实现。一方面，不可否认的是，我国农村的法治发展水平仍需提高，广大农民的法治觉悟有待提升，对法律援助了解得不够多，对法律援助的作用和具体申请条件未给予重点关注和了解，这些都需要各级政府特别是基层政府的大力宣传。另一方面，法律援助也是法治意识的一项重要内容，在一定意义上也是一种权利告知。欲要农村居民申请法律援助，先要使之懂得有法律援助这么一种权利，否则连自身享有的这项权利都没有意识到，怎么可能有申请法律援助的意识和动机呢？因此，各级政府特别是基层政府要定期组织包括律师在内的法律援助工作人员和基层法律服务工作者深入农村，特别是偏远地区的农村，向农村居民宣讲法律援助，把法律援助送到农村居民心里。在农民工聚居较多的城市，各级政府也要开展“法律援助进企业”“法律援助进工地”等宣传咨询活动，向农民工散发法律援助的宣传资料，引导、协助农民工通过法律途径解决劳动争议。

3. 农村法律援助的提供机制需畅通

农村法律援助的提供机制是向村民具体提供法律援助的程序及

相关的制度，具体包括申请机制、审批机制和指派机制。就申请机制而言，如何让村民及时而有效地向法律援助机关提交申请，这是整个法律援助的基础和前提。在这个环节，村民遇到的最主要的问题就是没有方向感，不知道法律援助机构设在何处。除此之外，交通方面的耗费也是阻碍村民申请法律援助的一个重要因素，从而导致提供机制的不畅。就审批机制而言，最突出的问题是审批效率较低，一个简单的法律援助可能要经过层层报批，甚至开会讨论，致使法律援助难以及时提供给村民。试想，如果村民不是因为贫困和急需，谁会不辞劳苦地往返于县城或乡镇的法律援助机构？因此，在审批问题上，笔者的观点还是尽可能采取宽松审批程序，做到应援尽援。就指派机制而言，主要是指政府在批准村民法律援助申请之后如何为之及时有效地指派合格的法律援助人员。现实的问题是，由于农村法治建设仍在完善中，农村法律援助在申请获批以后，法律援助机构可能会面临无人可派的尴尬境地，这是农村法律援助提供机制中最大的问题。

4. 农村法律援助的落实和配合存在矛盾

“在农村，随着人民公社的取消，村民自治制度的实行，以及人民法院等机构的重新有效的独立运作，‘派出法庭’的产生等一系列的措施，使得县、乡一级基层政府行政司法手段得到一些改善，政府的治理思路有了很大的转变，但同时政府之间没有更为明确的职责分工，基层政府更多的是为经济发展而不是为公共事业服务，各种基层的司法、行政矛盾逐渐凸显，甚至导致中央的一些文件也无法得到有效的贯彻执行。”〔1〕 在这种情况之下，农村法律援

〔1〕 蔡国美、刘云萍：《农村法律援助面临的困境与改革》，载何小宁：《2009 年度全国法律援助研讨会综述》（司法部法律援助中心主办的“2009 年度全国法律援助研讨会”会议）。

助也难免存在类似或相同的问题，从而导致县、乡、村之间，法律援助机构、法律援助承担者和法律援助受援人之间，以及政府（司法行政机关）、法律援助机构以及律师事务所、乡镇司法所之间在农村法律援助的具体实施方面存在一定的沟通问题或衔接问题，使农村法律援助难以落到实处。

针对以上问题，各级政府可以考虑采取以下解决途径：

第一，充分重视农村法律援助问题。农村地区的长治久安与和谐稳定，是建设社会主义新农村和解决“三农”问题的一项基础性的工作。在我国这样一个拥有十四亿多人口的泱泱大国，农民是一个庞大的阶层，其数量占全国人口的1/3以上。农村的发展和稳定关系到国家的各方面建设。当前农村正处于经济转型和社会变革的关键时期，长期以来积累下来的各种矛盾和不利于农村稳定的各种因素不可避免地要显露出来。对社会弱势群体而言，虽然法律上有维护他们合法权益的具体条文，但在实践过程中却难以眷顾到他们，让他们成为法律实施的死角，而法律援助制度的存在，真正实现了弱势群体在“法律面前人人平等”，意味着法律可以从空中楼阁变为现实，由抽象的社会正义演变为真实的存在。“法律援助不是简单地被看成是维护社会公平和稳定的工具，而是真正保护贫穷者的自由和权利。”[1] 因此，政府履行农村法律援助责任的一个前提就是要重视它并把它作为一项重要的工作来抓。

第二，加大农村法律援助宣传力度。农民的法治观念直接影响农村法治建设工作的开展。具体到农村法律援助问题，各级政府有必要在职权范围内针对农民法律意识淡薄的现实情况开展有针对性

---

〔1〕 蔡国美、刘云萍：《农村法律援助面临的困境与改革》，载何小宁：《2009年度全国法律援助研讨会综述》（司法部法律援助中心主办的“2009年度全国法律援助研讨会”会议）。

的法律援助宣传。在具体措施上，可以向农民派发与法律援助相关的宣传材料，为之组织免费法律援助讲座并开展免费法律援助咨询。在宣传内容上，各级政府有必要通过司法行政机关或法律援助机构组织专业队伍向农民讲解法律和法治相关问题，提高农民的权利意识和维权意识。在组织保障上，各级政府有必要通过司法行政机关或法律援助机构为农村法律援助提供人力、物力和财力的保障，并把农村法律援助的经费单独预算和列支。此外，对农民的法律援助宣传要讲求方法，在宣传过程中要注意以下几方面：一是通俗化。目前，我国共有5亿多农民，其中大多数人文化水平仍有待提高，即使近年来国家大力推动九年义务教育，但农村人口文化素质较低的现状并未彻底改变。针对这种情形，工作人员要注意法律援助宣传的语言和手段，尽量使用简单明了的语言，使之易于为农村居民接受。二是针对性。“农民的主要劳动是为了生存和温饱的需要，对文化知识的渴求和重视程度较低，让他们耐心地了解系统的法律援助体系无疑是不现实的，这决定了对农民法律的宣传要突出重心，着重介绍那些与农民切身利益相关的法律知识和申请法律援助的条件、程序，特别是对有关证据和诉讼时效的注意问题。如村民待遇、行政诉讼、拆迁补偿、宅基地引起的邻里纠纷、家庭暴力、人身损害赔偿等。”〔1〕 正如贺卫方教授所言，“如果我们把政治、自由、民主解释成和他们密切相关，能给他们带来权利，给他们尊严，给他们发展机会的东西的话，那么我相信，农民们是不会那么冷淡的。只有这样，才能真正增强农民的法律意识，实现法律

---

〔1〕 蔡国美、刘云萍：《农村法律援助面临的困境与改革》，载何小宁：《2009年度全国法律援助研讨会综述》（司法部法律援助中心主办的“2009年度全国法律援助研讨会”会议）。

由‘输血式扶贫’到‘造血性扶贫’的转变。”〔1〕

第三，开设农村法律援助绿色通道。此类通道主要设在县级司法局、法律援助中心及乡镇的司法所、法律援助工作站，以便及时受理农村居民的申请。一方面，基层政府下设的法律援助机构应当在法律援助宣传中把其设置及方位、路程告知农民。就此而言，基层政府的法律援助机构应当主动走出去，把触角延伸到农村地区，特别是偏远的农村地区，在那里设置农村法律援助联络点，使村民能够就近提出申请或就近获得相应的申请指导。另一方面，法律援助机构应当减少审批环节，在农村乡镇建立审批窗口，只要符合法律援助条件，就应当及时有效地给予答复，不让村民来回长距离奔波。对农民工申请支付劳动报酬法律援助的，及时指派法律援助工作人员、律师等迅速办理，及时维权；对即将超过诉讼时效、涉及人数众多或社会影响较大的案件，可先行办理，后补办相关的审批手续，切实做到“应援尽援”。

第四，加强农村法律援助的落实和配合。这项工作主要涉及以下几方面：其一，加强县、乡、村之间的纵向沟通和配合，使农村法律援助的信息得以顺畅地上传下达。其二，加强法律援助机构、法律援助承担者和法律援助受援人之间的沟通和配合，使农村法律援助的申请、审批和实施得以高效完成。其三，加强政府（司法行政机关）、法律援助机构以及律师事务所、乡镇司法所之间的沟通和配合，解决农村法律援助具体实施方面存在一定的沟通问题或衔接问题，使农村法律援助落实到人，落实到每一个案件。

〔1〕 柳忠卫、鲁晨生：《城市农民工法律援助问题研究（下）——关注和谐社会构建中的弱势群体》，载《安徽警官职业学院学报》2006年第6期。

第五章

农村法律援助的新型社会参与模式

——诊所法律教育与农村法律援助

诊所法律教育是一种新型的法律实践教学方式，其不但能够培养和提高法学院校学生的法律实践技能，而且能够为农村社会的贫困人口无偿提供一定的法律服务。然而，尽管诊所法律教育已经在我国产生和发展了将近二十年时间，人们对诊所教育与农村法律援助之间的关系并无清晰的认识，这些模糊甚至错误的认识不仅在一定程度上制约了诊所法律教育对农村法律援助发挥功能，对于法学教育和法律援助的发展与进步也是不利的。基于此种现实，笔者在下文中将就诊所法律教育及其发展历程、诊所法律教育与农村法律援助的相互关系、诊所法律教育在向农村社会提供法律援助过程中遇到的各种现实问题及其解决途径进行全面的探讨，以期促进我国法学教育和农村法律援助的发展。

第一节　诊所法律教育及其发展历程

诊所法律教育起源于美国，是美国实用主义哲学思想在法学教育领域的具体表现。最早提出这一概念的是美国现实主义法学教育的领军人物弗兰克（D. Franker），他在对兰德尔经院主义判例教学法的批判中率先提出了“诊所法律教育”（clinical legal education）

的改革设想。1968 年，福特基金会资助全美律师协会成立职业责任法学教育委员会（CLEPR）并实施诊所法律教育课程。时至今日，诊所法律教育已有将近半个世纪的发展历程。

诊所法律教育在形式上借鉴了医学院诊所教育的模式，旨在从实践和经验中学习法律执业技能。当法学教育引入这种教学方法并冠以“诊所”称号时，就产生了“诊所法律教育”这一法学教育领域的特有课程，即学生在教师的指导下，借助于“法律诊所”这一真实的教学平台为处于困境中的当事人“诊断”法律问题并开出解决问题的“处方”，为他们找到解决法律问题并维护自身权益的途径和方法。必要时“诊所”学生还可以亲自为他们出庭代理。

如上所述，诊所法律教育之所以能够在美国兴起，肇始于现实主义法学教育对传统经院主义法学教育模式的批判。在弗兰克（D. Franker）、施奈德（Elizabeth M. Schneider）和卡莱尔（Mac Cornell）等现实主义法学教育者看来，美国的法学院已经被一些不具备法律实践经验、空谈法律教义的理论家所把持，不利于培养具有实践技能和社会责任感的毕业生，因而需要改革。[1] 改革的目标就是在法学院中设立诊所法律教育，每个诊所由一名执业律师作指导教师；参加诊所的学生在教师的指导下，就近代理真实的当事人办理真实的诉讼，培养学生的法律专业技能。

诊所法律教育与传统法学教育相比，在教学方法上有如下特点：

1. 教学理念的实践性

诊所法律教育的核心理念就是理论联系实际，使学生能够把平时在课堂上所学的法学理论知识自觉地应用于解决社会法律问题的

---

〔1〕 参见朱景文主编：《对西方法律传统的挑战——美国批判法律研究运动》，中国检察出版社 1996 年版，第 312~316 页。

实践，并在实践中检验和发展所学的法学理论知识，进而培养学生的法律职业意识。

2. 教学宗旨的应用性

诊所法律教育的核心宗旨就是培养应用型的法律人才，通过指导学生亲身参与实际法律问题的处理过程，充分培养和锻炼学生的动手能力和操作能力，使学生毕业后不必再在实务部门经过一个长时间的转换过程就能从事法律实务工作，独立自主地处理实际的法律问题。

3. 教学主体的参与性

与传统法学教育不同，在诊所法律教育课程中没有传统意义上的老师和学生，也没有传统意义上的讲授和听课。尽管教师可以给予学生指导，但二者都是具体案件的承办人，共同参与案件的整个处理过程。

4. 教学材料的真实性

与传统法学教育不同，诊所法律教育使用真实的案件材料，通过办理现实社会中的真实案件，加深学生对法理知识和法律条文的理解，培养学生发现问题、判断问题和解决问题的技能以及从事法律职业的责任心和使命感。

5. 教学方式的灵活性

与传统法学教育不同，诊所法律教育的教学方式和手段非常灵活，教学内容可以适时做出调整，师生可以随时进行课上课下的交流，学生边实践边学习。

6. 教学空间的广阔性

与传统法学教育不同，诊所法律教育课程的教学空间通常不限于教室，接待室、办公室、学生宿舍甚至校园草坪都可以成为课堂地点。

正因如此，诊所法律教育能够非常有效地弥补传统法学教育的不足；也正因如此，诊所法律教育才能够很早就在西方兴起，并在21世纪传入我国而迅速发展。时至今日，在美国律师协会承认的185所左右的法学院中没有哪个法学院不开设诊所法律教育的，许多法学院还按不同专业开设多个诊所法律教育。[1] 截至2008年，我国也已经有了83所法学院开设了诊所法律教育，有的法学院也按不同专业开设了多个诊所法律教育。[2]

第二节 诊所法律教育与法律援助的相互关系

"法律援助"这一概念是舶来品，在英文中为"legal aid"，故也被翻译为"法律救助""法律救济"或"法律扶助"。尽管我国司法理论界和实务界对法律援助有不同的称谓，但立法已接受并采用了"法律援助"的概念。需要指出的是，在日本一般称法律援助为"法律扶助"，而在美国、英国和加拿大、澳大利亚等英美法系国家，除了"legal aid"统称一切法律援助外，还往往以"legal service"（即"法律服务"）来表述"民事法律援助"。[3]

所谓法律援助，一般是指国家通过一定的专门机构、社会组织或者个人对确需法律帮助的经济困难和特殊案件的当事人提供法律帮扶并减免费用以维护其合法权益的一项法律保障制度。根据提供法律援助的主体不同，可以把法律援助分为狭义的法律援助和广义的法律援助。狭义的法律援助，是指承担法律援助义务的执业律师为当事人减免诉讼费用的制度。广义的法律援助，是指国家或社会

---

〔1〕 参见甄贞主编：《诊所法律教育在中国》，法律出版社2002年版，第44页。

〔2〕 资料来自中国诊所法律教育专业委员会秘书处。

〔3〕 张耕主编：《法律援助制度比较研究》，法律出版社1997年版，第4页。

对经济困难或者特殊案件的当事人给予法律帮助的制度。广义的法律援助在援助主体上除律师提供援助外，还包括专门机构和社会组织提供的法律援助，在受援对象上除公民个人外，还包括法人和其他社会组织。[1] 本书所论及的法律援助是指广义的法律援助。

诊所法律教育与法律援助既相互区别也相互联系。二者的不同点在于：

1. 性质不同

诊所法律教育是一种法律教学行为，是高等院校法学院系为培养和提高法科学生的实践能力而开设的课程；法律援助是一种司法行为，是国家和社会为维护经济困难或特殊案件的当事人合法权益的一项法律救济保障制度。

2. 目的不同

诊所法律教育的主要目的是教学，是为了培养和提高学生的法律实践能力，使之在毕业后即能从事相应的实务工作。诊所教育虽然也可以为当事人提供一定的无偿援助，但不是为了援助而援助，而是为了教学而援助，是为了实现理论和实践的有效结合而援助。与诊所法律教育不同，法律援助的主要是为了司法公正，是为了保障和维护经济困难或特殊案件的当事人的合法权益。

3. 依据不同

诊所法律教育的依据是高等教育法以及各高等院校法学院系的教学大纲，诊所法律教育在提供法律援助的时候具有较大的选择权，在签订具体的委托代理协议之前并不是一种法律义务，能否真正签订委托代理协议的判断标准为是否能兼顾法律效果和教学效果的统一。法律援助的依据是国家关于法律援助方面的法律法规，它

---

〔1〕 参见徐国忠编著：《中国律师制度与实务》，同济大学出版社 2006 年版，第 124 页。

们主要是宪法、三大诉讼法关于法律援助的规定以及最高司法机关关于法律援助的规定、国务院关于法律援助的具体规定；有关国家机构和执业律师据此负有承担法律援助的义务。

4. 主体不同

诊所法律教育的主体是法学专业学生，学生可以在教师的指导下为当事人出庭代理，这种出庭代理在本质上仍然是一种以学生为主体的教学行为。法律援助的主体则多种多样，可以由专门的执业律师来承担，也可以由其他国家机构或社会组织、个人来完成，有时候法律还可以对特定的主体进行指派。

尽管诊所法律教育与法律援助存在许多不同点，但也具有相互依存的一面。这种依存关系具体表现在以下两个方面：

第一，诊所法律教育有赖于法律援助，它需要借助法律援助这一途径才能得到推行与发展。

众所周知，法学教育最重要的价值目标就是要“把学生引入到实践活动的事实的、程序的、伦理的和人性的复杂状态之中，包括会见当事人、同其他代理人打交道、参与社会制度的谈判，以及从复杂的和不完全的事实中发现法律问题”。[1] 那么，如何才能“把学生引入到实践活动的事实的、程序的、伦理的和人性的复杂状态之中”呢？途径只有三个：一是法庭旁听，即有针对性地到法庭观摩案件审理，让学生实地体验法庭审理的真实过程；二是模拟法庭，即有针对性选择真实案例进行演练，让学生根据所学理论知识在其中扮演一定的角色；三是通过诊所法律教育向社会提供法律援

〔1〕 See Bethany Rubin Henderson, “Asking the Last Question: What Is the Purpose of Law School?”, *Journal of Legal Education*, 2003.

助，为经济困难的当事人出庭代理。[1]

在上述三种途径中，第三种是最为有效的途径。传统法学教育不能解决这个问题，只能通过开设诊所法律教育课程，向社会提供法律援助服务才有可能。通过诊所法律教育向社会提供法律援助，学校获得了法律教学的实践渠道和所需案源，学生可以亲身参与法律援助的诉讼活动，充分体验案件的实际处理过程，从而提高动手操作能力和培养法律职业道德。更为重要的是，通过诊所法律教育把学生引入到实践活动的事实的、程序的、伦理的和人性的复杂状态之中的，诊所学生可以同当事人结成紧密的诉讼法律关系并实现面对面、一对一的接触，既能够了解到社会贫困阶层的疾苦，又能够洞察社会制度的弊病和缺陷，从而树立公平正义的法治信念。

由此可见，诊所法律教育不能离开法律援助这一途径，它只有通过法律援助才能有效地克服传统法学教育在实践层面的不足，实现法学教育的价值目标。

第二，法律援助也有赖于诊所法律教育。众所周知，法律援助制度体现国家对公民基本权利的切实保障，有利于实现“法律面前人人平等”。如果一个国家因为司法资源的严重匮乏而不能全面实施法律援助制度，其赋予公民在法律上的平等权利就会由于公民经济收入上的差别而难以实现。

在美国，律师收费高昂，政府拨付的法律援助资金并不充裕，法律援助主要不是依靠执业律师们来提供。[2] 在这种情况下，美

---

〔1〕 根据各国关于法律援助的立法精神，这种出庭代理在广义上构成法律援助是没有问题的，它完全符合法律援助的主要特征。

〔2〕 即便是像美国、加拿大那样的发达国家，近十多年来也不得不控制法律援助的项目和经费，参见宫晓冰主编：《各国法律援助理论研究》，中国方正出版社 1999 年版，第 105 页。

国社会鼓励诊所法律教育师生向社会提供法律援助服务，在校学生参与司法活动没有身份问题的困扰，各大学的诊所法律教育不仅承担实践法律教育的功能，同时它也是美国法学院一个重要的社会服务窗口。[1] 通过向社会提供法律援助以及社区法律服务活动，诊所法律教育在很大程度上缓解了美国法律援助服务在人员与资源上的不足。

对比来看，我国的司法资源稍显匮乏，法律援助在我国需要借助于不同的社会力量和各种途径才能充分实现。不过，一个不容忽视的现状是，我国高等院校拥有数量庞大的法律专业人力资源，这些数量庞大的法律专业人力资源并未得到有效利用，基本处于闲置状态。[2] 在这种情况下，开设诊所法律教育课程，发挥法律院校师生的专长以弥补法律援助在人员和资源上的不足，就具有很强的可行性和可操作性：其一，诊所法律教育在美国发展了几十年，已经取得了显著的成果并为我们积累了丰富的经验。其二，中国现在约有五百多个法律院系遍布全国各地，不但拥有充足的法律专业人力资源，而且能够就地取材，为当事人提供方便的法律服务。其三，这种服务是完全无偿的，它由各高等院校的教学经费买单，不向当事人收取任何费用。其四，高等院校法学教师往往具有较深的理论知识、较高的专业素养和较强的敬业精神，高等院校法科学生经过一定时间的专业学习也具备了必要的法律专业知识和基本的法律服务技能，他们在教师的指导下完全能胜任一般的法律服务。其五，高校法学院系具有严格的学分制度和考试制度，能够有效地督

---

〔1〕 参见宫晓冰主编：《各国法律援助理论研究》，中国方正出版社 1999 年版，第 10 页。

〔2〕 截至 2005 年底，我国现有高等院校法学院系已经超过 559 所。数据来自教育部高等学校法学学科教学指导委员会。

促诊所学生把案子做到最好。其六，法科学生大多具有强烈的社会责任感和神圣的使命感，他们能把为弱势群体提供法律援助看作学习的机会，并以此实现自身的社会价值。

正因如此，诊所法律教育提供的法律援助较之其他法律援助模式具有不少优越性，当事人在经济困难的情况下往往非常愿意接受这种价廉物美的法律服务。事实也可以证明这一点，自 21 世纪初以来，我国高校诊所法律教育为社会提供了大量的法律援助，仅中国政法大学行政诊所法律教育每年就要提供上千人次的法律援助，获得不少当事人的好评。[1]

综上可见，诊所法律教育与法律援助不但可以相互结合而且能够相互结合。二者的相互结合不仅能够促进我国诊所法律教育的发展，而且能够弥补我国司法资源的匮乏，使法律援助突破资源瓶颈得到更充分的发展。

第三节　诊所法律教育对农村法律援助的参与

从 21 世纪初借鉴和引入诊所法律教育模式至今，诊所法律教育在我国已经历多年的发展。虽然时间相对不那么长，但诊所学生的人数已经不少。截至 2012 年 7 月，国内已有 135 所法学院校开设法律诊所课程所，在校诊所学生据保守估计也已超过 15 000 人。[2]为数众多的诊所学生在教师的指导下，已经并将继续成为我国农村的法律援助事业的重要补充力量。在他们为农村提供的各类

---

〔1〕 资料来自中国法学会诊所法律教育专业委员会秘书处。

〔2〕 参见黄进主编：《中国法学教育状况（2012）》，中国政法大学出版社 2016 年版，第 117 页。“中国诊所法律教育专业委员会各年度工作报告，载 http：//www.cliniclaw.cn，其中，关于诊所学生人数的部分数据是笔者在调查了解的基础上作出的估算。”

法律援助中，刑事法律援助是一个重要的组成部分。以当前各高校法律诊所中接受我国诊所法律教育专业委员会资助的刑事法律诊所为例，在2008年6月至2010年6月的两年时间内，就为近2000个刑事案件的当事人提供了法律援助服务，其中大部分涉及农村地区。〔1〕而据司法部法律援助司的统计数据，全国在此期间获得批准的刑事法律援助案件总量只有40 000多件。〔2〕也就是说，在大致相同的时间内，此类法律诊所向社会提供的刑事法律援助数量大约相当于全国法律援助机构向社会提供刑事法律援助数量的5%。如果再计入其他非刑事法律诊所向社会提供的刑事法律援助，其总量更加不可小觑。

诊所法律教育对农村法律援助的参与已有比较成熟的经验。一方面，在赋予诊所学生出庭资格的问题上，国外已有成熟经验。在美国，联邦和各州早在20世纪八九十年代就以一定形式的法律规范认可诊所学生在刑事法律援助中出庭辩护的资格，并由此产生了不少成功案例。另一方面，就我国诊所法律教育的现实状况来看，诊所学生应当都是大学三年级以上本科生、法律专业硕士生和法学硕士生，他们在专业上都修完了大学法律主干课程，不但具备出庭辩护所需的心智，而且具备基本的刑事法律援助知识，有的本身就已经获得法律职业资格或者律师执业资格。并且，为了进一步确保诊所学生法律援助的质量，各高校均配备有专业的指导教师，他们有的是知名法学专家，有的是资深执业律师，他们的加入为诊所学

〔1〕 参见中国诊所法律教育专业委员会：《2010年中国诊所教育专业委员会刑事诊所法律教育项目总结报告》，载 http：//www. cliniclaw. cn，最后访问日期：2016年10月12日。

〔2〕 参见中华人民共和国司法部法律援助中心：《2008年全国法律援助工作统计分析》及《2009年全国法律援助工作统计分析》，载 http：//www. chinalegalaid. gov. cn，最后访问日期：2016年10月12日，2009年下半年之后的全国数据尚未公开。

生参与刑事法律援助提供了专业指导和质量保证。[1]此外，在历经十年多的发展之后，我国诊所法律教育界已经在刑事法律援助方面积累了一定的成功经验，这些多年积累的经验可以有效地防止诊所学生重复不必要的错误，从而确保法律援助的质量。

在涉及农村土地、拆迁和其他类型的纠纷中，律师为农村地区提供的法律援助更多。在笔者所在的中国政法大学行政法诊所中，每年都要接受大量的农村居民的来访，为其提供法律咨询、文书代撰和出庭代理等服务。

第四节　诊所法律教育在提供农村法律援助中面临的现实问题

如上所述，诊所法律教育与法律援助，特别是农村法律援助的相互结合对于优化法学教育体系、健全法律援助制度，促进社会主义法治建设具有重要意义。然而，从目前来看，诊所法律教育提供法律援助还存在一些亟待解决的问题，这些问题包括但不限于以下几个方面：

第一，诊所法律教育提供法律援助欠缺主体资格。诊所法律教育提供的法律援助是一种志愿服务，诊所学生在提供法律援助的时候属于社会志愿者的范畴。近年来，各地区高等院校诊所法律教育提供的法律服务在我国法律援助事业中所占的比重越来越大，对我国法律援助事业具有重要的补充作用，这是不容忽视的客观事实。然而，我国目前并没有关于为法学院校学生提供法律援助的法律法规。在刑事诉讼中，现行《律师法》《刑事诉讼法》以及《法律援

[1] 比如清华大学法律诊所的王晨光教授、中国人民大学法律诊所的甄贞教授、中国政法大学环境法诊所的王灿发教授，等等。

助法》仅规定了律师可以作为法律援助的主体，没有给其他社会主体尤其是社会志愿者出庭提供法律援助作出明确规定。即便在民事诉讼、行政诉讼中，目前也没有任何一部法律确认法学院校学生出庭提供法律援助的资格。显然，在欠缺法律法规明确规定的情况下，诊所法律教育提供法律援助的确存在名不正言不顺的问题。

正因为诊所学生在法律援助中的出庭身份和定位一直没有专门的法规加以规定，司法机构、社会公众乃至不少当事人对提供法律援助的诊所学生一直存在法律角色定位方面的疑问，从而导致诸多不便。例如，由于没有专业律师事务所的介绍信，诊所学生在调查取证时难以得到个人或单位的信任，有的甚至不予接待。有时学生拿着学校出具的介绍信去法院出庭代理，司法机关也觉得难以处理。

第二，诊所法律教育提供法律援助缺乏明确规范。自我国开展诊所法律教育并建立第一批法律诊所以来，事实上已有近百个法律诊所在向社会提供法律援助，然而迄今为止并没有为诊所学生这样的法律援助志愿者留下可资参照的规则。我国宪法、诉讼法和律师法虽然间接或直接地规定了法律援助，但并没有明确规定哪些社会主体可以提供以及如何提供法律援助。2003 年，由司法部起草并由国务院颁布的《法律援助条例》虽然对法律援助作出了比较全面的规定，但其 31 个条文总体上仍然显得过于宏观，系统而不细致。在 2021 年制定的《法律援助法》中，虽然其中第 12 条把“法律援助志愿者”纳入法律援助的主体范围，但又在第 13 条规定：“法律援助机构根据工作需要，可以安排本机构具有律师资格或者法律职业资格的工作人员提供法律援助；可以设置法律援助工作站或者联络点，就近受理法律援助申请。”那么，法学院校的法科学生到底属不属于“法律援助志愿者”的范围，是否可以接受法律援助机构的安排？这种模糊的法律规定在涉及权义分配或者发生纠纷的时候，无论对受援者还是援助者都是不利的。

第三，诊所法律教育提供法律援助欠缺激励机制。法律援助制度的建立和完善是一项社会系统工程，需要国家、社会和个人的广泛参与，还需要综合运用各种激励手段和措施。尽管我国实质意义上的现代法律援助已经有二十几年的历史，但由于一直沿用传统管理方式，暂未没有建立起有效的法律援助激励机制，法律援助的发展进程较为滞后。诊所法律教育在提供法律援助的时候也需要国家和社会的激励，这种激励可以是经济上的，也可以是精神上的。毕竟，目前诊所法律教育除获得特定项目支持外，主要靠大学及其院系的经费划拨，但经费有限，而且也缺乏持久性。当然，精神上的鼓励和褒奖有时候更重要，它能够让广大诊所法律教育学生获得自我价值的认同感和社会价值的实现感。不难想象，即使广大诊所法律教育学生具有再大的积极自觉性，具有再多的奉献精神，如果得不到国家和社会的承认、鼓励和支持，这种志愿性的法律援助工作很难得到可持续的发展。

第四，诊所法律教育提供法律援助缺乏司法支持。诊所法律教育提供法律援助是一项社会志愿服务，其对于促进社会法治发展是非常有意义的，各级司法机关理应对此多加支持。诊所法律援助不但难以得到司法机关的支持，反而经常受到阻碍。所以当诊所学生在出庭代理时，法官应对诊所学生的态度柔和，尽可能的提供其查阅、摘抄、复制案件材料的便利条件；减少时间障碍，或者不收取不合理的复印费用，或者尽量为其提供完整的材料。

第五节 创造条件促进诊所法律教育与农村法律援助的共同发展

如上所述，诊所法律教育在向农村社会提供法律援助过程中还面临许多现实问题，解决这些问题在我国当前法学教育和法治水平仍需进一步完善的情况下尤其重要。只有解释并解决这些问题才能促进两种资源的优化组合和充分利用，才能促进诊所法律教育和法律援助的相互结合，进而促进诊所法律教育和法律援助的共同发展。在笔者看来，问题的解决主要应从以下几个方面入手：

第一，关于诊所学生的法律地位问题，笔者认为完全可以借鉴美国的实践经验，在有关法律法规中确立学生的“准律师”地位，诊所学生在办理法律援助案件时可以参照执业律师享有一定的诉讼权利并承担一定的诉讼义务，以扫清学生办案的障碍。这里需要强调指出的是，一旦发生损害赔偿责任问题，赔偿责任的义务主体应该是所在院校而不是诊所学生。毕竟，诊所学生与所在院校之间的关系并不同于律师与律师事务所之间的关系。后者在性质上应当属于劳动关系，律师与律师事务所之间签订的《聘用合同》属于典型的劳动合同，而学生与所在院校之间则主要是一种行政教育关系，学校是教育者，学生是受教育者，如果发生损害赔偿责任问题，即使学生存在重大过失，也应由所属院校承担赔偿责任。[1] 当然，如果学生确有重大过失，可以进行批评教育或者学习成绩方面的否定性评价，但无论如何都不能向学生追偿。

第二，关于诊所法律教育提供农村法律援助缺乏具体规则的问

〔1〕 参见马怀德：《公务法人问题研究》，载《中国法学》2000年第4期。

题，笔者建议对现行的《法律援助法》进行修改和完善，进一步明确社会志愿者提供法律援助的地位，把社会志愿者纳入法律援助的主体范围，鼓励社会志愿者深入农村提供法律援助并为之提供有效的引导和鼓励。只有通过专门的立法，才能使高等法学院校的诊所法律教育师生在农村地区提供法律援助有法可依，有章可循。另外，可以考虑在《法律援助法》中设置专章，对农村法律援助问题予以特别规定，提高农村法律援助的可获得性。即使不设置专章，也可以尽快对现有的《法律援助法》作出一定的修改和完善，把农村法律援助问题尽早嵌入、进入。或者，如果暂时不能对《法律援助法》进行修改和完善（因为制定和修改和颁行时间较短），可否对仍然有效的《法律援助条例》进行必要的修改，对农村法律援助问题进行具体规定。只有通过积极立法，才能从社会系统工程的高度上将法律援助所涉及的各种主体、各种因素有机地结合起来，使之成为一种能够独立自主、有效运转和自我优化法律援助力量。

第三，关于诊所法律教育提供农村法律援助欠缺激励机制的问题，笔者认为关键是要建立行之有效的绩效考评机制，可以考虑在司法行政部门主导下建立由当事人、教育部门和司法机关三方组成的考评组织，对诊所法律教育在一定期限内（通常为一个学年）完成法律援助案件的数量和质量进行考评，在此基础上由教育主管部门（可以通过中国法学会诊所法律教育专业委员会）对该诊所法律教育进行经济上和精神上的奖励。精神上的奖励可以采取集体表彰、经验交流的形式；经济上的奖励可以采取奖金和奖学金的形式。当然，奖金和奖学金不能计入本应对诊所法律教育投入的专项拨款中。

第四，关于诊所法律教育提供农村法律援助缺乏司法支持的问题，笔者认为可以从两个方面入手：一是通过建立实习基地或合作联建的形式获得司法机关的支持；二是通过不断提高学生综合素质获得司法机关及其工作人员的认同，使他们能够发自内心地支持诊所法律教育的法律援助工作。当然作为司法工作者，他们也应树立以人为本和公平正义的价值观念，从建设社会法治国家和建设社会主义和谐社会的高度上支持诊所法律教育，为社会弱势阶层提供法律援助。

此外，加强宣传也是非常必要的。诊所法律教育在我国仍是一个新生事物，从2000年福特基金支持在我国七所高校建立第一批诊所法律教育至今，人们对诊所法律教育的了解仍需加深。在这种情况下，要想使诊所法律教育为人们普遍接受并充分发挥法律援助的功能，必须加强社会宣传，使之走出象牙塔，为社会提供更多优质的法律援助服务。

第六节　高校法律诊所参与农村法律援助的典型案例

多年来，笔者所在的中国政法大学法律诊所为全国各地的农村居民提供了大量的法律援助工作，并积累了不少案例。在下文中，笔者将择其典型案例进行介绍和分析。

案例一：谢某琼诉湖南省湘乡市政府强行扑杀种猪案

一、当事人情况

谢某琼，女，1957年12月30日生，湖南省湘乡市人。

二、案情概况

2000年3月31日、4月2日，湖南省湘乡市政府强行扑杀其饲养的427头原种种猪245头。扑杀原因是2000年湘乡市周边出现猪瘟，即诉称“五号病”疫情。在接待当事人过程中，当事人承认在扑杀前曾签署一份文件，但并不知晓该文件与扑杀相关。另外，当事人认为上述245头种猪只是畜牧局认定的数量，真实数量要比这多，245头只是其中一个养殖场内数量。

当事人的诉求是政府赔偿数额差距悬殊，要求赔偿或补偿到位。当事人根据其提供的政府给付数据（如表5-1）说明，政府的经济给付都是以困难补助、解困资金、项目补助金、奖励金等名义发放，但是并没有以赔偿的名义发放。同时其扑杀的为谢某琼引进的原种种猪，远高于一般的生猪价格，政府应按照猪的品种和数量的标准进行赔偿。

谢某琼所受到的给付如下（以下给付原因为当事人叙述）：

表5-1

序号	时间	数额	给付原因
1	2000.5.7	2000元	困难补助
2	2000年底	13 000元	困难补助
3	2004年底	10 000元	解困资金
4	2007.1.27	5万	项目补助金
5	2008年	14.3万	奖励金
6	2009年	2.481万	补贴资金
7	2009年	10万	奖励金
8	2010年	40万	奖金

因反复信访，当事人还被当地公安机关的行政拘留处罚。

三、本案的法律援助情况

1. 申诉事项

对2014年的《湘乡市人民政府关于谢某琼信访事项的听证意见》提起行政复议。根据《行政诉讼法》第46条规定“因不动产提起诉讼的案件自行政行为作出之日起超过二十年，其他案件自行政行为作出之日起超过五年提起诉讼的，人民法院不予受理。”对于湘乡市政府作出的听证意见提起复议仍在诉讼时效中。同时应认定该听证意见属于政府的具体行政行为。

2. 申诉理由

（1）在该听证意见，可以看出表决中对于“信访人要求补偿2000年生猪五号病扑杀损失的诉求合理的5张、不合理的4张、弃权的0张”其中：

从上段话可以看出在听证会上对当事人谢某琼情况信息披露错误，谢某琼所被扑杀的为原种种猪，并非生猪。原种种猪与生猪价格差异显著。之后的听证结论中政府认为对于“信访人与办理机关达成的处理协议主体适格，意思表示真实，合法有效，原信访人提出的要求补偿猪扑杀损失的诉求已全部补偿到位”，此处可以看出政府承认了谢某琼的补偿请求合理，同时认为补偿已经到位。但是在该听证中所记录的是生猪而非原种种猪，对于补偿应针对猪的种类进行补偿。

（2）信访意见中“信访人的生猪扑杀发生在2000年春季，信访人提出的诉求不适用国发〔2001〕14号文件”，该处存在错误，对于国发〔2001〕14号文件就是针对1999年和2000年大规模扑杀“五号病”牲畜的情况下达的，应当予以适用。同时该文件规定的生效日期为1990年1月1日。

2001年国务院下发的《关于进一步加强动物防疫工作的通知》

规定："一旦发生口蹄疫，为减轻农民负担，国家对饲养户因发生口蹄疫造成损失的扑杀补助提高到80%，饲养户自己负担20%。中央对东、中、西部三类地区，实行差别补助政策，即中央分别补助40%、50%、60%，地方分别补助40%、30%、20%。口蹄疫疫苗费用全部由国家承担，其中中央财政对东、中、西部地区分别承担30%、60%、80%，地方财政分别承担70%、40%、20%。中央财政补助地方的经费要按时到位，同时，地方防疫经费也要做到按比例及时足额到位。具体管理办法由财政部、农业部制定。该文件中表明造成损失进行补助，故理应按照扑杀猪的种类，按照该种类种猪价格进行补偿。

四、附件材料

附件1：《关于进一步加强动物防疫工作的通知》。

发文单位：国务院

文　　号：国发〔2001〕14号

发布日期：2001年5月4日

执行日期：2001年5月4日

各省、自治区、直辖市人民政府，国务院各部委、各直属机构：

近几年，一些国家相继发生多种动物传染病，疯牛病、口蹄疫还在蔓延。我国作为一个畜牧业大国，防疫任务十分艰巨。为进一步加强动物防疫工作，确保我国畜牧业的健康发展，现就动物防疫工作有关问题通知如下：

1. 明确目标，建立动物防疫责任制动物疫病防治，不仅关系畜牧业的发展，而且关系到经济发展、人民健康和社会稳定。

在当前形势下，做好动物防疫工作具有特别重要的意义。做好动物防疫工作，有利于促进农民增收；有利于农业和农村经济结构调整；有利于树立良好的国际形象，促进对外贸易发展；有利于国民经济发展和社会稳定。

各地区、各部门必须站在讲大局、讲政治的高度，以对国家、对人民高度负责的态度，认真贯彻今年全国动物防疫工作会议精神，做好动物防疫工作。当前，要重点做好口蹄疫的防治。要坚持预防为主的方针。全面动员，加大工作力度，严防国外口蹄疫传入，消除各种隐患，确保高发季节不发生疫情或有疫不流行、有病不成灾，一旦发生，坚决控制和彻底扑灭。

地方各级人民政府要对本地区动物疫病防治工作负总责，各级政府主要负责人是动物防疫工作第一责任人。地方人民政府的具体职责是：负责落实地方防治经费；负责组织制定本行政区域的重大动物疫病防治规划和应急预案，做好防疫物资储备；发生重大动物疫病时，负责发布封锁令，启动应急预案，组织、协调有关部门及时控制和扑灭疫情。

2. 狠抓关键环节，强化动物疫病防治措施

（1）强制免疫，提高畜禽免疫率。动物免疫要作为一项强制性的措施来实行，重大疫病的免疫应按国家要求达到免疫密度，并建立免疫档案和免疫标识制度。要实行免疫目标管理，分类分区、有步骤地提高畜禽免疫率。对口蹄疫的免疫，总的要求是，所有地区生猪、牛、羊的免疫率都达到100%；2001年的任务是，种畜场、规模养殖场、供港基地，疫情县和边境地区的生猪、牛、羊，城郊县、生猪集散地和外调的生猪，以及全国的奶牛免疫率达到100%。

（2）严格疫情报告，及时掌握疫情。健全完善疫情监测网络，及时、准确报告疫情。一旦发现口蹄疫、高致病性禽流感等疫情，要在24小时内报告农业部，对于重大疫情农业部要及时向国务院报告。对瞒报、谎报和阻碍他人报告疫情的严重违纪违法行为，要

坚决严加惩处。

(3) 及时封锁疫区，严格控制疫情范围。各级政府收到疫情报告后，要立即组织力量进行快速诊断，并及时果断地下达封锁命令。在怀疑是重大疫病暴发而又无法立即作出诊断的紧急情况下，要先行采取临时性隔离或封锁措施，做到封得严、锁得住。同时，要妥善安排封锁区内人员的生活。对封锁区人员出入，必须严格审批、严格消毒。严禁一切交通工具和用具移出封锁区，特别要杜绝易感动物和动物产品从封锁区输出。对拒不执行封锁命令的，要严肃查处。对造成疫情扩散和重大经济损失的，要依法追究当事人的刑事责任。

(4) 强制扑杀染疫畜禽，坚决消除疫点。对于染疫畜禽及同群畜禽，必须及时强制扑杀。扑杀一定要坚决、果断、彻底。同时，要加强有关防疫知识的教育，耐心做好群众思想工作；落实扑杀补偿政策，补偿资金要及时补到受损失的农户，并积极帮助他们恢复生产，确保扑杀措施顺利实施。对发生疫病的地区，要全面消毒；对扑杀的畜禽进行无害化处理，确保发现一个疫点，消灭一个疫点，不留隐患。

(5) 强化检疫和监督，消除疫情隐患。抓好流通环节的监督检查，发挥公路动物防疫监督检查站的作用，一旦发现染疫畜禽，必须依法就地处理，不得放行。动物防疫监督机构对于出栏的畜禽，无论用途、去向如何，都必须派人到场、到户检疫，决不允许漏检，保证将可能患病的畜禽限制在饲养场和饲养户；对于屠宰的畜禽，必须派人到屠宰厂（场、点）实施现场同步检疫，做到有宰必检，检疫率要达到100%。对只收费不检疫，或者只出证不检疫的行为，要严肃查处。

(6) 加强进出境检验检疫工作，防止国外疫病传入。严格进出境动物和动物产品的执法检疫，防止国外疫病传入我国。一是在与已发生疫情的周边国家的接壤地区，要采取封闭边境市场、严格出入境管理、建立防疫隔离带等措施。二是严禁从有疫情的国家进口相关动物及其产品、肉骨粉等动物性饲料和动物源性生物制品。对违反规定进口的，要依法进行处理，决不允许流入市场或使用。三是建立应急反应系统，初步形成一套防止外来动物疫病传入和蔓延的有效机制，提高我国对外来疫病的早期监测预警以及快速反应能力。四是加强技术支持与储备工作，进一步做好国外疫情动态的收集、跟踪、分析和研究，及时提出防治建议，切实做到有备无患。

3. 增加经费，确保动物防疫工作需要继续加大动物防疫经费投入力度，动物防疫经费要列入中央和地方财政预算。对防疫工作所需疫苗、车辆等物资要予以保证；对预防免疫和强制扑杀要给予补助。要建立和完善动物防疫经费保障机制，实行中央、地方财政补贴和群众负担相结合的办法。一旦发生口蹄疫，为减轻农民负担，国家对饲养户因发生口蹄疫造成损失的扑杀补助提高到80%，饲养户自己负担20%。中央对东、中、西部三类地区，实行差别补助政策，即中央分别补助40%、50%、60%，地方分别补助40%、30%、20%。口蹄疫疫苗费用全部由国家承担，其中中央财政对东、中、西部地区分别承担30%、60%、80%，地方财政分别承担70%、40%、20%。中央财政补助地方的经费要按时到位，同时，地方防疫经费也要做到按比例及时足额到位。具体管理办法由财政部、农业部制定。

要加强对动物防疫经费的监管，防疫经费实行专款专用，不得挤占、挪用，对虚报冒领、挤占挪用的，要严肃处理。

4. 加强基础建设，健全和完善动物防疫体系

（1）制定和实施重大疫病防治应急预案。要在全国逐步建立起

防治牲畜口蹄疫的预防、监测、诊断体系和应急机制，及时有效地控制和扑灭疫情。农业部和地方各级政府要制定重大动物疫病防治的应急预案，建立防疫物资储备制度，做好控制重大疫病所需疫苗、药品、物资、设备、技术等储备工作。

（2）加强动物防疫体系和基础设施建设。要稳定动物防疫机构，重视防疫队伍建设。乡镇畜牧兽医站是动物防疫工作的基础，要加强乡镇畜牧兽医站建设。各地要积极、稳妥地推进公路动物防疫监督检查站建站工作，并加强规范管理。各级政府都要加大对动物防疫基础设施建设的投入力度，改善疫病诊断、监控和检疫条件。

（3）加强法制建设，依法防治动物疫病。各地区、各有关部门要认真贯彻《动物防疫法》等法律法规，制定与之相配套的规章制度，加强对行政执法的监督检查，保障法律法规的实施。要将动物防疫和畜产品安全工作紧密结合，逐步建立适应市场经济体制要求的法制体系和管理体制，尽快实现畜产品安全的全过程统一管理。

5. 高度重视，切实加强动物防疫科技工作中央和地方政府要进一步增加对动物防疫科技工作的投入，改善科研条件，切实加强动物疫病防治的科研开发，为我国动物疫病防治提供强有力的技术支撑，扭转我国动物疫病防治技术水平落后的局面。重点抓好口蹄疫、禽流感等重大疫病的发生、发展和演变规律的研究，快速准确的检测技术和监测技术的研究，以及高效疫苗的研究开发，提高重大动物疫病的预测预报、诊断和控制技术水平。同时，要加强疯牛病检测技术的研究，严防疯牛病传入我国。

6. 科学管理，实行部门分工协作动物防疫工作，要在各级人民政府的统一指挥下，有关部门各负其责，各司其职，密切配合，责任到人。农业部门要在政府统一领导下，发挥组织协调动物防疫工作的职能作用，统一组织开展疫情监测、免疫接种以及落实检疫、封锁、扑杀、消毒、病畜无害化处理等各项措施；计划部门要做好动物防疫基础设施规划和建设项目的审批和监督工作，加强动物防疫基础设施建设；财政部门要保证防疫经费及时、足额到位，加强防疫经费的管理和监督；质量监督检验检疫部门要加强进出境动物及其产品的检疫，防止疫情传入和传出；公安部门要协助做好疫区封锁和强制扑杀工作，做好疫区安全保卫和社会治安管理；交通等部门要协助做好公路动物防疫监督检查站的设置和管理；卫生部门要抓好动物疫病防治技术的研究开发工作；工商部门要加大对违法经营畜禽及其产品行为的打击力度；运输部门要优先安排防疫物资的调运；军队和武警部队在做好部队动物防疫工作的同时，积极支持配合驻地的动物防疫工作。其他各有关部门都要按照国务院职责分工要求，做好动物防疫工作。

7. 严格疫情管理，落实疫情报告和发布制度各地区要认真执行《动物防疫法》和《动物疫情报告管理办法》的有关规定，发生疫情后，要通过疫情报告体系及时上报。严格执行国家保密法规，对违反规定造成泄密的要严肃查处。农业部负责全国疫情的发布工作，未经农业部批准，任何单位和个人不得擅自发布和报道国内疫情。对别有用心、造谣惑众，构成犯罪的，由司法部门追究其刑事责任。

附件2：湘乡市牲畜防疫部署通知。

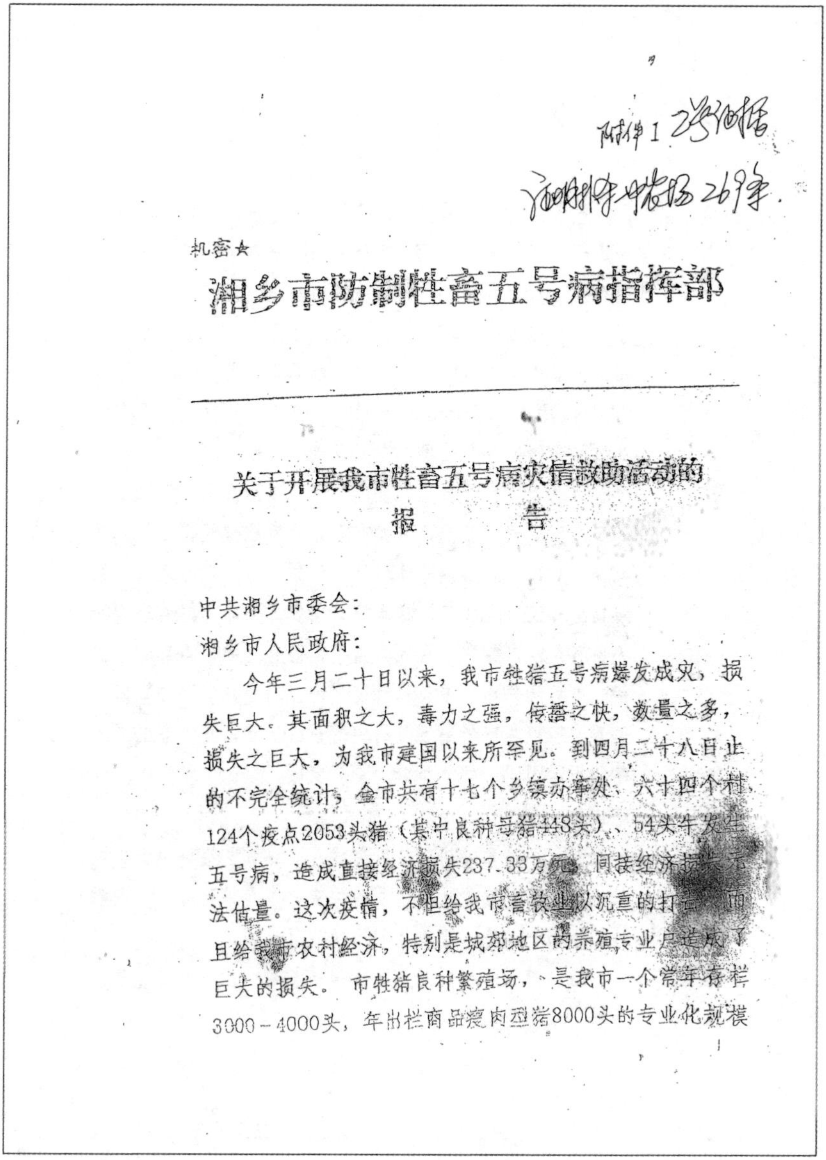

附件1 ……

机密★

湘乡市防制牲畜五号病指挥部

关于开展我市牲畜五号病灾情救助活动的
报　　告

中共湘乡市委会：
湘乡市人民政府：

今年三月二十日以来，我市牲猪五号病爆发成灾，损失巨大。其面积之大，毒力之强，传播之快，数量之多，损失之巨大，为我市建国以来所罕见。到四月二十八日止的不完全统计，全市共有十七个乡镇办事处、六十四个村、124个疫点2053头猪（其中良种母猪148头）、54头牛发生五号病，造成直接经济损失237.33万元，间接经济损失无法估量。这次疫情，不但给我市畜牧业以沉重的打击，而且给我市农村经济，特别是城郊地区的养殖专业户造成了巨大的损失。市牲猪良种繁殖场，是我市一个常年存栏3000－4000头，年出栏商品瘦肉型猪8000头的专业化规模

图 5-1

化示范场。在这次疫情中，共无害化处理病猪511头，紧急处理运送广东1095 头，转移中小猪到亲戚朋友家寄养380头，场内仅存栏52头中仔猪，造成直接经济损失22.58万元，间接损失21.8万元。目前，场内生产无法恢复，大部分职工生活困难。湘乡一中农场承包经营户谢琼，栏存中仔猪230头，母猪39头，于三月二十八日发生五号病，全部宰杀作无害化处理，造成直接经济损失21.6万元，一夜之间成为“穷光蛋”。事后，谢琼以泪洗面，茶饭不思，处于疯疯颠颠的状态，再如市生猪仓库承包经营户钟建奇也于三月二十八日急宰处理五号病猪153：，造成直接经济损失9.18万元……。这次疫情所发之处，不但给当地的人民群众财产带来了巨大的损失，而且给他们的身心都造成了严重的伤害。鉴于这种情况，我们建议在全市范围内，开展一场以救助牲畜五号病灾情户的活动，旨在帮助灾民解决生活困难，恢复生产，重建家园。为此，我们提出以下请求和建议：

1、恳请市政府从政府灾减基金或其它经费中拨出贰拾万元经费补助此次疫情中的重灾户（名单附后），以解他们生活之急需，帮助他们尽快恢复生产。

2、请求市民政局从民政救济款项中拨出专项经费拾万元用于防五救灾。

图 5–2

3、请求市政府发动社会力量，开展全市性的募捐活动，所筹资金全部用于防五救灾

以上当否，请批示。

市防制牲畜五号病指挥部

二〇〇〇年四月二十九日

图 5-3

附件 3：种猪饲养贷款凭条（个人信息模糊处理）。

湖南省农村信用社 HUNAN RURAL CREDIT COOPERATIVE | 信贷管理系统 | 主界面 修改密码 退出系统

客户管理 评级授信 业务办理 担保管理 贷后管理 资产管理 日常工作 信贷查询 系统管理 信贷报表 交流园地 征信管理 CMS V3.0

催收信息 催收信息维护

日常工作->贷款催收管理->催收信息录入 当前客户：谢 返回 主页

借据号	客户名称	借款金额	结欠金额	借款日期	到期日期
1883022100200908142088750001	谢	1,000,000.00元	元	2009-07-17	2011-06-17
20090921188302210000000006	谢	800,000.00元	元	2009-09-21	2011-09-14
20150701188302210000000008	谢	1,000,000.00元	1,000,000.00元	2015-07-01	2016-06-30
20110628188302210000000002	谢	1,000,000.00元	元	2011-06-28	2013-06-28
20130701188302210000000001	谢	1,000,000.00元	元	2013-07-01	2015-06-30

借据号	客户名称	催收日期	催收方式	催收单号码	操作
20150701188302210000000008	谢	2015-09-05	现场催收	005	删除

机构名称	湖南湘乡农村商业银行股份有限公司新湘路支行	客户名称	谢
贷款金额	1,000,000.00元	结欠金额	1,000,000.00元
借款日期	2015-07-01	到期日期	2016-06-30
催收日期*	2015-09-05	催收方式*	现场催收
保证债务诉讼实效到期日	2017-06-30	主债权诉讼时效到期日期	2017-06-30
管理期限内保证债权是否失诉讼时效*	否	管理期限内主债权是否失诉讼时效*	否
催收单号码*	005		
管理责任人	刘、王		
催收无法送达的原因			

新增 修改 打印催收通知书 打印催息通知书

图 5–4

附件 4：湘乡市政府听证意见（个人信息模糊处理）。

湘乡市人民政府

湘乡市人民政府关于谢琼信访事项的
听 证 意 见

湘乡信访听证字[2014]5 号

一、信访人基本情况

谢　，女，汉族，19　年 12 月 30 日出生，身份证号码：430322　　　。现住湘乡市东山办事处湘房世纪城 1 栋　　室。

二、信访事项由来及主要诉求

2000 年春季，我市大范围爆发牲畜“五号病”疫情（以下简称“五号病”），据不完全统计，当年全市有 17 个乡镇办事处、64 个村、124 个检疫点，共有 2053 头猪、54 头牛感染疫情，造成直接经济损失 237．33 万元，间接经济损失无法估量。是年 3 月 30 日下午，市人民政府“防五”指挥部接到群众举报，市火车站牲猪仓库的生猪发生“五号病”疫情，市畜牧水产局（以下简称“办理机关”）立即派人前往现场查看检验，发现该处存栏生猪患疑似“五号病”，检疫人员告之畜主，等待处理。次日，办理机关专业技术人员到达现场时，发现畜主谢　（以下简称“信访人”）已将病猪转移至一中农场，市人民政府“防五”指挥部立即调配人员前

图 5-5

往一中农场现场紧急处置，将全部生猪扑杀并作无害化处理。后信访人以扑杀其生猪造成巨大损失，要求补偿为由开始向各级各部门上访。听证会举行之前，信访人提出的信访诉求有三项：1、要求补偿2000年生猪扑杀损失；2、要求享受2007年度、2011年度、2012年度的生猪调出大县奖励；3、要求赔偿其2013年行政拘留期间的损失。

三、信访事项前期办理情况

信访人提出信访诉求后，办理机关高度重视并积极办理，前期主要办理情况如下：

（一）向信访人下达了扑杀疫病生猪通知书。2000年3月31日，市“防五”指挥部向信访人下达了扑杀通知，共扑杀信访人生猪254头，其中中仔猪215头，母猪39头。信访人在扑杀通知上签字确认并接收了鉴定意见，证明信访人的生猪患有“五号病”和当时具体扑杀生猪的数量。

（二）湘乡市人民政府“防五”指挥部对我市2000年春季发生的“五号病”疫情重灾户进行了救助。2000年“五号病”疫情重灾户共14户，全市共安排救助资金5万元，其中救助信访人谢 1.5万元，其他13户共计3.5万元。

（三）办理机关与信访人签订了息访息诉协议。考虑到信访人的生猪被扑杀后经济上有实际困难，办理机关秉持以人为本的原则与信访人于2007年1月27日就信访人提出的要求补偿2000年生猪扑杀损失的信访诉求达成了处理协议，解决了信访人救助款共计7.5万元，信访人领取了该救助款项并承诺息访息诉，同时自愿向复查机关撤回了信访复查

2

图 5–6

请求。

（四）对信访人进行后期的扶持和奖励。近年来，办理机关从生猪奖励扶持和解决信访人的实际困难出发对信访人进行多方面的扶持和奖励。据统计，从2007年—2010年奖励和扶持信访人的资金共计81.781万元，具体如下：

1、2007年，扶持信访人生猪标准化规模养殖场项目资金15万元；

2、2008年，奖励信访人生猪调出大县资金14.3万元；

3、2009年，扶持信访人能繁母猪补贴资金2.481万元；

4、2009年，奖励信访人生猪调出大县资金10万元；

5、2010年，扶持信访人生猪标准化规模养殖场项目资金40万元。

四、办理机关答复处理意见

（一）信访人提出的要求补偿2000年生猪扑杀损失的问题。1、2000年春季发生的“五号病”疫情由于传播速度快、传播范围广、疫情紧急，市“防五”指挥部全面负责境内的牲畜“五号病”防制和扑灭工作。根据湘乡市人民政府《关于明确职责坚决防制牲畜“五号病”的紧急通知》（湘政发[2000]05号）的文件第五条之规定：“扑灭“五号病”病畜所带来的一切损失，概由畜主自负”。2、国务院《关于进一步加强动物防疫工作的通知》（国发[2001]14号）的文件是2001年5月4日颁发，该文件规定了“五号病”牲畜被强制扑杀的具体补偿标准，信访人的生猪被扑杀发生在2000年春季，信访人提出的诉求不适用国发[2001]14号文

3

图 5–7

件。3、2007 年 1 月 25 日，信访人向湘乡市人民政府提交了《撤回信访复查申请报告》，1 月 27 日，信访人与办理机关达成了处理协议，2 月 3 日，湘乡市人民政府对信访人的该项诉求作出《信访复查意见书》（湘政信复字[2007]第 01 号）。根据信访人与办理机关达成的处理协议，复查机关依法准许信访人自愿撤回复查申请，对该信访事项依法终结。综上所述，现信访人以同一事实和理由再次提出要求补偿 2000 年生猪扑杀损失的信访诉求，不予支持。

（二）信访人要求享受 2007 年度、2011 年度、2012 年度的生猪调出大县奖励的问题。1、根据《湖南省生猪调出大县奖励资金管理办法实施细则》第三章第十四条之规定，2007 年国家通过标准化规模养殖场（小区）项目资金给予专项扶持的，当年不再享有生猪调出大县奖励，从 2008 年开始列入生猪调出大县奖励支持范围。因此，信访人在 2007 年享有国家通过标准化规模养殖场（小区）项目资金专项扶持后，不符合 2007 年生猪调出大县奖励条件，其要求享有 2007 年生猪调出大县奖励的诉求没有法律政策依据。2、根据《生猪调出大县奖励资金使用实施方案》之规定，申请享受生猪调出大县奖励资金的程序是：首先由规模养殖户自行申请，并经所在村民委员会、乡镇动物防疫站、乡镇人民政府推荐并签字盖章，再由乡镇动物防疫站现场调查、初审申报至办理机关，2011 年、2012 年度办理机关未收到信访人有关的书面申请和相关资料，因此，办理机关认定信访人不具备生猪调出大县奖励条件。

4

图 5-8

（三）信访人要求赔偿行政拘留期间损失的问题。

2013年，信访人因违法上访被公安机关治安拘留。根据我国《信访条例》第十四条之规定：对依法应当通过诉讼、仲裁、行政复议等法定途径解决的投诉请求，信访人应当依照有关法律、行政法规规定的程序向有关机关提出。因此，信访人的该项信访事项诉求，应当在法定的时效内依法申请行政复议或通过诉讼的途径解决。

五、信访事项公开听证相关情况

2014年11月20日，湘乡市人民政府根据《湖南省信访事项听证暂行办法》和《湖南省百例疑难信访积案听证实施办法》的有关规定，对信访人谢　信访事项举行了听证会。

2014年10月31日，听证主持人阳成生接谈了信访人谢琼。听证会通知于2014年11月13日送达信访人。信访人于11月13日从湘乡市听证员人才库中自行抽选听证员9名，人员如下：萧　祥、颜　存、刘　忠、魏　、邓　华、陈　炽、谭　辉、王　云、谭　芳。

听证会在龙城宾馆水府厅会议室举行。市政府副县级干部、市长助理阳成生担任听证主持人，信访局罗　平、颜　协助有关听证程序的主持，贺　担任记录员。参加本次听证会的单位有：市信访局、市畜牧水产局、公证处、湖南　律师事务所、信访人谢　及其代理人赵　明、左　等。

本次听证会湘乡市电视台、湘乡市银河摄影社全程摄像录音，市公证处全程公证。

听证会上，信访人谢　及其代理人进行了信访事项陈

5

图 5-9

述，办理机关市畜牧水产局就信访人的基本情况、主要诉求、前期处理情况及信访人主要诉求适用法律政策情况进行了陈述和答复；核查机关就市畜牧水产局提交的证据和依据进行了投影播放，双方就争议的焦点问题进行了申辩。第三方调查机构湖南　　律师事务所介绍了该信访事项的重新调查情况，并提出了相关法律意见。听证员就争议问题向信访人和办理机关进行了询问，就该信访问题进行了评议并无记名投票表决，最后，听证主持人作了听证总结。

第三方调查机构湖南　　律师事务所对谢　信访事项开展了独立第三方调查，并提出如下法律意见：1、原湘乡市防制牲畜“五号病”接人举报后派出专业技术人员对信访人所养牲猪就地确诊，并予以扑杀无害处理，符合当时的法律、法规和文件规定；2、在该案复查过程中，信访人于2007年1月27日与办理机关达成的处理协议系双方真实意思表示，合法有效，应遵照执行；3、信访人的信访行为应予依法终结。

有关信访人提出的“要求赔偿其2013年行政拘留期间的损失”的诉求经审查属涉法涉诉信访范畴，按照《湖南省百例疑难信访积案听证实施办法》之规定，上述诉求在本次听证会上不进行投票表决。

经全体听证员无记名投票表决，信访人提出的其它二项信访诉求的表决结果如下：

（一）有关信访人主要诉求方面的表决。本项共发放听证员表决票9张，收回听证员表决票9张。经表决：1、信

6

图 5–10

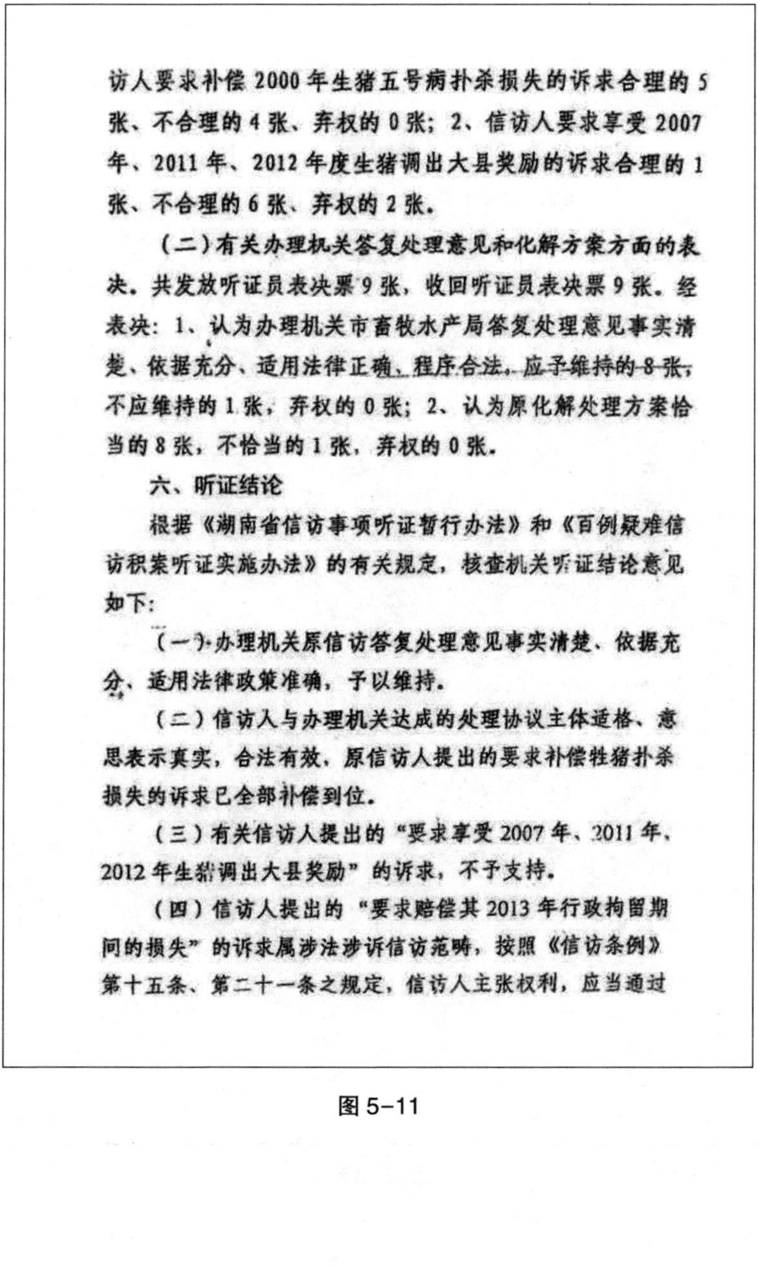

访人要求补偿2000年生猪五号病扑杀损失的诉求合理的5张、不合理的4张、弃权的0张；2、信访人要求享受2007年、2011年、2012年度生猪调出大县奖励的诉求合理的1张、不合理的6张、弃权的2张。

（二）有关办理机关答复处理意见和化解方案方面的表决。共发放听证员表决票9张，收回听证员表决票9张。经表决：1、认为办理机关市畜牧水产局答复处理意见事实清楚、依据充分、适用法律正确、程序合法，应予维持的8张，不应维持的1张，弃权的0张；2、认为原化解处理方案恰当的8张，不恰当的1张，弃权的0张。

六、听证结论

根据《湖南省信访事项听证暂行办法》和《百例疑难信访积案听证实施办法》的有关规定，核查机关听证结论意见如下：

（一）办理机关原信访答复处理意见事实清楚、依据充分、适用法律政策准确，予以维持。

（二）信访人与办理机关达成的处理协议主体适格、意思表示真实，合法有效，原信访人提出的要求补偿牲猪扑杀损失的诉求已全部补偿到位。

（三）有关信访人提出的"要求享受2007年、2011年、2012年生猪调出大县奖励"的诉求，不予支持。

（四）信访人提出的"要求赔偿其2013年行政拘留期间的损失"的诉求属涉法涉诉信访范畴，按照《信访条例》第十五条、第二十一条之规定，信访人主张权利，应当通过

图5-11

法定途径向有权处理机关提出。

根据《湖南省信访事项听证暂行办法》第二十一、第二十七条之规定，本听证结论为本级处理的终结性意见，如信访人对本听证结论不服，又没有提出新的事实和理由再次信访申诉的，本级和上级机关及信访工作机构不再受理。

湘乡市人民政府

2014 年 12 月 10 日

图 5-12

附件 5：行政处罚决定书（个人信息模糊处理）。

湘乡市公安局

公安行政处罚决定书

湘公（治）决字[2014]第0141号

被处罚人谢 ，女，居民身份证430322 ，19 年12月30日生，汉族，高中文化，户籍地湖南省湘乡市望春门车站路 号附1号，现住湖南省湘乡市望春门车站路 号附1号。

现查明：2013年07月15日7时许，我市信访对象李 、杨 枚、翁 云、谢 、唐 华等人结团赴省上访，滞访省委南门3个多小时，其中李 手持冤字牌喊口号，静坐在省委南门，杨 枚手持冤字牌喊口号、唱歌，翁 云、谢 、唐 华等人手持冤字牌喊口号，严重影响省委机关的办公秩序。

以上事实有以上事实有谢 本人陈述和辩解、证人证言、视听资料等证据证实。

根据《中华人民共和国治安管理处罚法》第二十三条第二项之规定，现决定对谢琼行政拘留十日。

履行方式：由湘乡市公安局送湘乡市公安局拘留所执行行政拘留十日。

被处罚人如不服本决定，可以在收到本决定书之日起六十日内向湘潭市公安局或湘乡市人民政府申请行政复议，或者在三个月内向湘乡市人民法院提起行政诉讼。

二〇[illegible]四年[illegible]月十[illegible]日

图 5-13

案例二：王某兰征地补偿纠纷案

一、基本案情

2014年5月份，被告黑龙江省青冈县人民政府（以下简称青冈县政府）决定，欲在原告于红旗村分得的承包田上建电站，在未与原告协商的情况下，被告青冈县政府通过永丰镇政府于2014年5月1日找到原告，并给原告土地补偿款88 000元，原告不接，提出补偿的数额不足，村会计说以后还给，但被告再也没给付剩余的补偿款。原告的耕地是4.9亩，按照《中华人民共和国土地管理法》第47条规定，应给付原告各项费用480 200元，还差392 200元没有支付。

二、黑龙江省绥化市中级人民法院（以下简称绥化市中院）的处理

绥化市中院审理以后作出裁定，即行政裁定书（2017）黑12行初21号。其内容如下：

原告：王某兰，女，汉族，1955年3月12日出生，身份证号码：232326195503XXXXXX，农民，现住黑龙江省青冈县永丰镇红旗村关家窝棚屯×××号，电话：15727364×××。

2017年3月29日，本院收到王某兰的起诉状，诉青冈县政府。王某兰诉称，2014年5月份，被告青冈县政府决定，欲在其所在的红旗村分得的承包田上建电站，在未与其协商的情况下，青冈县政府通过永丰镇政府于2014年5月1日找到原告，并给原告土地补偿款88 000元，原告不接受，提出补偿的数额不足，村会计说以后还会给，但被告再也没给付剩余的补偿款。原告的耕地是4.9亩，按照《中华人民共和国土地管理法》第47条规定，应支付原告各

项费用480 200元，还拖欠392 200元没有支付。

请求：

1. 依法撤销青冈县政府青政访复【2014】46号复查意见书。

2. 请求判决被告再补偿原告土地征用补偿金392 200元。

3. 诉讼费用由被告承担。

本院认为，王某兰诉讼请求撤销青冈县人民政府青政访复【2014】46号复查意见书，再补偿其土地征用补偿金392 200元、遗漏土地补偿款200 000元。根据《最高法院关于不服信访工作机构依据〈信访条例〉处理信访事项的行为提起行政诉讼人民法院是否应受理的复函》第二条规定，对信访事项有权处理的行政机关依据信访条例作出的处理意见、复查意见、复核意见和不再受理的决定，信访人不服提起行政诉讼的，人民法院不予受理。青冈县政府作出的青政访复【2014】46号（《关于青冈县永丰镇红旗村王某兰上访反映征地补偿问题的复查意见》）属于信访复查意见，不属于人民法院行政诉讼受案范围。因此王某兰的诉请事项不属于行政诉讼受案范围。依照《中华人民共和国行政诉讼法》第四十九条第（四）项、《最高人民法院关于适用〈中华人民共和国行政诉讼法〉若干问题的解释》第三条第一款第（一）项之规定，裁定如下：

对王某兰的起诉，本院不予立案。

如不服本裁定，可在裁定书送达之日起十日内，向本院递交上诉状，并按双方当事人的人数提出副本，上诉于黑龙江省高级人民法院。

三、王某兰的行政上诉状

上诉人：王某兰，女，汉族，1955年3月12日出生，身份证号码：232326195503XXXXXX，农民，现住黑龙江省青冈县永丰镇红旗村关家窝棚顿×××号，电话：15727364XXX。

被上诉人：青冈县政府

法定代表人：杨烁 职务：县长

上诉请求：

1. 判令撤销绥化市中院作出的（2017）黑2行初21号行政裁定书。

2. 判令被上诉人再补偿上诉人土地征用补偿金632 300元，并补偿遗漏的1.5亩土地补偿款200 000元。

3. 判令案件受理费由被上诉人承担。

上诉理由：

2014年5月，被上诉人决定在上诉人所在的红旗村分得的承包田上修建电站，在未经上诉人同意的且未与上诉人签订补偿安置协议的情况下，私自将上诉人土地征收。被上诉人通过永丰镇镇政府于2014年5月1日找到上诉人，要给上诉人土地补偿款88 000元，上诉人认为被上诉人的征地程序、补偿款的发放违反法律规定，拒绝接受上述88 000元的补偿款。当时是公社的人通知上诉人到当地的农业银行，承诺给上诉人办卡发放补偿款。上诉人到达银行后，提出发放的补偿款数额不足，村会计也来到了农业银行，给上诉人办了银行卡，承诺说土地补偿款数额不足以后还会给补，但是被上诉人至今都没有支付上诉人剩余的补偿款。

上诉人的耕地是4.9亩，按照《中华人民共和国土地管理法》第47条的规定“征收耕地的土地补偿费为耕地被征收前三年平均产值的六至十倍”，“征收耕地的安置补助费，为该耕地被征收前三年平均产值的四至六倍。最好不可超过15倍。”按照这一法律规定，根据前三年获利产值（每亩地产玉米1000元计算）每亩5倍产值应为15 000元，再按上诉人的承包合同还剩14年的标准计算，应为210 000元。扣除留给政府以及村委会的，上诉人剩余的70%乘以上诉人土地所占亩数，应为720 300元，被上诉人已经给付了上诉人88 000元，还有632 300元没有支付。

上诉人通过复查、复核等多种途径寻找解决此事的办法，想要得到应有的补偿，并且起诉至法院，一审法院以上诉人的案件不符合《中华人民共和国行政诉讼法》的受案范围为由，对本案不予受理。上诉人认为，自身的案件已经经过复查、复核等途径（上诉人有红旗村的证明证实），上诉人的案件应当通过法律途径解决，一审法院应当受理上诉人的案件。

故为了维护自身的合法权益，使案件得到公正的处理，上诉至贵院，提出上述诉讼请求，请贵院予以支持。

此致

上诉人：王某兰

四、黑龙江省高级人民法院的处理

针对王某兰的上诉，黑龙江省高级人民法院经审理作出裁定，即（2017）黑行终423号裁定。其内容如下：

上诉人（一审原告）王某兰，女，汉族，1955年3月12日出生，身份证号码：232326199503××××××，农民，现住黑龙江省青冈县永丰镇红旗村关家窝棚屯×××号，电话：15727364×××。

上诉人王某兰因诉黑龙江省青冈县政府撤销信访复查意见、补偿损失一案，不服绥化市中院（2017）黑12行初21号行政裁定，向本院提起上诉。

2013年绥化市电业局建设220万伏变电所，需征用黑龙江省青冈县永丰镇红旗村集体土地，其中涉及王某兰家庭承包地面积3345.75平方米。2014年5月王某兰得到的土地补偿款为88 000

元。后王某兰认为补偿标准及补偿数额低向有关部门上访。2014年12月18日青冈县政府作出青政访复〔2014〕46号（《关于青冈县永丰镇红旗村王某兰上访反映征地补偿问题的复查意见》），认为征地的程序、补偿的标准及补偿的数额均合法，对王某兰提出的信访问题不予支持。2016年11月15日青冈县永丰镇人民政府作出《关于王某兰信访诉求的答复意见》，认为征地补偿标准及给付的补偿费用合法。2017年3月29日王某兰向法院提起行政诉讼，请求撤销青冈县政府青政访复〔2014〕46号复查意见书，补偿土地征用补偿金392 200元，并补偿遗漏的1.5亩补偿款200 000元。

绥化市中院（2017）黑12行初21号行政裁定认为，根据《最高法院关于不服信访工作机构依据〈信访条例〉处理信访事项的行为提起行政诉讼人民法院是否应受理的复函》第二条规定，对信访事项有权处理的行政机关依据信访条例作出的处理意见、复查意见、复核意见和不再受理的决定，信访人不服提起行政诉讼的，人民法院不予受理。青冈县政府作出的青政访复【2014】46号（《关于青冈县永丰镇红旗村王某兰上访反映征地补偿问题的复查意见》）属于信访复查意见，不属于人民法院行政诉讼受案范围。王某兰的诉请事项不属于行政诉讼受案范围。依照《中华人民共和国行政诉讼法》第四十九条第（四）项、《最高人民法院关于适用〈中华人民共和国行政诉讼法〉若干问题的解释》第三条第一款第（一）项之规定，裁定对王某兰的起诉不予立案。

上诉人王某兰上诉称，青冈县政府未按照法律规定对征用土地给予合理补偿，其认为补偿标准和数额过低，经过两级政府信访复查、复核之后，该案应通过行政诉讼途径解决。一审裁定不予立案错误，请求撤销一审裁定，对本案立案审理。

本院认为，《最高法院关于执行〈中华人民共和国行政诉讼法〉若干问题的解释》第一条第二款第（六）项规定，对公民、法人或者其他组织权利义务不产生实际影响的行为不属于人民法院行政诉讼的受案范围。《最高法院关于不服信访工作机构依据〈信访条例〉处理信访事项的行为提起行政诉讼人民法院是否应受理的复函》第二条规定，对信访事项有权处理的行政机关依据信访条例作出的处理意见、复查意见、复核意见和不再受理的决定，信访人不服提起行政诉讼的，人民法院不予受理。青冈县政府于2014年12月18日作出 青政访复【2014】46号（《关于青冈县永丰镇红旗村王某兰上访反映征地补偿问题的复查意见》），该复查意见针对信访人反映的问题经过调查给予了答复，未改变原对王某兰被征用土地的补偿标准和数额，对王某兰的权利义务未产生实际影响，不属于人民法院行政诉讼的受案范围。一审裁定对王某兰的起诉不予立案正确，王某兰的上诉理由不能成立。依照《中华人民共和国行政诉讼法》第八十九条第一款第（一）项的规定，裁定如下：

驳回上诉，维持原裁定。

本裁定为终审裁定。

五、本案法律援助情况

针对黑龙江省高级人民法院的上述裁定，王某兰决定继续申诉。其所在的青冈县政府法制办对她的信访作出如下答复，即《关于青冈县永丰镇红旗村王某兰上访反映征地补偿问题的复查意见》（青政访复【2014】46号）。全文如下：

（一）基本情况

王某兰，女，汉族，1955年3月12日出生，身份证号码：232326195503××××××，农民，现住黑龙江省青冈县永丰镇红旗村关家窝棚顿×××号，电话：15727364×××。

（二）上访人反映的问题

1. 我家的口粮田属于一级基本农田，征地需由国务院批准，请核实批准单位。

2. 我家的口粮田属于青冈县的高产优质土地，每平方米26.3元的补偿水平与青冈县每平方米45元的补偿水平相比，没做到建设用地征地补偿同地同价。要求每平方米按45元的补助水平进行补偿。

3. 补偿标准应按基本农田标准进行补偿，应在土地补偿费总额的基础上提高1.5倍。

4. 当地政府没有做任何安置补偿，也没有纳入社保，不应该挪用30%的安置补偿费，土地补偿中的安置补偿费应该全额发给我。

（三）调查的基本事实

1. 关于信访人提出的“我家的口粮田属于一级基本农田，征地需由国务院批准，请核实批准单位”的问题。经查验，永丰镇建设用地管制与基本农田保护图和永丰镇土地利用总体规划图，该上访人为一般农田。

2. 关于信访人提出的“我家的口粮田属于青冈县的高产优质土地，每平方米26.3元的补偿水平与青冈县每平方米45元的补偿水平相比，没做到建设用地征地补偿同地同价。要求每平方米按45元的补助水平进行补偿”的问题。经查验“青冈县征地区片综合底价表”，永丰镇征地片区综合地价为26.3元/平方米，征地补偿标准执行无误。该标准经黑政函【2010】140号即《黑龙江省人民政府关于调整征地区片综合地价的批复》批复。

3. 关于信访人提出的“补偿标准应按基本农田标准进行补偿，应在土地补偿费总额的基础上提高1.5倍”的问题。因为占用的不是基本农田，占用补偿执行《黑龙江征地区片综合价实施办法》黑政发【2011】51号。

4. 关于信访人提出的“当地政府没有做任何安置补偿，也没有纳入社保，不应该挪用30%的安置补偿费，土地补偿中的安置补偿费应该全额发给我”的问题。关于每平方米8元的社保基金由永丰镇安置解决。

（四）处理意见

1. 依据《黑龙江省土地管理条例》第24条第1款，征用基本农田以外的35公顷以下的，其他土地70公顷以下的，由省政府批准，报国务院备案。

2. 信访人提出的按青冈县每平方米45元补偿不予支持，而且青冈县也没有每平方米45元的补偿标准。

3. 对信访人提出的应在土地补偿费总额的基础上提高1.5倍问题不予支持。

4. 关于30%的安置补偿费不应补偿给个人，应按黑政发【2011】51号第7条的规定，按征地区片综合地价确定的征地补偿费，70%用于安置被征地农民的补助，30%用于持有集体土地所有权的集体经济组织安排基础和公益设施建设，兴办村办企业和被征地农民的生活补助等。对信访人提出的30%补偿费方给个人的问题不予支持。

建议：依据信访条例第35条之规定，上访人对复查意见不服可在收到复查意见之日起30日内向复查机关的上一级行政机关请求复核。

案例三：谭某晶抚养权纠纷案

一、当事人信息

姓名：谭某晶

性别：女

职业：外出务工人员

居住地：河南省

身份证号：41010919840718××××

二、当事人诉求

现当事人谭某晶欲通过行政诉讼程序起诉山东省东明县公安局不立案行为系公安局的不作为。

三、案件事实

2013年7月3日，当事人谭某晶（女）与范龙（男）因性格不合导致感情破裂，自愿协议离婚，双方协定儿子（范某晨）由男方抚养，女方谭某晶有探视权，女方称二人有口头约定待自己打工一年回来后转移抚养权于自己。

当事人谭某晶自称2014年5月察觉儿子（范某晨）不见了，并称于2014年11月收到一封电子邮件，被告知儿子（范某晨）被前夫和前婆婆以2万元的价格出卖。

2015年1月12日，当事人向武汉市公安局黄陂区分局报警，控告范某晨被拐卖。

2015年2月6日，武汉市公安局黄陂区分局以“没有犯罪事实发生”为由不予立案，并出具不予立案通知书。

2015年2月10日，黄陂区公安局蔡店街派出所出具“关于谭某晶报警的情况说明”。

之后，当事人向黄陂区人民检察院“就武汉市公安局黄陂区分局不予立案”申请立案监督。

2015年12月15日，黄陂区人民检察院出具就“黄陂区公安分局关于谭某晶控范龙拐卖儿童一案作出不予立案处理”的回复，认定“未有充分证据证明范龙的行为涉嫌拐卖儿童罪”。

2016年3月，当事人谭某晶于湖北省武汉市黄陂区人民法院诉被告范龙请求变更抚养关系，湖北省武汉市黄陂区人民法院认为“范龙送养范某晨的行为未取得其母亲谭某晶的同意，违反了《中华人民共和国收养法》的规定，其行为虽不构成犯罪，但剥夺了谭某晶的抚养权及子女的被抚养权”，于2016年4月15日作出“原告谭某晶与被告范龙的婚生子范某晨由原告谭某晶抚养至能独立生活止”的民事判决。

2016年5月5日向武汉市黄陂区人民法院申请强制执行并将孩子接回。

2016年5月10日，武汉市黄陂区人民法院出具受理执行案件通知书；并于2016年10月28日出具执行裁定书，认为“执行对象的收养人和收养地点不明，且被执行人范龙不清楚，申请执行人谭某晶同样也不能提供相关有效信息，本案符合终结本次执行程序的条件”，裁定“被执行人应当继续履行义务，申请执行人如知执行对象的收养人和收养地点时，可持本裁定申请恢复执行”。

2017年9月13日，当事人谭某晶向东明县公安局报案儿子（范某晨）被拐卖，东明县公安局于2017年9月23日出具不予立案通知书，认为“没有犯罪事实”。

之后，当事人谭某晶向东明县公安局就其不予立案提出复议，东明县公安局于2017年10月22日作出刑事复议决定书，认为“无证据证明杨某花、姚某葵有收买被拐卖儿童的行为，杨某花、姚某葵的行为不构成犯罪”，决定“维持原决定”。

2018年2月5日，山东省东明县人民检察院对谭某晶就东明县公安局不予立案决定的立案监督作出回复，认定“现有证据材料不能证明杨某花夫妇的行为涉嫌犯罪，东明县公安局不予立案理由成立”。

之后，当事人向山东省东明县人民法院提起刑事自诉，人民法院裁定不予受理。

四、法律分析和证据分析

（一）行政诉讼方向

1. 程序法适用问题

《最高人民法院关于执行〈中华人民共和国行政诉讼法〉若干问题的解释》（法释〔2018〕1号）第1条规定：公民、法人或者其他组织对具有行政职权的机关和组织及其工作人员的行政行为不服，依法提起诉讼的，属于人民法院行政诉讼的受案范围。下列行为不属于人民法院行政诉讼的受案范围：……（一）公安、国家安全等机关依照刑事诉讼法的明确授权实施的行为……

因此，针对公安机关的不予立案决定只能够通过申请刑事诉讼程序上的立案监督请求核查。故本案当事人所表达的通过行政诉讼程序要求公安机关立案的目的不能以行政法方向的方式解决。

2. 实体法适用问题

本案当事人所提事项不在行政法范畴内。

（二）民事诉讼方向——抚养权问题

1. 程序法的适用

如就收养和送养的瑕疵入手，则需要去民政局办理收养撤销手续。但本案中范某晨的收养协议在谭某晶诉范龙抚养权一案的判决中已经被法院确认无效。而范某晨则经过了陈某宇、陈某宇姐姐两次转手到杨某花处以弃婴之名办理了户口登记。由此，实质上范某晨的抚养权到了杨某花之手，现我们想通过“杨某花为孩子办理户口是以‘弃婴’之名”这一虚假的证明来提起民事诉讼领域中的确认抚养关系诉讼。通过诉讼确认杨某花与范某晨之间收养关系无效之后即可申请强制执行收回范某晨之抚养权。

参考引用法规：

《中国公民收养子女登记办法》（2023 修订）第 7 条规定：送养人应当向收养登记机关提交下列证件和证明材料：（一）送养人的居民户口簿和居民身份证（组织作监护人的，提交其负责人的身份证件）；（二）民法典规定送养时应当征得其他有抚养义务的人同意的，并提交其他有抚养义务的人同意送养的书面意见。社会福利机构为送养人的，并应当提交弃婴、儿童进入社会福利机构的原始记录，公安机关出具的捡拾弃婴、儿童报案的证明，或者孤儿的生父母死亡或者宣告死亡的证明。

监护人为送养人的，并应当提交实际承担监护责任的证明，孤儿的父母死亡或者宣告死亡的证明，或者被收养人生父母无完全民事行为能力并对被收养人有严重危害的证明。

生父母为送养人的，有特殊困难无力抚养子女的，还应当提交送养人有特殊困难的证明；因丧偶或者一方下落不明由单方送养的，还应当提交配偶死亡或者下落不明的证明。对送养人有特殊困难的声明，登记机关可以进行调查核实；子女由三代以内同辈旁系血亲收养的，还应当提交公安机关出具的或者经过公证的与收养人有亲属关系的证明。

被收养人是残疾儿童的，并应当提交县级以上医疗机构出具的该儿童的残疾证明。

《中国公民收养子女登记办法》（2023 修订）第 13 条：收养关系当事人弄虚作假骗取收养登记的，收养关系无效，由收养登记机关撤销登记，收缴收养登记证。

2. 实体法的适用

法院判决中已经否认了范龙和陈某宇之间的收养关系的效力，并面临了执行难的问题，也正是因而当事人才意图通过再次请求公安局立案以走刑事公诉程序。故而，我们想经由对杨某花（现范某晨的养父养母家）的抚养关系的效力做出否认。

参考引用法规：

《中华人民共和国民法典》（以下简称《民法典》）第1093条：下列未成年人可以被收养：丧失父母的孤儿；查找不到生父母的未成年人；生父母有特殊困难无力抚养的子女。

《民法典》第1094条：下列个人、组织可以作送养人：孤儿的监护人；儿童福利机构；有特殊困难无力抚养子女的生父母。

《民法典》第1098条：收养人应当同时具备下列条件：无子女或者只有一名子女；有抚养、教育和保护被收养人的能力；未患有在医学上认为不应当收养子女的疾病；无不利于被收养人健康成长的违法犯罪记录；年满30周岁。

《民法典》第1101条：有配偶者收养子女，须夫妻共同收养。

《民法典》第1104条：收养人收养与送养人送养，应当双方自愿。收养8周岁以上未成年人的，应当征得被收养人的同意。

（三）刑事方向

如果能够取证中间孩子被陈某宇的姐姐二次转与杨某花抚养这一过程，或可成立拐卖儿童罪。

五、解决方案

1. 当事人表示该案已经走入强制执行阶段，且已经寻找到孩子的下落，但因无法找到杨某花的确切地址，无法继续进行，而法院正在追究杨某花拒不履行法院判决罪，因此可以继续期望法院强制执行。

2. 建议当事人提起民事诉讼，确认杨某花与范某晨之间的抚养关系无效，进一步主张当事人对儿子范某晨的抚养权。

3. 由于当事人不能针对杨某花拐卖儿童一案提起刑事自诉且无法提供公安局不立案的说明，因此无法有效的进行行政诉讼。

六、疑难问题

1. 行政诉讼不适用：按照当事人欲起诉公安机关不作为的思路，由于立案决定书的复议和申请检察院审查程序都已结束，无法进行。

2. 牵涉收养关系问题较为复杂。

3. 案件中可能构成刑事犯罪情节，但缺乏现有证据。

案例四：张某坤户口纠纷案

一、当事人信息

姓名：张某坤

性别：男

住址：山东省阳谷县十五里元镇十五里元村 XXX 号

职业：退休工人

文化程度：小学

二、当事人诉求

当事人张某坤欲找回原先的非农村户口的身份信息，并请求索回未执行特殊工种的退休工资和 2008~2010 年（两年）的未发放工资。

三、案件事实

当事人张某坤，男，1955 年出生，1974 年 8 月在黑龙江大兴安岭地区新林业局红林林场参加工作，于1993年4月由该单位调入聊城阳工工具有限公司工具厂（现名为山东阳谷九鑫机械工具有限公司）。

当事人张某坤称自己在山东阳谷九鑫机械工具有限公司以特殊工种、集体职工的名义工作，享有的却是零工的待遇，并且在1999年与山东阳谷九鑫机械工具有限公司签订了期限为5年（1999年1月1日至2004年1月1日）的劳动合同书，协定张某坤以固定职工的身份在公司工作，公司以计时工资制和计件工资制支付劳动报酬。

就职期间当事人张某坤的档案丢失，2007年7月20日山东阳谷九鑫机械工具有限公司就张某坤档案丢失情况进行反映，把单位仅存的有关张某坤的资料归档作为退休时参考资料，后于2007年7月25日得到阳谷县经济委员会人事科批准。

张某坤自称公司2008年更换户口本时才发现自己原来的户口在2005年入微机的时候被改为农村户口。

2014年5月4日，聊城阳工工具有限公司工具厂的人力资源处向十五里元派出所申请，请求把张某坤及其妻彭某芬户口由农村户口变更为城镇居民户口。

2015年9月16日，阳谷县公安局户籍科就张某坤身份信息异常一事开具证明，认为“根据《聊城市公安局关于贯彻落实市政府聊城市户籍管理实施方案的通知》（2005年16号）文件：在2005年2月1日全省取消农业、非农业户口之前其户口性质登记为非农业户口，从2005年2月1日至2006年1月31日过渡期间，全省取消农业户口、非农业户口性质划分，登记为‘居民户口’，2006年2月1日起其户口性质栏未做任何标注”。

2016年10月24日当事人张某坤就户口信息异常一事信访。

2016 年 11 月 5 日，十五里元村委会开具证明，指出“张某坤户口属十五里元村管理之内，但其人非该村村民”。

2016 年 11 月 28 日，阳谷县人力资源和社会保障局就张某坤信访事项作出处理意见书，认为“本局社会保险科已于 2010 年 8 月按特殊工种给张某坤办理了退休，当时退休金为每月 2300.1 元。关于档案问题，其档案确实存在丢失，但当时单位通知了本人并及时收集了相关信息重新形成档案材料。”当事人张某坤指出退休金应为每月 3000 元多一点。

2016 年 12 月 15 日，当事人张某坤就自己档案身份信息异常一事向政府提出申请。

2017 年 10 月 19 日，当事人与十五里元镇人民政府就张某坤申请事项签订了一份协议书。但是，当事人张某坤指出该份协议书是伪造的。

四、本案法律援助情况

1. 案件分析

(1) 事实方面：就当事人张某坤欲找回原先的非农村户口的身份信息这一主张，现有证据可分为两组：

一组证据为聊城阳工工具有限公司工具厂人力资源处为当事人原始户口为非农户所作的证明，由于该证明无其他原始证据相佐证，故证明力度不高（个人信息模糊处理）。

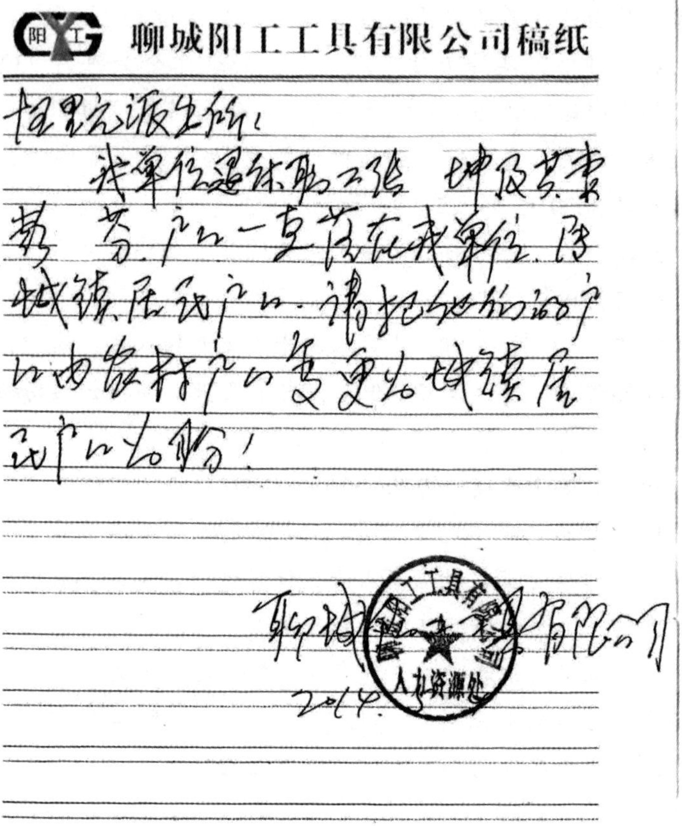

聊城阳工工具有限公司稿纸

社里派出所：

我单位退休职工张 坤及其妻苏 芬户口一直落在我单位，系城镇居民户口，请把他们的户口由农村户口变更为城镇居民户口为盼！

聊城阳工工具有限公司

2014.

（印章：聊城阳工工具有限公司 人力资源处）

图 5–14

二组证据为“大兴安岭地区公安局户口底卡的常住人口登记表”，该表中户别一栏为“非农户”，另一份为当事人在山东省的常住户口登记表。二组证据是客观真实存在的，能够证明当事人张某坤迁入山东省之前其户口为非农户；当事人在山东省的常住户口登记表中载明其户口信息是由原户籍处迁入山东省，故能够证明当事人张某坤迁入山东省的户口为非农户（个人信息模糊处理）。

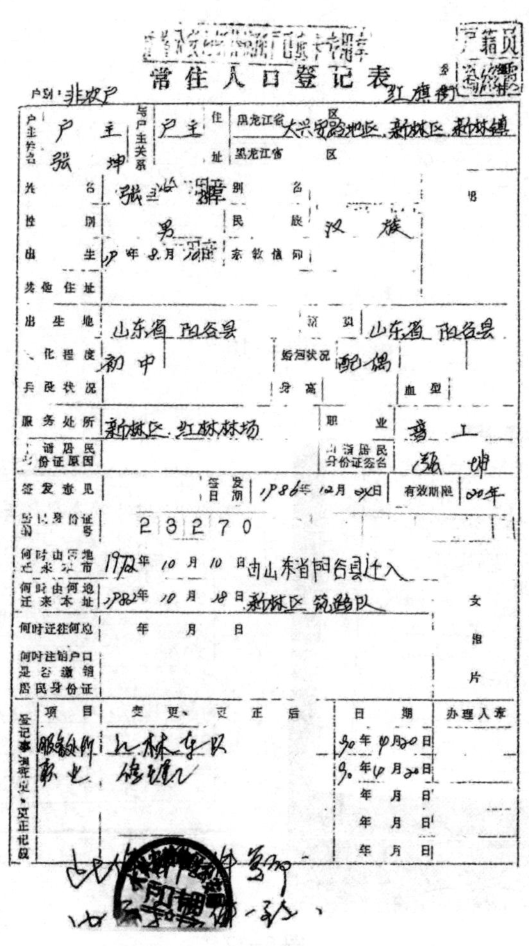

常住人口登记表

户别：非农户

户主姓名：张坤　与户主关系：户主　住址：黑龙江省大兴安岭地区、新林区、新林镇

姓名：张[illegible]　性别：男　民族：汉族

出生：[illegible]年8月[illegible]日　宗教信仰：

其他住址：

出生地：山东省阳谷县　籍贯：山东省阳谷县

文化程度：初中　婚姻状况：配偶

兵役状况：　身高：　血型：

服务处所：新林区、红林林场　职业：[illegible]工

申请居民身份证原因：　申领居民身份证签名：张坤

签发意见：　签发日期：1986年12月[illegible]日　有效期限：20年

居民身份证编号：23270

何时由何地迁来本市：19[illegible]年10月10日由山东省阳谷县迁入

何时由何地迁来本址：1982年10月18日新林区筑路队

何时迁往何地：年　月　日

何时注销户口是否缴销居民身份证：

文字照片

项目	变更、更正后	日期	办理人章
服务处所	[illegible]	90年[illegible]月20日	
职业	[illegible]	90年[illegible]月20日	
		年　月　日	
		年　月　日	
		年　月　日	

图 5-15

常住户口登记表

户号 1016

与户主关系	户主	妻	子		
姓名	[illegible]	[illegible]	[illegible]		
曾用名					
性别	男	女	男		
出生日期	年 8月10日	年 8月5日	年 5月1日	年 月 日	年 月 日
详细出生地					
籍贯	[illegible]	吉林洮南	[illegible]		
民族	汉	汉	汉		
居民身份证号码					
文化程度	初中	高中			
工作单位	工具厂	工具厂			
职业	工人	工人			
婚姻状况	已	已	未		
本市镇其他住址	[illegible]				
何时由何地迁来					
注销户口时间和原因					
备注					

图 5-16

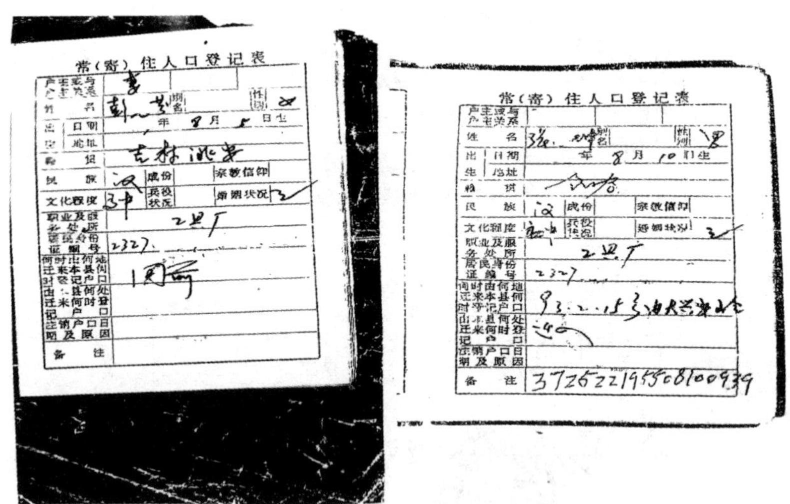

常（寄）住人口登记表

户主或与户主关系	妻
姓名	[illegible]
别名	
性别	女
出生日期	年 8月 5日生
出生地址	
籍贯	吉林洮南
民族	汉
成份	
宗教信仰	
文化程度	高中
兵役状况	
婚姻状况	已
职业及服务处所	工具厂
居民身份证编号	2327…
何时由何地迁来本县何时登记户口	[illegible]
由本县何处迁来何时登记户口	
注销户口日期及原因	
备注	

常（寄）住人口登记表

户主或与户主关系	
姓名	[illegible]
别名	
性别	男
出生日期	年 8月 10日生
出生地址	
籍贯	[illegible]
民族	汉
成份	
宗教信仰	
文化程度	初中
兵役状况	
婚姻状况	已
职业及服务处所	工具厂
居民身份证编号	2327…
何时由何地迁来本县何时登记户口	[illegible]
由本县何处迁来何时登记户口	[illegible]
注销户口日期及原因	
备注	372622195508100939

图 5-17

（2）法律方面：根据《中华人民共和国户口登记条例》第17条第1款规定："户口登记的内容需要变更或者更正的时候，由户主或者本人向户口登记机关申报；户口登记机关审查属实后予以变更或者更正"；第17条第2款规定："户口登记机关认为必要的时候，可以向申请人索取有关变更或者更正的证明。"但是由于山东省2004年10月1日后取消了农业、非农业户口性质的划分，统一改登为居民户口。同时，取消各类户口性质变更的审批，也不再出具户口性质的证明（《山东省户籍管理制度改革实施意见》鲁政办发〔2004〕67号）。另外公安部关于认真贯彻落实《国务院关于进一步推进户籍制度改革的意见》的通知（公通字〔2014〕41号）也规定："取消农业户口与非农业户口性质区分和由此衍生的蓝印户口等户口类型，统一登记为居民户口，停止办理户口'农转非'，户口登记不再标注户口性质。"所以，当事人张某坤主张的户口性质的更正不具有必要性，不得办理户口"农转非"。

就当事人张某坤请求索回未执行特殊工种的退休工资和2008~2010年（两年）的未发放工资这一主张，由于没有证据证明和法律依据，故该主张不能成立。

2. 初步意见

针对户口性质这一事项，尚无解决方案。现已取消农业户口、非农业户口性质划分，户口性质全部登记为"居民户口"。故请求更改为原始的非农户户口是不可行的。针对请求索回未执行特殊工种的退休工资和2008~2010年（两年）的未发放工资这一主张，当事人需取得特殊工种证明、实得退休工资证明、应得退休工资证明、2008~2010年的工作证明和未发放工资证明等证据。就工资请求一事项缺乏实体证据，当事人请求得不到证明。

3. 法律意见书

中国政法大学行政法诊所经集体讨论后为其撰写了以下法律意见书。

张某坤：

中国政法大学行政法诊所就您追讨户口一案的相关问题，出具法律意见书。

一、出具本法律意见书的主要事实依据

1. 聊城阳工工具有限公司工具厂人力资源处为当事人原始户口为非农户所作的证明（即聊城阳工工具有限公司工具厂人力资源处向十五里元派出所发出的申请）。

2. 大兴安岭地区公安局户口底卡的常住人口登记表。

3. 山东省的常住户口登记表。

二、出具本法律意见书的主要法律依据

1.《中华人民共和国户口登记条例》。

2.《山东省户籍管理制度改革实施意见》。

3. 公安部关于认真贯彻落实《国务院关于进一步推进户籍制度改革的意见》的通知。

三、事由

据您所称，您的户口在2005年入微机的时候被山东阳谷九鑫机械工具有限公司改为“农户”，根据聊城阳工工具有限公司工具厂人力资源处向十五里元派出所请求“把张某坤及其妻彭某芬户口由农村户口变更为城镇居民户口”的申请可以证实您所说事实。

四、法律意见

根据您所提供的材料可分为两组证据，第一组证据为聊城阳工工具有限公司工具厂人力资源处为当事人原始户口为非农户所作的证明，由于该证明无其他原始证据相佐证，故证明力度不高。第二组证据为“大兴安岭地区公安局户口底卡的常住人口登记表”，该表中户别一栏为“非农户”，另一份为山东省的常住户口登记表。第二组证据是客观真实存在的，能够证明当事人张某坤迁入山东省之前其户口为非农户；山东省的常住户口登记表中载明其户口信息是由原户籍处迁入山东省，故能够证明当事人张某坤迁入山东省的户口为非农户。

但是根据《中华人民共和国户口登记条例》第 17 条第 1 款规定，“户口登记的内容需要变更或者更正的时候，由户主或者本人向户口登记机关申报；户口登记机关审查属实后予以变更或者更正”；第 17 条第 2 款规定，“户口登记机关认为必要的时候，可以向申请人索取有关变更或者更正的证明”。但是由于山东省 2004 年 10 月 1 日后取消了农业、非农业户口性质的划分，统一改登为居民户口。同时，取消各类户口性质变更的审批，也不再出具户口性质的证明（《山东省户籍管理制度改革实施意见》鲁政办发〔2004〕67 号）。另外公安部关于认真贯彻落实《国务院关于进一步推进户籍制度改革的意见》的通知（公通字〔2014〕41 号）也规定：“取消农业户口与非农业户口性质区分和由此衍生的蓝印户口等户口类型，统一登记为居民户口，停止办理户口‘农转非’，户口登记不再标注户口性质。”

所以，您主张的户口性质的更正不具有必要性，不得办理户口“农转非”。

五、申明

1. 本法律意见书所载事实来源于本法律意见书出具之日前您的陈述和您提交的相关材料。

2. 本文件仅您要求，供您参考，切勿外传。

中国政法大学行政法诊所
2018 年 9 月 30 日

六、附件材料

附件 1：职工介绍信（个人信息处理）。

职工介绍信

（93）调配字 10 号

工业公司：

兹介绍 张 [illegible] 同志等 壹 名到你 公司 分配工作，请予接洽。

一九九三年 [illegible] 月 [illegible] 日

附人员名单：

姓名	性别	工种级别	工资标准	附加工资	保留工资	工资发至日期
张 [illegible]	男	六	100.00	—		92.12

原工作单位	黑龙江省	煤粮补贴	17.00
原工资类区	六	工资介绍信	—
调动原因	[illegible]	档案材料	有

限于 1993 年 2 月 10 日前报到

备注

图 5-18

职　工　介　绍　信

（　）调配字　　号

______：

兹介绍______同志等　　名到

你______分配工作，请予接洽。

一九九　　年　　月　　日

附人员名单：

姓　　名	性别	工种级别	工资标准	附加工资	保留工资	工资发至日期

原工作单位		煤粮补贴	
原工资类区		工资介绍信	
调动原因		档案材料	
限于19　　年　　月　　日前报到			
备注			

图 5-19

附件 2：劳动合同书（个人信息模糊处理）。

000　　106

城镇劳动合同制职工

劳动合同书

甲方：单位名称：
法人代表：　　（签名或盖章）

乙方：职工姓名：张　　（签名或盖章）

鉴证机关：

鉴证员：

鉴证时间：

阳谷县劳动局制

图 5-20

甲方：丽谷五金机械有限公司　企业性质：有限公司
地址：十五里元镇
乙方姓名：张_坤　性别：男　年龄：44　职工原身份：固定工
家庭住址：十五里元镇张行村

根据中华人民共和国《劳动法》的规定，经双方协商同意，签订本劳动合同。

（一）甲方自一九九九年三月一日起录用乙方为合同制工人，合同期限为五年　个月，其中包括学徒（熟练）期　年　个月，试用期　个月，至2004年三月一日合同期满。

（二）乙方自本合同生效之日起为甲方的正式职工。甲方应负责向乙方讲授本单位的劳动规则，安全技术操作规程和其他有关的规章制度，保证乙方享有本单位职工同等劳动、工作、学习、参加民主管理、获得政治荣誉和物质奖励的权利。乙方应严格遵守甲方规定的劳动规则、操作规程和其他有关的规章制度，积极参加甲方组织的各种学习，保证按照甲方规定的数量、质量指标完成生产（工作）任务，服从甲方的安排调动。

（三）在本合同期内，乙方被安排在　岗位，从事　工作，根据生产工作变化，甲方有权调整乙方的工作岗位，乙方应服从甲方的调动。劳动保护和劳动条件按国家法律、法规规定执行。

（四）在本合同期内，劳动报酬，甲方对乙方实行：

计时工资制：　计件工资制：

每月　日为工资支付期。工资以人民币为计算单位。甲方应当按期支付乙方应得的工资。涉及工资方面的其

— 1 —

图 5-21

他问题，按《劳动法》和国家的有关法律、法规执行。

（五）劳动纪律：本合同期内，乙方应当遵守甲方职工代表大会通过的各项劳动纪律和劳动工作制度

（六）劳动合同的解除和终止：在本合同期内，凡符合《劳动法》第二十一条、二十三条、二十四条、二十五条、二十六条、二十七条之规定的，双方应按法定程序、依法解除或终止本劳动合同，并按法律规定办理解除、终止合同手续。

（七）在本合同期内，乙方因工负伤、死亡或患病，非因工负伤或死亡的，享受法律规定的相应待遇。甲方应按法律、法规支付给乙方按规定应享受的各类津贴、补贴和保险福利待遇。

（八）违反劳动合同的责任，本合同期内，甲、乙双方任何一方违反本合同，应按《劳动法》和国家有关劳动法律、法规规定赔偿或补偿给对方造成的经济损失。

（九）本合同未涉及的有关事宜，应按《劳动法》及国家有关的劳动法律、法规和政策执行。

（十）在执行本合同过程中，如发生劳动争议，双方首先应当协商解决。任何一方可在劳动争议发生之日起十五日内向甲方所在地劳动争议仲裁委员会申诉，请求调解和仲裁。

（十一）本合同一式两份，甲乙双方各执一份，同时申请劳动仲裁机关鉴证后生效，并受法律保护。

（十二）附录

图 5–22

附件3. 山东省企业职工技能工资套改装和职工调整岗位技能工资审批表（个人信息模糊处理）。

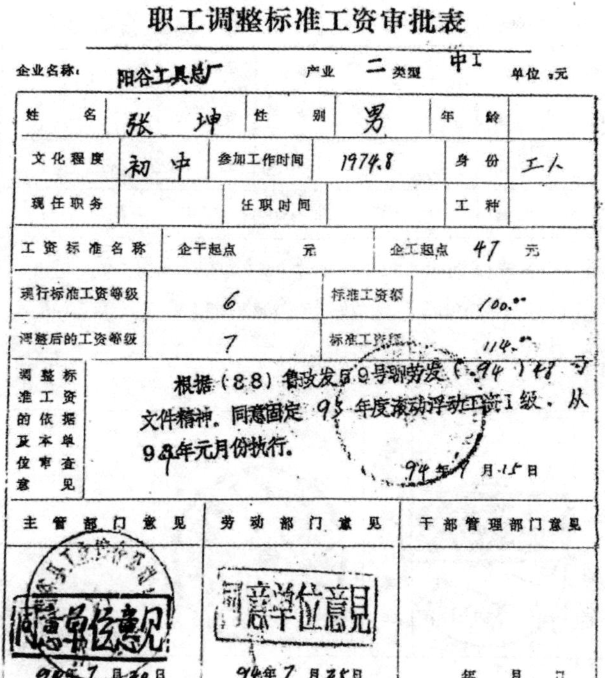

山东省（　　）企业
职工调整标准工资审批表

企业名称：阳谷工具总厂　　产业 二 类型 中I　　单位：元

姓名	张坤	性别	男	年龄	
文化程度	初中	参加工作时间	1974.8	身份	工人
现任职务		任职时间		工种	
工资标准名称	企干起点　元		企工起点 47 元		
现行标准工资等级	6	标准工资额	100.00		
调整后的工资等级	7	标准工资额	114.00		
调整标准工资的依据及本单位审查意见	根据（88）鲁政发[illegible]9号聊劳发（94）44号文件精神，同意固定93年度滚动浮动工资1级，从94年元月份执行。94年7月15日				
主管部门意见	同意单位意见 94年7月20日	劳动部门意见	同意单位意见 94年7月25日	干部管理部门意见	年 月 日

图5-23

山东省企业职工技能工资套改表

单位： 产业类别：

姓名	張坤	性别	男	出生年月	.8	学历	初中
参加工作时间				职务、工种	铸造浇注工		
套改前工资	标准起点	企工47		套改后技能工资	标准起点	企95.－	
	等级	7			等级	13	
	工资额	114.－			工资额	221.－	
套改增资额		107.－		执行时间			
文件依据及本单位意见	根据省劳动厅鲁劳发〔1994〕368号文规定，同意从1994年 月起，将现行等级工资企2 7.级 114.－元，套改为技能工资13、级 221.－元，月增资 107.－元。（盖章） 1994年11月29日						
主管部门意见	94年12月2日	劳动部门意见	94年12月7日	干部管理部门意见	年 月 日		
备注							

注：套改技能工资后继续执行企业属中小学教师、护士提高10%工资标准的职工，须在"备注"栏中注明（即：该同志执行企业属教师或护士提高10%后的工资标准）。

图 5-24

7

山东省企业职工调整岗位技能工资审批表

单位：[illegible]　　　　产业：二

姓名	[illegible]	性别	男	出生年月	8	参加工作时间	74
文化程度	初中	原岗位	浇注工			现岗位	浇注工

			调整前			调整后
调整前	岗位工资	起点	35	调整后	岗位工资 起点	55
		岗次	14		岗位工资 岗次	14
		工资额	126		岗位工资 工资额	198
	技能工资	起点	95		技能工资 起点	95
		级别	11		技能工资 级别	11
		工资额	196		技能工资 工资额	196
	年功工资		23		年功工资	23
	合计		345		合计	417

本单位调整依据及意见：

根据1962鲁劳发221-222号文件规定，同意从1997年12月起，将现行岗位技能工资调整为：岗位工资起点55元14岗198元，技能工资起点95元11级196元，月增资72元。

（盖章）　1997年12月29日

主管部门意见	劳动部门意见	干部管理部门意见
97年12月30日	97年12月31日	年　月　日

备注：

图 5-25

山东省企业职工岗位技能工资审批表

单位：（章）工具总厂　　　　产业：二

姓名	張坤	性别	男	出生年月	.8	参加工作时间	74.
文化程度	初中	职务		工种	铸造浇注工.		

纳入岗位技能工资部分	现行技能工资：起点（95） 13级 221 元			
	79年副食补贴	5 元	省定粮价补贴	2 元
	88年四种副食补贴	10 元	艰苦岗位津贴	元
	92年粮价补贴	5 元	年功工资	23 元
	合同制职工工资性补贴	元		
	合计	266 元		
其他津贴补贴	85年肉价补贴	4 元	交通补贴	10 元
	书报补助费	15 元	其他	40 元
	合计	69 元		
岗位技能工资	岗位工资 14岗	126 元	年功工资	23 元
	技能工资 11级	196 元		
	基本工资合计：	345 元		
执行岗位技能工资增资：		79 元	执行时间	97年12月

主管部门意见	劳动部门意见	干部管理部门意见
同意单位意见 97年12月26日	同意单位意见 97年12月30日	年　月　日

说明：本表根据鲁劳发（92）145号和鲁劳发（1996）221号、222号文件制订。

图 5-26

山东省企业职工调整岗位技能工资审批表

单位：　　　　　　　　　　　　　　产业：

姓名	张坤	性别	男	出生年月	.8	参加工作时间	74
文化程度	初中	原岗位	浇注工			现岗位	浇注工
调整前	岗位工资	起点	55	调整后	岗位工资	起点	65
		岗次	14			岗次	14
		工资额	198			工资额	234
	技能工资	起点	95		技能工资	起点	120
		级别	11			级别	11
		工资额	196			工资额	293
	年功工资		23 +3		年功工资		26
	合计		417 +3		合计		553

调整依据及本单位意见	根据鲁劳社发(99)71号文件规定，同意从1999 年 7 月起，将现行岗位技能工资调整为：岗位工资起点 65 [illegible] 14 岗 234元，技能工资起点120 元 11 级293 元，月增资 [illegible] 元。 （盖章）1999 年 10月8 日

主管部门意见	年　月　日	劳动部门意见	年　月　日	干部管理部门意见	年　月　日

备注	

图 5-27

附件 4. 身份证复印件（个人信息模糊处理）。

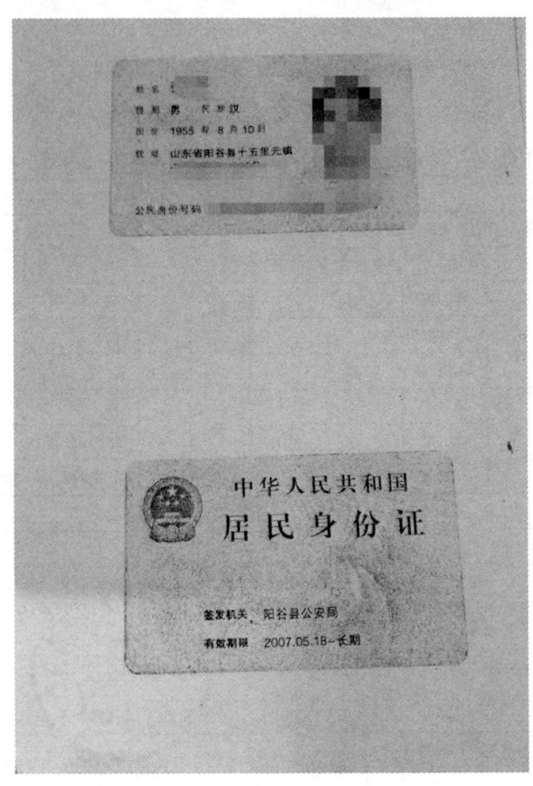

图 5-28

附件5：常住人口登记表和户口转移证明（个人信息模糊处理）。

常住人口登记表

户主姓名	户主	与户主关系	户主
住址	黑龙江省大兴安岭地区　新林区　新林镇		
性别	男	民族	汉族
出生地	山东省　阳谷县	籍贯	山东省　阳谷县
文化程度	初中	婚姻状况	配偶
服务处所	新林区　红林林场	职业	普工
签发日期	1986年12月 日	有效期限	20年
何时由何地迁来本市	1972年10月10日由山东省阳谷县迁入		
何时由何地迁来本址	1982年10月18日新林区筑路队		
何时迁往何地	年　月　日		

项目	变更、更正后	日期
服务处所	红林车队	90年6月20日
职业	修理工	90年6月20日

图5-29

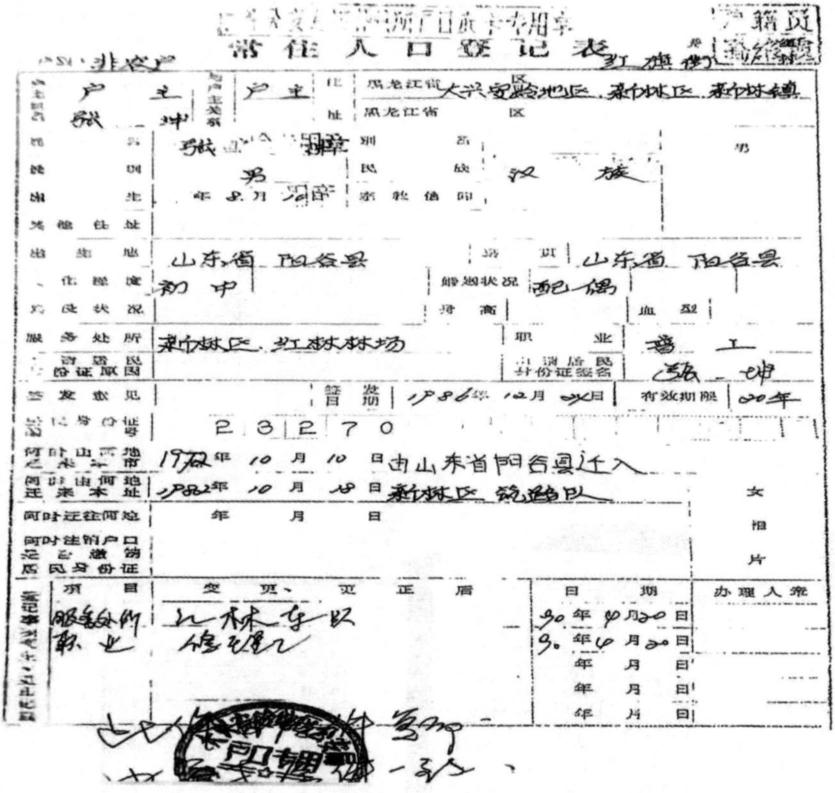

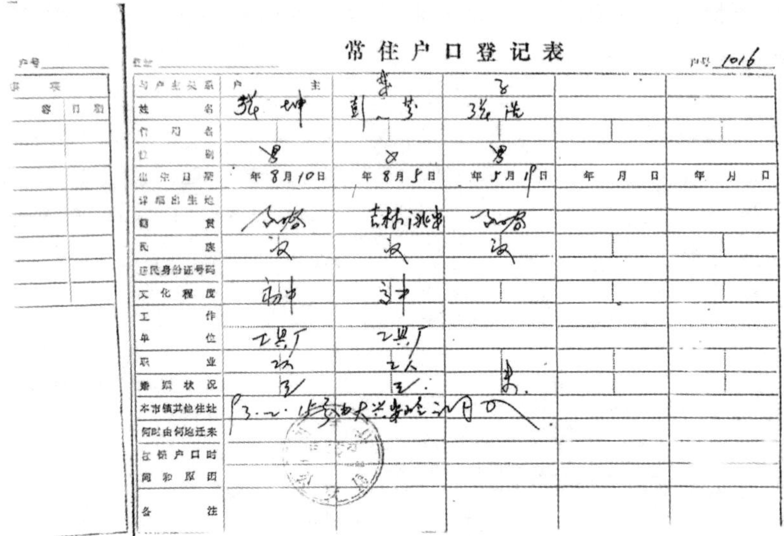

常住户口登记表

户号 1016

与户主关系	户主	妻	子		
姓名	张[illegible]	刘[illegible]	张[illegible]		
曾用名					
性别	男	女	男		
出生日期	年 8 月 10 日	年 8 月 5 日	年 5 月 1[illegible] 日	年 月 日	年 月 日
详细出生地					
籍贯	[illegible]	吉林[illegible]	[illegible]		
民族	汉	汉	汉		
居民身份证号码					
文化程度	高中	初中			
工作单位	工具厂	工具厂			
职业	[illegible]	工人			
婚姻状况	已	已	未		
本市镇其他住址	[illegible]				
何时由何地迁来					
注销户口时间和原因					
备注					

图 5-30

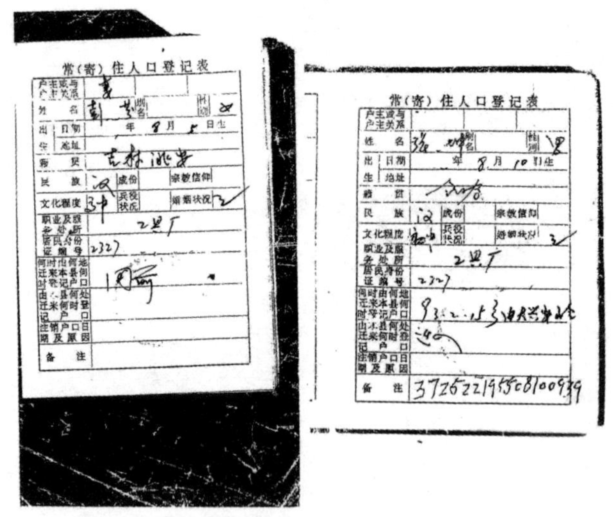

常(寄)住人口登记表

户主或与户主关系	妻		
姓名	刘[illegible]	别名	性别 女
出生日期	年 8 月 5 日生		
出生地址			
籍贯	吉林[illegible]		
民族	汉	成份	宗教信仰
文化程度	初中	兵役状况	婚姻状况 已
职业及服务处所	工具厂		
居民身份证编号	2327		
何时由何地迁来本县何时登记户口	[illegible]		
由本县何处迁来何时登记户口			
注销户口日期及原因			
备注			

常(寄)住人口登记表

户主或与户主关系			
姓名	张[illegible]	别名	性别 男
出生日期	年 8 月 10 日生		
出生地址			
籍贯	[illegible]		
民族	汉	成份	宗教信仰
文化程度	高中	兵役状况	婚姻状况 已
职业及服务处所	工具厂		
居民身份证编号	2327		
何时由何地迁来本县何时登记户口	[illegible]		
由本县何处迁来何时登记户口	[illegible]		
注销户口日期及原因			
备注	372522195[illegible]8100939		

图 5-31

附件 6：山东阳谷九鑫机械工具有限公司就张某坤同志档案丢失的情况反映（个人信息模糊处理）。

关于张　坤同志档案丢失的
情况反映

各级领导：

我单位固定职工张　坤，男，19　年出生，1974 年 8 月在黑龙江大兴安岭地区，新林业局红林林场参加工作，于 1993 年 4 月由该单位调入工具厂（现单位前身）。在整理档案时发现张　坤同志档案丢失。经单位及本人费尽周折多次查找，终未找到。为不影响张　坤同志今后退休，现在把单位仅存的有关该同志资料提供给领导，以便将材料归档，作为退休时参考资料。

附该同志现有档案资料

1、93 年 2 月县劳动局对县工业局开据的职工介绍信复印件（原件存县经委人事科）。

2、93 年 4 月 12 日县工业公司开据给工具厂的职工介绍县原件。

3、94 年 7 月 15 日　山东省（　　）企业职工调整标准工资审批表。

4、94 年 11 月 29 日　山东省企业职工技能工资整改表。

5、97 年 12 月 30 日　山东省企业职工岗位技能工资审批表。

6、97 年 12 月 31 日　山东省企业职工调整岗位技能工资审批表。

7、99 年 10 月 8 日　山东省企业职工调整岗位技能工资审批表。

山东阳谷九鑫机械工具有限公司

二 00 七年七月二十日

图 5-32

附件7：聊城阳工工具有限公司向十五里元派出所申请张某坤户口变更手续（个人信息模糊处理）。

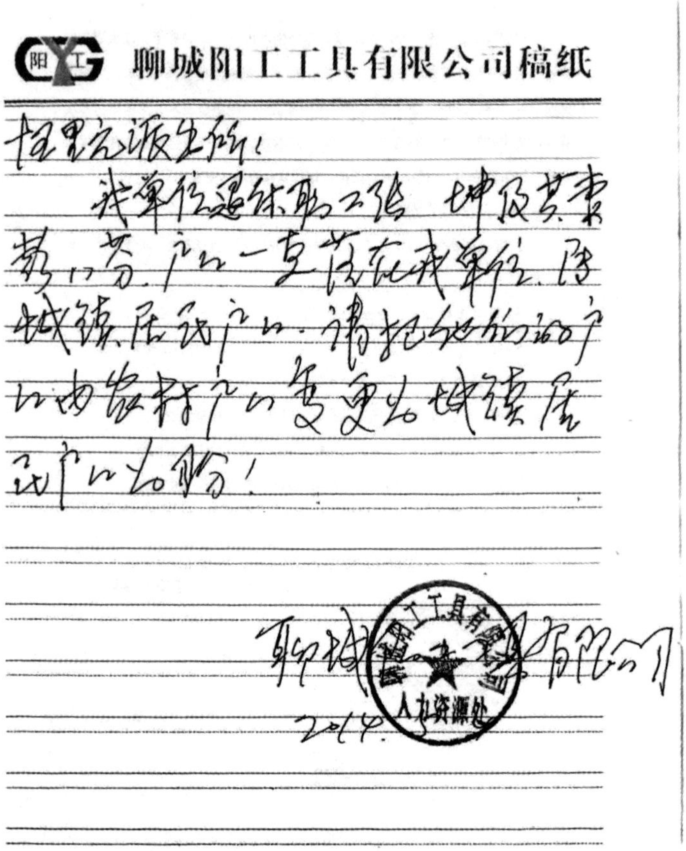

聊城阳工工具有限公司稿纸

十五里元派出所：

我单位退休职工张 坤及其妻董 芳，户口一直落在我单位，系城镇居民户口。请把他们的户口由农村户口变更为城镇居民户口为盼！

聊城阳工工具有限公司

2014.

（印章：聊城阳工工具有限公司 人力资源处）

图 5-33

附件8：阳谷县公安局户籍科开具的身份证明（个人信息模糊处理）。

证　明

张　坤，男，1955 年 8 月 10 日，身份证号码为 372522　　　　　，原系阳谷县十五里元镇工具厂职工，户籍地址为阳谷县十五里元镇十五里元村。

根据《聊城市公安局关于贯彻落实市政府聊城市户籍管理实施方案的通知》（2005 年 16 号）》文件：在 2005 年 2 月 1 日全省取消农业、非农业户口之前其户口性质登记为非农业户口，从 2005 年 2 月 1 日至 2006 年 1 月 31 日过渡期间，全省取消农业户口、非农业户口性质划分，登记为“居民户口”，2006 年 2 月 1 日起其户口性质栏未做任何标注。

阳谷县公安局户籍科

2015 年 9 月 16 日

图 5-34

附件9：阳谷县人力资源和社会保障局就张某坤信访一事出具的信访事项处理意见（个人信息模糊处理）。

信访事项处理意见书

张 坤：

您于2016年10月31日反映档案遗失，三次办理退休均未成功等问题。我们于2016年11月7日受理，并发出受理告知书。

经调查，您退休前为阳谷九鑫工具有限公司（原阳谷县工具总厂）职工，参加工作时间为1974年8月，身份为固定工，工种为力工。根据您本人申请，按照相关政策，我局社会保险科已于2010年8月按特殊工种给您办理了退休，目前退休金为每月2300.1元。关于档案问题，经查您的档案，所记载的姓名、出生年月与户口本、身份证一致，参加工作时间与本人在信访件上的陈述一致。申请人反映2008年至2010年先后三次办理退休均未成功不属实。

经向您退休前工作单位调查，您的档案确实存在过丢失，当时单位即通知了您本人并及时收集了相关信息资料重新形成档案材料。

关于医保问题，根据《关于推进城镇职工基本医疗保险市级统筹工作有关问题的通知》（聊人社发[2011]10号）当地启动城镇职工基本医疗保险以前参加工作、且启动后未按规定时间参保的在职职工，在参加职工医疗保险时，应以全市上年度社会平均工资为基数补缴当地规定参保时间以来欠缴的医疗保险费。不按规定补缴，当地启动基本医疗保险以前的视同缴费年限不予认可。自2012年1月起，全市视同缴费年限补缴时间统一为2004年1月。您虽为城镇职工退休，但并未按照规定在启动医疗保险后及时缴纳医疗保

图5-35

险，不能享受城镇职工医疗保险待遇，您可在补缴医疗保险费后享受医疗保险待遇。

您提到的个人集资 34000 元的问题，是您与原阳谷县工具总厂之间的债务关系，不属于信访的受理范围。

如不服本处理意见，可自收到本处理意见书之日起 30 日内向阳谷县人民政府提出复查申请，如逾期不提出复查申请，各级人民政府信访工作机构和其他行政机关不再受理。

阳谷县人力资源和社会保障局

2016 年 11 月 28 日

图 5-36

第六章

农村法律援助与农村留守群体的基本权利保护

农村留守群体的基本权利保护问题是21世纪以来农村问题研究的一个热点问题，也是一个业已引起广泛关注的重要问题。从既往研究成果来看，学界大多偏向于从社会学的角度进行思考，并把农村留守群体面临的基本权利保护问题的根本解决寄望于国家发展到一定程度之后城乡二元结构的彻底消除。[1]然而，学术研究既要着眼长远，也要立足现实，而现实恰是我国的城乡二元结构在短期内难以消除，甚至有可能随着城镇化在未来一段时期内的快速发展而变得更为严重。因此，当务之急是认识到农村留守群体在基本权利保护问题上的急迫性并从法学意义上为之构建切实可行的基本权利保护制度，借此降低城乡二元结构对农村社会的消极影响，进而促进农村社会的和谐、稳定和公平。

基于这一认识，笔者自2014年初即开始对我国农村留守群体的基本权利保护情况以及相关的法律援助情况进行跟踪考察并结合我国基本国情对通过考察得来的实证材料进行理论分析，以期揭示我国农村留守群体面临的基本权利保护问题的深层原因并为问题的解决提出可供参考的建言。

---

〔1〕 潘小娟、卢春龙等：《中国农村留守群体生存状况研究》，北京大学出版社2013年版，第18页。

第一节　农村留守群体及其特征

农村留守群体是中国现代化和城市化以及社会转型过程中形成的众多社会现象之一。众所周知，自20世纪八九十年代开始，我国开始出现大规模的劳动力流动现象。这种劳动力流动具有两个鲜明的特征：一是单向性，即从农村转移到城市，农村是输出方，城市是输入方；二是选择性，即城市主要是输入农村的青壮年劳动力，特别是男性青壮年劳动力，以满足厂矿企业生产、基础设施建设或其他体力劳动的需要。在这种情况下，农村的妇女、儿童和老人并未随着劳动力的流动而转移到城市，而是继续留在农村生活，于是形成了农村留守群体。

农村留守群体是我国现代化进程中社会发展结构失衡的产物。此处的所谓“社会发展结构失衡”，主要表现为我国独特的城乡二元社会结构，即在我国由传统农业经济向现代工业经济过渡的进程中，农村相对落后的生产、生活方式与城市相对进步的现代生产、生活方式相互并存，由此形成两种截然不同的社会存在形式。在这种二元社会结构之下，农村劳动力外出务工虽能增加一定的经济收入，但是增加的经济收入仍然有限，只能用以维持农村家庭的生产和生活，不能在城市满足其自身以及家庭的人口再生产和社会化生产之需求，这是农村的儿童、妇女和老人难以随着劳动力流动而转移到城市生活的一个重要的客观原因。

从近年来的数据看，农村留守群体的人口总数虽无明确具体数据，但数量也是比较多的。根据2013年全国妇联发布的《中国农村留守儿童、城乡流动儿童状况研究报告》披露的数据，全国的留守儿童多达6102.55万，占农村儿童总数的37.7%，占全国儿童总数的 28.88%。[1]农村留守妇女的人数略低。2010 年全国农村留守妇女的数量约为 4700 万人,[2]相当于韩国人口的总和。从近年来“农村留守妇女互助组”的增加情况来看，农村留守妇女总量仍呈不断增长的态势。[3]农村老年人留守现象也比较突出。2012 年约为 5000 万人，占当年全国 1.92 亿老龄人口的 26%。[4]众多的留守群体坚守农村，以其坚韧的生存方式维系着农村社会的生机和活力。21 世纪以来，随着城镇化政策的导引以及城镇化进程的进一步发展，我国的城乡二元社会结构并未衰减，农村留守现象在短期内恐难消除，农村留守群体的人口总数在短期内恐难降低。

根据留守人群的性别或年龄状况，农村留守群体分为留守儿童、留守妇女和留守老人三种类型。留守妇女是因配偶外出务工而待在农村生活的女性，其特征主要表现为：①与配偶处于空间上的分居状态；②需要承担通常由男性承担的繁重农务；③在从事农业生产之外还要独自承担子女抚育和老人赡养的家庭责任。留守儿童是因父母外出务工而待在农村生活的年幼子女，其特征主要表现为：①正处于从幼年向成年成长的关键阶段；②监护人是父母以外的祖父母、外祖父母或其他亲属；③由于家庭结构的空间断裂而无法得到完整的家庭教育和家庭关爱；④在学习之余过早分担家庭的生计压力。留守老人是因子女外出务工而待在农村生活的老龄人

---

〔1〕 参见全国妇联课题组：《全国农村留守儿童、城乡流动儿童状况研究报告》，载《中国妇运》2013 年第 6 期。

〔2〕 参见《农村“半边天苦撑一片天（读者聚焦 · 关注农村留守妇女）》，载《人民日报》2010 年 7 月 13 日，第 19 版。

〔3〕 2014 年，我国新增农村留守妇女互助组 3.3 万多个。参见《全国农村留守妇女互助组超 30 万个》，载《中国青年报》2015 年 1 月 14 日，第 4 版。

〔4〕 参见《今年老年人口将突破两亿》，载《人民日报》2013 年 02 月 28 日，第 8 版。

口，其特征主要表现为：①年事已高[1]；②养老需求往往因子女外出务工难以得到基本的满足，从而导致生活照料、疾病照料和情感陪护的问题；③本应颐养天年，但因子女外出务工还要承受繁重的劳动负担和教养孙辈所带来的各种压力以及应对生产、生活中的各种困难。

此外，农村留守人群还有以下三个方面的共同特征：其一，从体能程度来看，农村留守群体体能相对较低，其通过劳动力获得经济收入的能力较低，或者根本没有劳动能力。其二，从经济状况来看，农村留守群体的财富占有相对较少，生活水平相对较低。其三，从社会关系来看，农村留守群体均生活在亲情割裂状态，传统的婚姻家庭结构因青壮年劳动力外出务工而受到不同程度的影响。

第二节　农村留守群体的基本权利保护问题与原因分析

基本权利也称宪法权利或者基本人权，是由宪法规定的公民享有的最主要的、最根本的、必不可少的权利。其中，直接攸关农村留守群体的生存和发展的基本权利主要是人身安全权、社会保障权和个人发展权，三者分属于宪法规定的“人身权利”“社会经济权利”和“社会文化权利”的范畴。诚然，其他社会群体，特别是其中的弱势群体，也都存在上述基本权利保护问题，但农村留守群体的基本权利保护面临更大的挑战。一方面，相对于其他农村人口而言，农村留守群体的谋生能力和自我保护能力相对低下。其中，留守老人和留守儿童几乎没有谋生能力；留守妇女的体能和劳动能

---

〔1〕根据《中华人民共和国老年人权益保障法》第2条的规定，本法所称老年人是指60周岁以上的公民。

力在总体上不但弱于栖身于城市的农民工，而且弱于一般的农村男性劳动力和青年女性劳动力。另一方面，农村的社会治安体系、社会保障体系以及教育文化设施在总体上较城市落后，也使农村留守群体面临更多的基本权利保护问题。

自20世纪末以来，国家一直把解决“三农”问题作为协调城乡发展和维护社会稳定的重点，党的十八大报告也把解决“三农”问题作为全党工作重中之重。但是，“三农”问题的解决不能离开农村留守群体的基本权利保护，农村留守群体的基本权利保护是农村社会和谐发展的必然要求，也是农村社会法治建设的重要目标。从目前来看，农村留守群体在基本权利保护方面面临以下三个方面的问题。

第一，人身安全问题。农村留守群体的人身安全问题主要表现为缺乏监护、照护或易受侵害。

近年来，由于缺乏监护或照护而致农村留守群体人身伤亡的案例屡见不鲜。在贵州，继2013年冬毕节市七星关区5个留守儿童在垃圾箱里烧火取暖时因一氧化碳中毒死亡之后，2015年夏又有4名留守儿童在家中相约吞食农药中毒死亡，引起中央高度关注。[1] 2014年2月，陕西南郑一名留守老人和年幼的孙子被邮递员发现在家中已死亡多日。[2] 2016年1月，湖南耒阳一位留守老人和年幼的孙女因饥饿和疾病在家中死亡。[3]不仅如此，农村留守群体的人

[1] 2015年6月，习近平总书记在贵州考察时要求完善工作机制和措施，切实关心和维护留守儿童的权益。参见新华社：《习近平在贵州调研时强调看清形势适应趋势发挥优势 善于运用辩证思维谋划发展》，载《当代贵州》2015年第24期。

[2] 参见《邮递员发现留守爷孙俩家中身亡》，载《华商报》2014年2月16日，第A8版。

[3] 参见陈轶男：《留守祖孙之死》，载《中国青年报》2016年1月13日，第9版。

身安全受到不法侵害的案件也屡屡见诸媒体。据我国最大的寻子网站“宝贝回家”统计，该网站从 2007 年成立至今收到的寻子登记中，50%以上是被拐卖的留守儿童。〔1〕在安徽临泉，罪犯戴某在截至 2009 年的十几年中实施的 116 起强奸案中，受害人全部为农村留守妇女。〔2〕在福建厦门，罪犯陈某在 2013 年 5 月到 8 月间驾驶摩托车多次抢劫农村留守老人并强奸老妇，造成十分恶劣的社会影响。〔3〕

农村留守群体的人身安全之所以面临上述问题，有其特殊的原因。首先，农村留守群体都是妇女、儿童和老人，由于在身体或生理上处于弱势地位，往往容易成为不法分子的作案对象。〔4〕其次，农村的治安管理薄弱，公安派出所普遍设在乡镇驻地，没有进一步延伸到村庄，而且警务人员配备不足，这无疑加大了农村留守群体获得治安保护的难度。最后，农村地区地域广阔，村民居住分散，加之传统的乡村社会和乡土观念受到社会转型的冲击，村民之间的交往和联系不像过去那样紧密，致使案发之后难以得到及时的发现和处理。

---

〔1〕 数据来自“宝贝回家”网站，载 http：//www. baobeihuijia. com，最后访问日期：2016 年 11 月 10 日。

〔2〕 参见《安徽“连环强奸案”与农村治安难题》，载《新京报》2011 年 4 月 18 日，第 A18 版。

〔3〕 参见《多次抢劫强奸农村留守老人：厦门一惯犯被判无期》，载《人民法院报》2014 年 8 月 20 日，第 3 版。

〔4〕 在犯罪学上，有生理残疾和缺陷的人由于自身防范能力低下，被害率要比正常人高。其中，在抢劫盗窃、侮辱、虐待、拐卖等犯罪中，女性的被害率要明显高于男性，性犯罪的被害人则几乎都是女性，未成年人与老年人的被害率高于青壮年人。参见万鄂湘、胡云红：《论刑事被害人诉讼权利和救济制度的完善》，载《人民司法》2012 年第 13 期，以及王芬：《刑事被害人法律地位及救济制度研究》，载 http：//www. iolaw. cssn. cn/oldcloumn/rqf/200907/t20090710_4602974. shtml，最后访问日期：2024 年 11 月 15 日。

第二，社会保障问题。农村留守群体的社会保障问题主要表现为留守儿童的营养问题、留守妇女的劳动健康问题以及留守老人的养老问题。尽管近年来我国政府不断加大对农村的社会保障覆盖力度，但农村留守群体的社会保障权利依然面临许多亟待填补或完善之处。

就留守儿童的营养问题而言，我国大多数地区尚未建立儿童就餐补助或营养餐制度，留守儿童的营养问题仍需重点解决。即使西部地区以及国家级贫困区县，财政转移支付给学龄留守儿童的每日生活费用也不到 10 元人民币。在笔者调研的滇西地区，学龄留守儿童所得国家财政补贴的生活费人均每天只有 6 元人民币，有的地区还要从中扣除食堂工作人员的工资。农村留守妇女的劳动健康问题比较突出。一方面，留守妇女不但要独自承担繁重的农活，而且要独自承担赡养老人和教育子女的家庭重任，加之较低的社会地位和分居的精神压力，罹患身心疾病的可能性增大。另一方面，农村的妇幼保健和医疗条件相对落后，留守妇女在罹患身心疾病以后往往不能有效就医。留守老人的养老条件同样令人担忧。除极少数能够享受低保之外，绝大部分的留守老人没有固定的收入，主要依靠子女赡养、亲朋帮助和微薄的农地收入，能够领取社会养老保险金的农村留守老人比例仅占 0.8%。[1]不仅如此，留守老人是疾病多发群体，在没有子女的看护和照顾的情况下，落后的农村养老条件可能会导致不必要的病患和死亡。

农村留守群体之所以面临社会保障的缺失或不足，既有历史原因，也有现实原因。从历史原因来说，我国农村一直存在社会保障方面的问题，这对在乡村社会中处于弱势地位的留守群体影响尤

---

〔1〕 叶敬忠、张弘：《透视中国农村留守人口》，载《社会科学论坛（学术评论卷）》2009 年第 3 期。

甚。从现实原因来说，尽管我国近年来经济建设取得令人瞩目的成绩，但各级政府对农村留守群体社会保障工作仍需提高重视，对农村社会保障的财政投入仍需加大力度。

第三，个人发展问题。从本质上看，前述的人身安全和社会保障都属于生存权的范畴，或曰生存权的两个基本方面，而发展权则是生存权的延伸，是人们参与和促进经济、政治、文化和社会发展并借此在社会生活中不断提升自己的权利。[1]尽管妇女、儿童和老人的发展权在《宪法》和《中华人民共和国妇女权益保障法》《中华人民共和国未成年人保护法》和《中华人民共和国老年人权益保障法》中已作了比较全面的规定，并且总体而言在现实中也已取得长足进步，但农村留守群体的发展权仍应加强充分的保障。

就农村留守妇女而言，由于其囿于分居的事实和繁重的农务，往往缺乏足够的参与村社事务的动力或机会。即使尝试参与村社事务，她们非但不能获得必要的家庭支持，反而容易受到其他村民的挤压、排斥，甚至歧视。[2]留守儿童的发展权具有一定的特殊性。接受教育的权利是留守儿童发展权的一个重要方面，它决定留守儿童日后能否成才并由此实现自我价值和社会价值。然而，从目前来看，农村留守儿童的就学率仍不理想。由于路途遥远，成本上升，加之无人接送或接送困难，许多农村留守儿童因此而选择辍学。同时，由于农村生源减少和办学成本增加，许多地方在推广城镇化过程中将撤并农村中小学校或让农村中小学生进城学习作为施政目

---

〔1〕参见中国人权研究会：《生存权和发展权是首要的基本人权》，载《人民日报》2005年06月27日，第9版。

〔2〕在笔者调研的皖南、湘西、川南和滇西地区，没有发现一例由留守妇女担任村主任或其他村干部的情况。

标，也给农村留守儿童上学带来难以忽视的不利影响。[1]农村留守老人也有发展的需要。在缺乏必要的社会保障的情况下，农村留守老人既不可能像城市老人那样参加老年大学或社区治理，也不可能像农村同辈那样参与村民自治事务或村社的社会经济发展。

农村留守群体之所以存在以上个人发展问题，其原因主要在于相关制度的实施力度远远不够。尽管我国业已制定上述相关法律，各省、自治区、直辖市地方政府也制定了许多关于教育、养老、村民自治的法规或规章，但在具体实施中仍然存在一定的漏洞。例如，在义务教育方面，教育主管部门对农村留守儿童的上学问题没有给予应有的重视，致使农村留守儿童上学存在实际困难或者出现辍学现象。再如，在农村社会生活方面，民政部门、基层政府对农村留守群体没有给予特别的关注，致使农村留守妇女、老人难以跻身村民自治事务或者在村社经济社会发展进程中表达自身意见，等等。

第三节 农村留守群体的基本权利保护措施

从根本上来说，农村留守群体之所以面临上述基本权利保护问题，并非因为其属于弱势群体，或者因为其在体能、经济和社会地位上处于不利状态，而是因为其所属的弱势地位或所处的不利状态导致基本权利遭受侵害的可能性在一定程度上的增加以及相关基本权利保护机制缺失导致这种可能性转化为现实性的概率在增加。因此，为了保障农村留守群体的基本权利，就要针对农村留守群体建

〔1〕 刘效仁：《村校集体消亡背后的权利沦陷》，载《中国社会工作》2009 年第 19 期。

立健全相应的基本权利保护机制。

一、构建有针对性的农村社会保障体系，保障农村留守群体的基本生活

如前所述，农村留守群体是农村劳动力转移的直接结果，转移到城市的农民工为我国的城市建设和社会经济发展作出了巨大贡献，而在这种贡献的背后，是农村留守群体默默为之付出的牺牲。如今，我国已经成为世界第二大经济体，在业已积累一定经济实力的情况下[1]，农村留守群体理应在社会保障方面得到更多的关注和倾斜，这是一种反哺，也是为了实现社会资源再分配的公平和正义。同时，从功利主义的角度来说，提高农村留守群体的社会保障水平也是一举多得的事情，它不但能够促进“三农”问题的解决，而且可以在很大程度上免除农民工进城务工的后顾之忧。为此，当前应该尽快建立有针对性的、能有效惠及农村留守群体的新型社会保障体系，以保护农村留守群体的基本权利。

在医疗保险方面，我国应对新型农村合作医疗保险制度进行分类改革，把农村留守群体作为重点关注对象。作为改革措施，农村留守群体可以得到一定程度的区别对待，不但要放宽其医药费的报销条件，而且要提高其医药费的报销比例，以减轻其在医疗支出上的负担。[2]同时，学校或乡镇卫生院应该对农村留守儿童、妇女和老人的就医记录或健康状况进行建档，从而动态掌握农村留守群体的医疗保险数据。对于特别贫困的农村留守群体，可以免除其参保

〔1〕 据2023年国家统计局发布的统计数据，我国的国内生产总值已经达到1 260 582.1亿元。

〔2〕 根据我国新型农村合作医疗保险制度，农村留守群体并未得到区别对待，其医药费的报销不但要受到额度和是否住院的限制，而且比例过低，即在乡镇卫生院就医报销60%，在二级医院就医报销40%；在三级医院报销30%。

缴费或适当降低其参保缴费的额度，由财政资金予以补助。对于农村留守妇女来说，有条件的地区还可以在基本医疗保险的基础上建立更为灵活的医疗服务体系，定期组织其进行健康体检，为其举办各类健康知识讲座，等等。〔1〕

在生活保障方面，我国当前应尽快建立重点涵盖农村留守群体的社会救助系统。在我国广大农村，现阶段的社会救助制度主要是提供最低生活保障，它旨在解决当地带有普遍性的贫困问题。然而，农村留守妇女、儿童和老人面临的贫困问题不仅是当地贫困问题的集中反映，而且更为突出地表现为温饱问题。就政府而言，现阶段应当在积极推进户籍制度改革的基础上，以政府财政为后盾，以现行农村最低生活保障制度为基础，在全国农村构建一个重点解决农村留守妇女、儿童和老人的温饱问题的综合性社会救助体系。在此基础上，政府还可以单独预算或调动社会力量，建立或完善针对留守儿童的学校就餐补助制度和针对留守老人的乡村社会养老制度。对于留守老人中的“五保户”，还可以发展乡村福利事业，为之提供集中供养所需的资金。〔2〕

二、构建全方位的农村治安防控机制，维护和保障留守群体的人身安全

如前所述，农村留守群体的人身安全之所以易受侵害，其原因是多方面的，但主要还是农村的治安防控机制存在漏洞。因此，为

---

〔1〕 在这方面，重庆市璧山区的作法可供借鉴。该区妇联一直关注“留守妇女”的健康问题，经常性地联合区妇幼保健院为留守妇女免费进行“两癌”（乳腺癌和宫颈癌）检查，使留守妇女的身体健康得到有效的保护和保障。参见《巾帼志愿者 结对帮“留守妇女”》，载《重庆晨报》2015年11月26日，第12版。

〔2〕 在笔者调研的宜宾翠屏区赵场镇，政府专门开辟了五口鱼塘并把鱼塘收入用于当地的留守老人和五保老人的养老生活开支。

了维护和保障农村留守群体的人身安全，主要应从以下三个方面构建全方位的农村治安防控机制。[1]

第一，建立常态化的治安巡查制度。县级公安机关应该指导乡镇人民政府和村民自治组织围绕当地的农村留守群体进行治安巡查并建立相应的治安档案。巡查方式包括走访、探望和调查。巡查的内容主要包括当地留守群体的数量、性别构成、年龄层次、治安意识以及当地的治安条件、治安环境、近年来的案发情况，等等。建档的内容主要包括每个留守妇女、儿童或老人的个人情况、家庭结构、居住条件、监护状况、交通或通讯状况，等等。巡查的频次应该至少每月一次，以便动态掌握农村留守人群的安全状况。巡查人员应当对每次巡查的结果进行书面记录并据此对治安档案进行适时更新。

第二，建立网络化的治安联防制度。治安联防是以公安机关为主，以群众组织为辅，多种力量相互配合进行社会秩序维护的制度，对保护农村留守群体的人身安全非常有效。首先，治安联防关系到留守群体的切身利益，为保护自身安全而参与治安联防是留守群体责无旁贷的义务，乡镇公安派出所可以村组为单位组织域内的留守群体建立治安联防小组，负责相互之间的信息沟通和治安帮助。其次，乡镇派出所还可以支持或责令村组负责人组建本村或本组的治安联防小组，负责本区域内的治安工作，并把留守群体的人身安全保护问题作为治安工作的重点内容。再次，乡镇公安派出所

---

〔1〕 针对农村留守群体人身安全易受侵害的现实，安徽省高级人民法院院长张坚代表曾在 2014 年“两会”期间接受《法制日报》采访时表示：“当前法院受理的涉及农村留守群体权利保护问题的案件不断上升，必须予以高度关注。”对此，张坚建议进一步加大农村留守群体权利保护力度，建立健全相关工作机制，完善农村治安防控机制，形成各级组织齐抓共管的留守群体权利保障体系。参见李光明、陈丽平：《齐抓共管农村留守群体权益保护》，载《法制日报》2014 年 3 月 10 日，第 5 版。

应当指导本辖区内的各个治安联防小组建立相互之间的治安联络机制，把留守群体的人身安全保护问题列为沟通联络的重点内容。最后，乡镇公安派出所也要和本辖区内各个村组的负责人建立常态化的联络机制，指导村组负责人做好与农村留守群体有关的治安工作。

第三，优化司法资源分配制度。我国的司法资源大多集中于城市，广大农村的司法资源占有率相对较低，这是农村留守群体的基本权利保护相对薄弱的原因之一。因此，司法机关应当突破以城市为中心的司法理念，把目光投向农村地区，加大对农村留守群体的保护力度。就法院而言，对于农村留守群体请求给予社会保险待遇或者最低生活保障待遇的案件、请求给付赡养费、抚养费、扶养费、抚恤金、救济金、工伤赔偿的案件以及请求支付劳动报酬的案件，在尽快立案并审结的同时，还应加大执行力度。就检察机关而言，对于侵犯农村留守群体的案件，要及时审查并加大起诉力度，对国家工作人员涉嫌的相关渎职案件要积极查办。司法行政机关也具有广义上的司法职能，应在农村地区开展有效的法治宣传，提高村民的法治观念，提高农村留守群体的维权意识，为农村留守群体的安居乐业营造良好的法律环境。

三、完善农村的软硬件设施，促进农村留守群体的个人发展

在留守妇女的个人发展方面，县级民政部门可以指导乡镇人民政府和村民自治组织做好两个方面的工作：一方面，鼓励和支持留守妇女参与村委会或村民小组的工作，这样既有利于反映留守妇女群体的意见，也有利于提高留守妇女群体的地位。另一方面，兴建留守妇女培训基地或充分利用农业科技示范基地对留守妇女进行培训，为她们送知识、送技能，提高她们的科技素质。在这个方面，

重庆璧山区妇联的做法是值得倡导的。该区妇联积极联系辖区内的有关职业技术学校，为留守妇女提供实用技能培训，让留守妇女掌握一定的职业技能，有效提高了留守妇女增收致富的能力。[1]

对于农村留守儿童的个人发展问题，主要是确保其受教育权的实现。为此，教育主管部门和乡镇人民政府需要做好两个方面的工作：一方面，要对农村留守儿童的辍学情况进行普查，登记在册，联系辍学儿童的监护人并做好思想工作。另一方面，要切实解决留守儿童的上学困难。对于隔村、隔乡上学或进城上学的儿童，特别是留守儿童，要提供校车或给予适当的交通补助，或者加大寄宿制学校的建设力度。当然，为了真正保障留守儿童接受教育的权利，教育部门应该真正打破传统的地域限制，给予随迁儿童平等就学的学籍身份，为真正实现惠及全民的公平教育创造条件。

在留守老人的个人发展方面，也需要做好两个方面的工作：一方面，县级民政部门可以指导乡镇人民政府和村民自治组织为留守老人开辟文化娱乐设施，让他们走进集体，通过文化活动促进彼此之间的沟通与交流，以挖掘自身潜力，提高自助能力。另一方面，村民自治组织应当充分发挥留守老人在村民自治和农业生产方面的经验和智慧，鼓励他们为村民自治和农业生产的发展建言献策。

第四节 法律援助是农村留守群体保护自身基本权利的必要手段

对保护农村留守群体的基本权利来说，构建上述三个方面的基本权利保护机制属于事先的预防措施，但仍不能确保农村留守群体

---

〔1〕 参见《巾帼志愿者 结对帮“留守妇女”》，载《重庆晨报》2015 年 11 月 26 日，第 12 版。

的基本权利免受现实的侵害。因此，一旦农村留守群体的基本权利受到现实侵害，还要确保其能够诉诸法律手段进行事后救济。例如，在留守群体受到人身损害时，需要通过诉讼或调解的方式向致其损害的一方主张赔偿。然而，无论为之提供法律咨询，还是为之提供法律代书，抑或为之出庭代理，都需要耗费一定的人力和财力资源，在农村留守群体难以支付这些资源的情况下，就有必要为之提供必要的法律援助。

然而，从目前来看，农村留守群体法律援助事业面临的困难还很多。一是农村留守群体对法律援助不断增长的需要和法律援助机构设置不均衡之间的矛盾比较突出。二是申请程序过于繁复，不适应农村地区的实际情况，在现实中严重影响农村留守群体申请法律援助的意愿。三是法律援助经费严重短缺。法律援助经费在一国财政支出或司法系统经费中所占的比例，能够反映出该国法律援助制度的重要程度和国家责任的体现程度。一些发达国家对法律援助投入的经费数额已达到较高的水平。例如，英国是世界上法律援助财政投入经费最多的国家，早在 2000-2001 年度，英国法律援助财政净拨款为 17 亿英镑（约合人民币 230 亿元），略低于全国年财政支出的 1%。在该年度，人口仅为 1500 万的荷兰用于法律援助的年度费用约为 3.5 亿荷兰盾（约 2 亿美元），占其全国财政支出的 1%，丹麦法律援助费用约占其全国财政支出的 0.5%。而我国 2018 年全国法律援助经费总额为 26.51 亿元，全国财政一般公共预算支出 220 906 亿元，法律援助经费仅占全国财政一般公共预算支出的 0.012%。[1] 四是法律援助人力严重不足，缺少一支愿意扎根农村

〔1〕 中国政法大学国家法律援助研究院：《法律援助经费保障制度研究报告》，载 https：//www.moj.gov.cn//pub/sfbgw/jgszzsdw/zsdwflyzzx/flyzzxczz/zcxxllyi/20101019_189061.html，最后访问日期：2024 年 11 月 10 日。

的专业法律援助队伍。因此，为了确保农村留守群体能够得到有效的法律援助，应当从以下四个方面对我国农村法律援助制度进行改革或完善。

1. 改革机构设置

法律援助制度不应该“嫌贫爱富”，越是贫穷而落后的地区，就越应该设立法律援助机构。然而，根据笔者的调研了解，还有相当一部分地区没有建立有效的法律援助服务机构、法律援助管理机构，更谈不上设置法律援助工作站或者联络点，而这些没有设立法律援助工作站或者联络点或没有设置有效的法律援助机构的地区大多属于“老少边穷”地区，也是农村留守群体较为集中的地区。同时，根据现行《法律援助法》第 12 条的规定，县级以上人民政府司法行政部门应当设立法律援助机构。这意味着直辖市、设区的市或者县级人民政府司法行政部门根据需要确定本行政区域的法律援助机构，但实际上法律援助机构往往设于区县级人民政府的司法行政部门，而不是在乡镇的司法所。因此，为了方便农村留守群体申请法律援助，应从三个方面对现行的法律援助机构进行改革：一是调整法律援助机构的设置数量，减少或压缩城市的法律援助机构，增加农村地区的法律援助机构，没有设立法律援助机构的偏远地区要尽快设立。二是延伸法律援助机构的设置层级，把法律援助机构的层级从区县延伸至乡镇司法所，并由后者具体负责农村留守群体的法律援助工作。[1]三是法院、检察院、公安机关和有关部门在办理案件或者相关事务中，应当及时告知有关当事人有权依法申请法

〔1〕 把法律援助机构设到乡镇司法所关系到农村留守群体申请法律援助的成本和意愿。在笔者调研的滇西边境地区。例如怒江、临沧，农村和城市之间往往隔着崇山峻岭，从留守人员所在的村组到乡镇，再到县里，即使不计开销，光往返路途上的时间就需要两三天。

律援助；法律援助机构合理设置法律援助工作站或者联络点，就近受理法律援助申请；法律援助机构通过服务窗口、电话、网络等方式提供法律咨询服务时，应当提示当事人享有依法申请法律援助的权利，并告知申请法律援助的条件和程序。[1]

2. 简化申请程序

根据《法律援助法》和《法律援助条例》的规定，公民申请法律援助需要经过严格而繁复的申请程序、审查程序、批准程序，且每一项程序都需要经过数日、十几日甚至几十日的等待。[2]在申请获批之后，申请人还需要等待法律援助管理机构把法律援助事项最终落实到具体的负责人或提供者，由法律援助服务机构负责实施。不仅如此，申请材料的准备程序也很复杂。以开具“经济困难证明”为例，申请人首先要从乡镇人民政府领取表格并按要求逐项填好，然后由所在村民小组确认个人或家庭收入情况的真实性，再经所在村委会证明，最后报乡政府核准。由于农村交通不便，加之管理机构的服务水平有限以及留守群体的文化水平普遍偏低，往往需要为此往返奔走并等待数天时间。因此，为了方便农村留守群体申请法律援助，建议区县司法行政机关开辟专门针对农村留守群体的法律援助“绿色通道”，对农村留守群体或其监护人申请法律援助做到“三快三简”。所谓“三快”，就是快速受理、快速处理、快速派遣；所谓“三简”，就是简化准备程序、简化申请程序、简化审核程序。总之，从申请人提交申请直至法律援助管理机构完成法律援助人员的指派，所有程序不宜超过10天期限。

---

〔1〕 蒲晓磊：《为群众获得优质高效法律援助服务提供法治保障：解读法律援助法》，载《法治日报》2021年8月21日，第2版。

〔2〕 现行《法律援助法》和《法律援助条例》没有对这些程序设置明确期限，由此导致法律援助申请在现实中久拖不决的情况。

3. 确保经费投入

如前所述，我国农村留守群体人口众多，加之其在社会保障、人身安全和个人发展三个方面面临诸多问题，必将增加法律援助经费投入的压力。然而，尽管我国近年来对法律援助的经费投入一直在不断增长，但总体上仍然处于相对不足的态势。因此，为了确保对农村留守群体提供法律援助所需的经费精准投入，需要国家和社会共同作出努力。就政府而言，在我国当前总体经济实力不断提升的情况下，应当逐年增加对农村法律援助事业的财政投入，这可以直接或间接地惠及农村留守群体。同时，对为农村留守群体提供法律援助的组织和个人，政府可以提供一定的专项财政补贴。在此基础上，县级地方政府还可以成立专门的农村法律援助基金，或者在业已成立的法律援助基金中开列农村留守群体法律援助基金专户。当然，法律援助也是一项社会事业，对农村留守群体的法律援助尤其如此。为了弥补国家财政投入的不足，法律援助机构还应积极调动社会力量，争取社会捐赠，多方筹措农村留守群体法律援助事业所需的经费。

4. 完善队伍建设

律师是农村法律援助的主要力量，但我国绝大部分律师集中在城市，特别是北京、上海、广州这样的大城市。为使律师走向农村为留守群体提供法律援助服务，需要在增强律师社会责任感的同时，建立相应的激励机制。同时，在目前农村律师资源较为短缺的情况下，应充分发挥或调动基层法律服务工作者和社会法律服务力量的作用。此外，高等法学院校师生也是一支重要的社会力量，其不但具有丰富的法律知识，而且可以在为农村留守群体提供法律援助服务的同时增长自身的实务经验。对此，可由中央和司法部共同组织，每年派遣一定数量的高等法学院校师生深入农村，以法律援助志愿者的身份为农村留守群体提供法律援助服务。[1]

总之，对农村留守群体的法律援助不能停留在纸面上，而要使之成为现实，即在农村留守群体的基本权利受到侵害时，法律援助要看得见，摸得着，用得起。

---

〔1〕 事实上，经过长期的探索和尝试，我国已经形成较为成熟的保研支教机制，每年都有一定数量的优秀法科学生在团中央的组织下在寒暑假深入各地农村从事法律援助活动。

第七章

农村法律援助的质量评价问题

本章重点阐述农村法律援助的质量评价问题。具体内容分为三节：第一节主要阐述农村法律援助质量评价的基本含义、基本原则和现实意义。第二节主要阐述农村法律援助质量评价的具体内容和操作方式。第三节主要阐述农村法律援助的质量评价指标及其构建方法、具体的量化和定性。

第一节　农村法律援助质量评价概述

一、农村法律援助质量评价的基本含义

农村法律援助质量评价是法律援助质量评价的重要组成部分。由于它是整体的法律援助质量评价的一部分，因而也具有法律援助质量评价的共性。同时，由于它是一种比较特殊的法律援助，因而也具有自身的特殊性。

根据不同的标准，可以对农村法律援助质量评价进行不同的分类，既可以根据法律援助案件的性质分为诉讼案件的法律援助质量评价和非诉案件的法律援助质量评价，也可以根据法律援助的对象分为农村留守群体的法律援助质量评价和一般农村居民的法律援助质量评价。其中，根据评价主体的不同而进行的分类具有比较重要

的意义。就此而言，农村法律援助的质量评价可以分为自我评价和他主评价。

自我评价又可以分为律师自评和机构自评。律师自评就是承担农村法律援助工作的律师对自身参与的农村法律援助工作的质量情况进行评价。律师应当具备使命感、责任感并秉持必要的质量意识，对自身承担和参与的农村法律援助工作填报案件登记表，制定工作计划和备忘录，自我总结和反思其中的经验教训，主动和受援人保持联系，听取当事人的意见，尽最大的能力维护受援人的合法权益。机构自评就是法律援助机构对所属人员承担农村法律援助质量的评价。法律援助机构应重视自身承担的法律援助案件的质量，建立对法律援助案件的质量监督机制，在各个环节加强对案件的监督，建立案件质量的量化标准，完善监督检查措施，确保办案质量。对群体性农民案件及其他重大、疑难案件建立集体讨论制度，审慎对待农民法律援助问题。

他主评价亦称外部评价，其又可以分为司法行政机关的评价和受援当事人的评价。司法行政机关对法律服务机构办理的农民法律援助案件，采取出庭旁听、抽查卷宗、检查评比等方法，督促法律服务机构认真办案，提高法律援助办案的质量，努力保证农民都能得到优质高效的法律服务，使他们的合法权益得到充分的保障。相对而言，受援当事人的评价虽然不如司法行政机关的评价那么正式，但它更具有直接意义，更能说明法律援助的质量。这是因为，受援人是法律援助的对象，对法律援助的效果以及法律援助承担者的服务态度、专业技能以及职业伦理具有更为直接的认识。法律援助只有获得广大农村居民的信任，才能让更多的人去了解它、关注它。也只有如此，农村法律援助才能发挥出更大的作用，才能为维护广大农民的切身利益做出更大的贡献。

无论何种类型的农村法律援助质量评价，其根本目的都是更好、更全面地把握农村法律援助的实施状况，从而在最大程度上维护农村受援人的合法权益。

二、农村法律援助质量评价的基本原则

农村法律援助质量评价是农村法律援助事业良性发展的关键，质量评价是否合理，直接决定农村法律援助工作的成功与否，也间接关系到农村法律援助工作的严肃性、权威性和可信性。如果质量评价不当，或者缺少关键指标，则会影响评价结论的精度，甚至得出错误的评价结论，从而挫伤律师参与农村法律援助的积极性。为了确保农村法律援助质量评价的合理性和可靠性，应自觉遵循以下原则：

1. 系统性原则

所谓系统性，一般是指事物作为一个内在统一的有机整体而具有的特征。以系统性的视角考察事物并把它上升为一种方法论或指导思想，就是系统性原则。系统性原则要求人们在考察事物时既要看到事物的整体面貌，也要看到组成事物的各个子系统以及各个子系统之间的内在联系、各个子系统的次级系统以及各个次级系统之间的内在联系，如此类推，以至无穷。也就是说，任何事物都像树一样，树的各个枝干是子系统，枝干之下还有分枝，分枝之下还有更小的分枝——枝丫，枝干、分枝和枝丫相互独立，相互依存，共同组成树的整体。具体到农村法律援助质量评价这一领域，它意味着在具体操作中可以分为不同的阶段，同一阶段可以着眼于不同的侧面，分别从不同侧面对农村法律援助进行衡量。只要有必要，同一阶段的各个侧面还可以进一步分为多个层级的次级环节，环节越多，评价越细，准确性越高。当然，出于效率和成本的考虑，评价

的层级也不是越多越好，层级的设计以充分满足评价需要为准。总之，系统性原则是农村法律援助评价指标构建原则的基础性原则，如果这一原则没有得到落实，则整个农村法律援助评价指标体系将无法实现其应有的评价功能。

2. 全面性原则

全面性原则与片面性原则相对，是对事物进行整体概括的方法论，即在考察事物时能够充分把握事物的各个方面、各个要素，不存在遗漏的情况。具体到农村法律援助评价指标的构建问题，全面性原则意味着指标应当保持自身的系统性，以尽可能完整地反映和度量农村法律援助的各个方面。为了实现全面性的要求，在进行农村法律援助质量评价时至少应当考虑以下两个方面：一方面，评价既要针对律师参与农村法律援助的各种方式，也要针对律师承担农村法律援助的实际效果。在具体方式上，评价要全面涵盖诉讼的方式和非诉的方式，在广义上还要涵盖普法在内。在实际效果上，评价的着眼点要全面涵盖农村法律援助对社会的法治进步、社会的公平正义以及社会的公益福祉的提升与促进。另一方面，评价不能忽视数量，要在数量的基础上重点关注质量评价，两个方面要结合起来，综合考量。总之，农村法律援助的质量评价应全面关注农村法律援助的各个方面，从数量到质量，从方式到效果，环环相扣，面面俱到，最终形成一个系统整体的质量评价体系。

3. 典型性原则

典型性原则亦称代表性原则，即在构建评价指标体系时应当重点选取那些具有代表性的关键指标，以确保评价指标体系符合准确、精炼和简明的要求。典型性原则以全面性原则为基础和前提，是对全面性原则的个别深化、个别突出和个别强调。为了符合典型性原则的要求，农村法律援助评价指标的建立应当注意以下几个方面：其一，重点选取那些主要的、具有高度代表性的因子，避免重复选取那些次要的、不具代表性的指标，后者容易导致无效评价或不准确、不到位的评价。其二，在构建评价指标体系时，如果同类指标很多，还需要对同类指标进行必要的筛选，有些指标之间往往具有一定程度的相关性，因而要采用科学的方法处理指标体系中彼此相关程度较大的因素，使指标体系更加准确地反映农村法律援助的实际情况。其三，删减相互重叠或内容重复的指标，因为若在同一评价指标体系中出现两个以上的反映同一评价内容的指标，必将无谓地增加评价的工作量。例如，关于律师在促进民事司法进步方面的社会责任评价，可以选取律师为当事人提供民事代理的指标、提供仲裁的指标、提供调解的指标，但如果把这些内容大同小异的评价指标全部纳入民事司法进步的评价指标体系，显然没有必要。在这种情况下，只要选取其中比较典型的民事代理指标即可充分达到评价目的。

4. 具体性原则

具体性原则亦即可操作性原则，是指思维模型的设计应当考虑到实际运用的方方面面，使之具备付诸实践的内在条件和外在条件。农村法律援助评价指标尤其需要满足具体性的要求，指标在设计出来之后若不能用于评价实践之中，就不具备实用价值，没有任何实际意义。为了达到具体性的要求，在设计评价指标时至少需要考虑以下三个方面：其一，指标的衡量标准要适中，不能脱离实际，不能脱离我国农村法律援助的整体发展水平。因此，指标的各项数值不能设置得过高，但也不能设置得过低，太高的数值容易挫伤律师践行社会责任的积极性，太低的数值则难以达到应有的激励效果。其二，指标的层级结构要合理，层级既不能设置得太少，也不能设置得太多。如果指标的层级太少，就很难对律师践行社会责任的总体状况作出准确评价。反之，指标层级太多则意味着指标体系过于庞杂，不但容易损害评价的效率和徒增评价的难度，而且必然加大指标数据可获取性的难度，增加资料收集的困难程度，致使资料收集不全甚至错误，加大操作工作的繁琐程度，从而降低指标体系的可行性。其三，各项指标简明扼要、重点突出，指标与指标之间具备内在一致的逻辑性和连贯性。

5. 科学性原则

所谓科学性，就是符合事物的发展规律。科学性原则要求农村法律援助评价指标的设计必须以尊重农村法律援助发展规律为基础和前提，能客观真实地反映律师履行社会责任的状况和特点。为了达到科学性的要求，指标的设计必须以正确的理论为指导，坚持辩证唯物主义和历史唯物主义，坚持从实际出发，理论联系实际，从实际中来，到实际中去。为了达到科学性的要求，指标的设计必须符合我国的具体国情，包括当前的法治发展水平、人们对农村法律援助的要求以及农村法律援助发展的总体水平。为了达到科学性的要求，指标的设计必须兼具现实性和前瞻性，既能反映律师践行社会责任的实际情况，又能对农村法律援助的未来发展起到良好的指引作用。总之，科学性原则是为了突出农村法律援助评价指标体系的客观性、正确性和合理性，以此提高广大律师的社会责任感并促使广大律师积极参与到社会责任的践行中去。

三、农村法律援助质量评价的重要意义

法律援助案件质量的好坏直接影响农民对法律援助的信任度。法律援助案件的承办人员要认真做好案件的调查、取证和准备工作，不能因为农民懂得知识少或是弱势群体就对援助工作敷衍了事。相反，律师和法律援助人员要自我强化社会责任意识，确保法

律援助案件的质量，切实维护受援人的合法权益。因此，对农村法律援助进行质量评价具有非常重要的现实意义。

一般来说，农村居民之间的往来较密切，消息传播面广，如果能切实地为农民办几件成功的案件，比单纯进行法治宣传的效果要好。法律援助的良好口碑在农村中流传开来，不仅可以扩大影响，消除一些农民认为法律遥不可及的偏见，而且可以改变农民对法律、诉讼的一些认识，提高农民对法律的信仰，减少农民因不懂法而吃亏上当的情况发生。

第二节 农村法律援助质量评价模式

农村法律援助质量评价既有普遍性，也有特殊性。其普遍性在于，农村法律援助也是法律援助，是法律援助的一种地域类型，故而在质量评价上应当遵循法律援助质量评价的一般规律。其特殊性在于，农村法律援助发生于农村地区，援助的对象是农民，故在质量评价方面应当充分农村地区的特殊性以及农民的特殊性，从而更多地把路途、成本以及农村受援人的满意程度考虑进去。

一、农村法律援助质量评价模式的主要考量内容

通常，就具体操作而言，法律援助的质量评价主要考虑专业技能的状况以及援助结果的状况，如果法律援助承担者——比如执业律师——的专业技能符合要求，而援助的结果又令受援人感到满意，则基本可以认为该项法律援助任务的质量达到要求。但问题是，农村法律援助的质量评价要不要考虑承担者的职业伦理状况？笔者对此的回答是肯定的。许多时候，承担者的专业技能没有问题，援助结果也令当事人感到满意，但实际上法律援助承担者却在

其中违背了职业伦理，这无论如何不能谓之符合质量评价的要求。例如，农村受援人求胜心切，也可能和一般当事人一样，要求承担法律援助的律师向公安司法人员行贿，承担法律援助的律师也可能教唆当事人向公安司法人员行贿。在这种情况下——这是完全可能的，即使结果让当事人满意，在质量评价上也应给予完全的否定评价。

在与职业伦理相关的质量评价中，勤勉是一个非常重要的考虑因素。农村地区大多偏远，交通不便，即使近年来农村交通通讯设施有了大的改进，但相对于城市仍然存在差距，这就要求法律援助承担者具备更大的责任心，从而勤勉地服务于农村受援人。在语义上，“勤勉”一词内在地排除了目的或手段的非法性，“为非法之目的”或“以非法之手段”为当事人提供服务，无论多么卖力都不能谓之“勤勉”。勤勉义务意味着律师应当为实现当事人利益最大化而不懈努力。在非诉业务中，律师应当如质如量为农村受援人完成委托事务，按时交付工作成果。在诉讼业务中，律师应当为农村受援人提供热忱而有效的辩护或者代理，这里的“有效”体现在诉讼的结果上，而“热忱”则体现在辩护或代理的过程中。

二、事项列举模式

事项列举模式即以列举方式对农村法律援助进行逐项评价的模式，是最为常用的一种法律援助质量评价模式。由于其具有简便易行的特点，因而是律师、律师事务所进行法律援助质量评价以及律师协会和司法行政机关进行法律援助质量评价的首选模式。依据列举方式的不同，事项列举模式可以分为直接的事项列举模式和间接的事项列举模式。

直接的事项列举模式即以一定的逻辑顺序直接对评价事项进行

列举和评价，不对指标进行分级。以 2012 年上海律师协会发布的律师社会责任报告为例，其中涉及农村法律援助的内容共有五项。这些事项分别是：积极参与化解维稳；积极参与大调解；积极推进“法律进社区”；积极为受国家保护的特殊社会群体提供法律援助；积极开展法治宣传。直接的事项列举模式比较简单明了，而且不需要复杂的结构和太多的篇幅。

间接的事项列举模式也就是在对农村法律援助的实施方式或业务事项进行分类的基础上进行列举。在实际操作中，一般把评价事项分为若干的二级指标、三级指标甚至多级指标，然后对各个项目进行列举和评价。以中华全国律师协会发布的《中国律师行业社会责任报告》（2013）中对律师社会责任的评价为例，其中第一项涉及律师的农村法律援助工作，具体包括：①为困难群体提供公益法律服务，维护个案公平正义；②发挥专业优势，依法参与疑难、复杂矛盾纠纷化解，维护社会和谐稳定。③深入参与信访处理，为政府依法处理各类矛盾提供专业指导。④大规模开展普法宣传和培训讲座，让事后救济变为事前预防。⑤针对农村法律资源贫乏现状，开展法律服务进农村活动。⑥组织开展面向基层群众与弱势群体的涵盖法律、民生的综合服务。显然，间接的事项列举模式对农村法律援助的质量评价呈树状展示，其体系性强于直接的事项列举模式。

总体而言，事项列举模式具有直观、重点突出和操作简易的优点，但也存在两个方面的不足：一是全面性不够，它难以全面反映农村法律援助的各个方面，特别是难以对农村法律援助质量进行细节性的评价。二是逻辑性不够，农村法律援助的各个援助事项之间只是彼此互无关系的罗列关系，容易受到评价者的随意取舍。

三、利益相关模式

利益相关模式是以律师或律师事务所的利益相关各方为标准构建的评价体系，主要可以用于评价律师事务所在农村法律援助方面的承担情况，对执业律师个人同样适用。该模式源自企业社会责任评价体系的“利益相关方”模式，在法国、德国和意大利等大陆法系国家用得较多。

按照企业利益相关理论，“企业是全部利益相关各方之间的一系列多边契约。为了保证契约的公平和公正，包括雇员、客户、股东、管理者和供应商在内的利益相关方的权益都应该被照顾到。”〔1〕相对于企业的利益相关方，律师事务所的利益相关方具有一定的特殊性，其对契约的履行不仅包含出资人或合伙人利益的最大化，而且包括本所自身利益的最大化以及雇员、客户和社会公众利益的最大化，而出资人和合伙人之外的其他利益相关各方利益的最大化其实正是特定律师事务所社会责任的目标和追求。执业律师的利益相关方也很多，不但包括当事人，而且包括所在的律师事务所、律师行业协会。从广义上来说，律师本人或不特定的社会公众也可以成为律师承担社会责任的利益相关方。

对律师或律师事务所而言，既然当事人、律师事务所、律师行业协会或不特定的社会公众均可能从律师或律师事务所的社会责任中获得利益或承受不利益，则它们当然也可以对律师或律师事务所的社会责任承担情况进行评价。相对企业而言，既然契约履行涉及律师事务所相关方的权益，而这种权益本身很有可能成为企业社会责任的目标，则律师事务所的利益相关方当然可以在社会责任承担

〔1〕 肖红军、李伟阳、许英杰：《企业社会责任评价研究：反思、重构与实证》，经济管理出版社 2014 年版，第 21 页。

范围内予以关注和评价。在具体的评价操作中，一般由独立的法学院、研究机关、法律协会或律师协会负责主持发布，每一个利益相关方都可以对律师或律师事务所承担农村法律援助的状况作出质量评价。不同的利益相关方适用同样的评价指标体系，但评价结论各占不同的权重。由于当事人与律师或律师事务所的联系更为直接，并且较其他利益相关方具有更大的确定性和具体性，因而评价结论的权重较高，最高甚至可以达到50%以上。

较之传统的事项列举模式，利益相关模式具有三个方面的优点：其一，这种模式的最大优点就是评价主体的具体性和评价结论的综合性。其二，这种模式在一定程度上克服了事项列举模式在质量评价上的不足，从而更能有效地从满意度等方面评价农村法律援助的质量。其三，利益相关模式具有良好的反馈功能和矫正功能，因为作为评价主体的利益相关方在具体的评价操作中往往会自觉或不自觉地考虑到效果值与期望值之间的差距，从而为估量各利益相关方对农村法律援助的期望提供新的手段。与此同时，这种模式也存在两个方面的不足：一方面，各利益相关方的经历、立场和观点互不相同，评价往往不可避免地带有一定的主观性。因此，为了确保评价的客观性，需要尽可能在评价体系中对评价指标进行细化。另一方面，各利益相关方的利益着眼点与社会整体利益之间并不总是一致，尽管最终评价结果可能显示律师或律师事务所在社会责任承担方面表现良好，但实际情况却可能与事实不符，甚至出现背离事实的情况。

四、单一替代模式

单一替代模式是英美法系国家较为常用的法律援助质量评价模式，该模式以法律援助的单一要素替代法律援助整体工作的综合评价并据此得出评价结论。所谓“以法律援助的单一要素替代法律援助整体工作的综合评价”，即以法律援助承担者，比如执业律师，在某一法律援助环节的具体表现作为该律师承担法律援助情况的总体评价的替代反映，其隐含的一个前提就是法律援助的特定环节能够综合反映该承担者的总体质量水平。从替代要素来看，这种模式反映的法律援助质量是单一的，甚至是片面的，但从评价结论来看，这种模式反映的法律援助质量却是综合的、全面的。

“勤勉指数体系”可以作为典型的单一替代模式，即仅仅从法律援助机构或律师、其他承担者参与农村法律援助工作的勤勉情况考量其在农村法律援助方面的总体情况。“勤勉指数体系”在程序设计上不但重视当事人的反馈和评价，而且重视法律援助机构和法律援助承担者的信息提供和自我评价，这非常契合农村法律援助的地域特征。

农村受援人对农村法律援助质量的评价途径主要有两条：其一，对于下列事项，农村受援人可以发表自己的意见：法律援助实施者的执业协作、管理机制以及具体承担者的执业技能情况和社会责任感；农村法律援助承担者对业务和受援人需求的理解程度、承担者的态度等。此为基本评价事项。其二，对于下列事项，评价主持者可以邀请农村受援人发表自己的看法：对法律援助承担者服务的主观印象、与法律援助承担者的相处经历、是否愿意向其他村民推荐该承担者，等等。此为选择评价事项。在“勤勉指数体系”的信息调查程序中，农村受援人可以对承担者的勤勉状况进行投票，法律援助的实施机构也可以提供相关的调查问卷，以收集相关信息，从而得以评价当前和过往的农村法律援助的质量情况。

当然，“勤勉指数体系”也面临一个技术性的问题，即法律援助承担者的个体状况（年龄、性别、体能、操守）各不相同，以统一标准打分的形式如何解决差异化评价的问题？对此，“勤勉指数体系”在打分和排位的时候应采取多层次的打分排位法而不是统一打分排位法。在具体操作上，就是把个体状况大体相同的承担者或者执业年龄、执业地域相同的律师置于同一层次进行打分排位。通过对法律援助承担者，特别是律师的执业区域、执业年龄进行区分，大体上可以公平地评价该承担者提供的农村法律援助的质量情况。

第三节　农村法律援助的质量评价指标

质量评价指标是从质的角度反映农村法律援助的过程和效果的统计标准，用一定的数值表示。相对于数量评价指标而言，质量指标具有更大的主观性，因而指标的定量化方面具有更大的难度。然而，对农村法律援助的质量评价毕竟不能离开可以量化的质量评价指标，只有实现数量指标和质量指标的相互结合，才能对律师的农村法律援助情况作出客观、科学、全面、公正的评价。

一、农村法律援助质量评价指标体系的主要考量因素

在构建农村法律援助评价的质量指标时，需要考量以下多种因素。

1. 质量指标的可量化性

农村法律援助评价质量指标的可量化性要低于数量指标。这是因为，数量指标中的数值是相对客观的，是可以用绝对数值进行计算和衡量的，而质量指标则不具备数量指标那样的客观数值，很难用绝对数值进行计算和衡量。在这种情况下，为使质量指标的定量化具备可操作性，往往需要对律师从事某项农村法律援助活动的过

程进行分解并在此基础上进行分值配比。这就如同加工某个机器螺丝一样，以全部工序 10 分计，则要考虑把全部工序分为设计、切割和打磨之类的环节，然后对每个环节依其重要性和耗时量配比分值。比如，螺丝的设计非常关键，它决定螺丝是否能用，因而可以配比 4 分；打磨也很关键，打磨工艺的好坏同样决定螺丝是否能用，而且这个环节需要耐心，耗时量也比较大，因而可以配比 4 分。相对而言，切割的耗时量要少得多，切割出来的粗胚略大或略小都不影响螺丝是否能用，因而可以配比相对低的分值即 2 分。显然，过程分解和分值配比都具有较强的主观性，如何进行农村法律援助过程的分解并为之配比相应的分值在很大程度上依赖评价主体对农村法律援助的认知水平和评价目的。

2. 与质量指标有关的统计数据及其可获得性

在设定质量指标的时候，也要考虑统计数据的可获得性。一方面，农村法律援助的质量评价以数量评价为前提，如果没有一定的数量，质量就无从谈起。因此，在进行质量评价之前，需要对农村法律援助的数量进行必要的统计。另一方面，农村法律援助的质量虽然难以用绝对数值表示，但仍可以用胜诉率和满意率之类的相对数值进行表示。并且，此类相对数值在理论上和现实中均是可以获得的，它完全可以作为质量指标的实证支撑。不过，需要注意的是，相对数值难以通过简单的数量统计方式获得，它的获得难度往往大于绝对数值的获得难度。为了获得尽可能客观的统计数据，评价主体需要借助一定的实证调查手段。对于满意率的数据，评价主体可以制作农村法律援助调查问卷并尽可能广泛地分发调查问卷，以收集尽可能多的数据。对于胜诉率的数据，评价主体可以收集一定数量的实例或样本，并对其进行客观的分析和计算。一般来说，律师在农村法律援助、参政议政或其他公益活动中获得的胜诉率或满意率越高，律师在农村法律援助方面的质量也越高，反之则越低。

3. 农村法律援助的践行过程或具体内容的分解程度

农村法律援助的质量评价不同于产品的质量评价。产品质量可以在使用中得到直观的反映和检验，但农村法律援助的质量却难以得到显而易见的反映和检验。也就是说，若以效果论质量的话，农村法律援助的质量评价必然面临一个绕不开的现实问题，即它与农村法律援助的效果反馈之间总是具有一定的时间差。这是因为，在许多情况下，出于把握国家法治发展总体状况或律师职业发展状况、农村法律援助状况的需要，对农村法律援助的质量评价不可能等到农村法律援助出现实际效果之后才开始着手。实际上，农村法律援助的效果并非农村法律援助质量评价的唯一标准，律师在具体业务中践行农村法律援助的过程对于质量评价具有更为重要的意义。因此，在这种情况下，最好的办法就是把控农村法律援助的践行过程，对农村法律援助的具体事项进行分解。如果律师完成各项分解任务，即可认为律师在该环节符合或达到质量评价的要求。

4. 农村法律援助的效果

农村法律援助的效果是农村法律援助质量评价的一个重要参考指标。农村法律援助的效果可以通过价值目标的实现程度得到体现，具体包括社会公平正义的维护效果、社会和谐稳定的维护效果、社会法治发展的促进效果、社会公益福祉的增进效果，等等。然而，这些效果都很难得以定量化，而只能通过社会公众的满意度得到体现。关于社会公众的满意度，党的十八届四中全会通过的《中共中央关于全面推进依法治国若干重大问题的决定》中有明确论断，即要让人民群众“在每一个案件中感受到公平正义”。这是对整个国家司法权运行机制的要求，当然也是对农村法律援助的要求。律师作为法律共同体的一员而深入参与国家司法活动的运行，律师当然对于“要让人民群众在每一个案件中感受到公平正义”也负有不可推卸的社会责任。但是，对社会公众满意度的调查可能耗时费力，而且调查结果也是比较笼统而抽象的，如何多快好省地进行较为准确的农村法律援助满意度调查，的确需要作出进一步的深入研究。

在与诉讼有关的业务中，律师的法律援助效果也可以通过当事人的满意度得到一定体现，但这不具有普适性。之所以如此断言，主要有两个方面的原因：一方面是因为，律师的法律援助效果并不限于通过诉讼而实现，它还广泛地包括诉讼之外的践行方式。另一方面是因为，当事人往往功利地把法律援助的满意度建立在案件胜诉结果的基础之上，案件获得胜诉结果的比率越高，律师获得的满意度往往越大。

二、质量评价指标的制定方法

相对于数量指标而言，质量指标的制定是一个更为复杂的问题，需要综合运用任务分解法、分值配比法和数量加减法。

1. 任务分解法

如前所述，农村法律援助是结果和过程的统一体，效果主要通过其产生的社会效益而得到体现，需要长时间的观察才能得出结论。在法律援助的实际社会效益显现出来之前，有必要对农村法律援助的具体操作过程进行任务分解，从而实现质量评价的目的。那么，如何对其进行任务分解呢？这需要详细了解每种操作方式或业务事项的具体内容，然后根据具体内容进行细化。以诉讼业务为例，如律师代理当事人参加诉讼、调解、和解或仲裁，律师从事此类业务的过程也意味着法律援助的过程。律师从事此类业务的过程可以大体依其共性分解为不同的具体任务，如接受委托、签订代理协议、制定方案、撰写文书、出庭应诉或沟通、谈判，等等。如果律师依法完成了其中的每个分解任务，则可以认为其在满足业务质量要求的同时也满足了农村法律援助的质量要求。

当然，对农村法律援助的任务分解必须从实际出发，结合农村法律援助的现状，选取有现实价值的任务作为指标。同时，任务分解应当明确而具体，明确而具体的任务分解不但有利于提高农村法律援助质量评价的可操作性，而且有助于提高农村法律援助质量评价的准确性。

2. 分值配比法

分值配比法以任务分解为基础，是更为微观的制定农村法律援助评价质量指标的方法。所谓分值配比，就是依一定比例为分解完成的农村法律援助操作方式配置相应的分值，从而实现对农村法律援助质量评价标准的定量化。为了相对准确地衡量每一个分解任务的分值，需要综合考虑其对农村法律援助质量的影响大小，影响越大，分值越高，反之则越低。以律师为当事人提供农村法律援助为例，大体可以分为接受指派、委托授权、阅卷、调查取证或收集证据、准备法律文书、参加庭审、事后的通报或报告、立卷归档，等等。在这些分解完成的任务中，如果满分配置100分，参加庭审可以配比20~30分，在诸任务中占比最高。这是因为，律师参加庭审最为重要，它对当事人的影响最大，对律师在农村法律援助中的社会责任质量的影响也最大。也就是说，如果律师接受农村法律援助指派之后不参加庭审，将在实质上使农村法律援助失去意义。当然，和农村法律援助数量评价中的权重系数一样，分值配比也有一定的主观性，它决定于评价主体对农村法律援助的理解以及评价目标。尽管如此，这种主观性仍应受到农村法律援助规律的制约，不能超出合理的范围。

3. 加减分法

加减分法同样适用于农村法律援助评价质量指标的制定。在农村法律援助数量评价中，加减分法就是根据律师在践行社会责任过程中完成分解任务的具体数量而确定分值。律师在某种践行方式中完成的分解任务的数量越多，分解任务的分值越大，则总分越多，反之则越少。同样以律师为当事人提供农村法律援助为例，各个分解任务依其影响大小大致可以进行如下分值配比：接受指派（10分）、委托授权（10分）、庭前阅卷（10分）、调查取证或收集证据（15分）、法律文书（15分）、参加庭审（20分）、通报或报告（10分）、立卷归档（10分）。每完成一项任务，增加相应的分值，但最高分不超过满分100分；每耽误一项任务，减少相应的分值，但最低分不低于0分。不同于农村法律援助的数量评价标准的是，质量评价标准不是简单的数量叠加，因而没有最高分的限制。

根据农村法律援助的案件性质或提供方式的不同，农村法律援助评价的质量指标可以区分为诉讼法律援助质量评价指标或非诉法律援助质量评价指标并予以定量化。从广义上而言，律师为农村地区提供的普法工作也可以视为农村法律援助的一个相关部分，故在本部分也一并纳入质量评价指标体系予以考量。

三、对与诉讼业务有关的农村法律援助质量评价指标的定量化

诉讼——在诉讼中为农村当事人提供代理或辩护是律师参与农村法律援助最基本的方式。通过为农村当事人提供诉讼代理或辩护服务，律师在维护当事人合法权益的同时，也可以借此在农村地区维护法律的正确实施，维护农村社会的公平和正义，这些都是律师践行社会责任的重要内容，也是律师所要追求的价值目标。

在基础分值设置方面，可以将每个农村法律援助诉讼案件中的质量评价基础分值设定为满分 100 分。依工作程序和工作量为标准，把每个案件的质量评价指标细化为八个二级指标，并进行分值配置，分别为：会见或接待（10 分），建立委托代理关系（10 分），阅卷（10 分），调查取证、收集证据（15 分），法律文书（15 分），参加庭审（25 分），反馈和沟通（10 分），制作案卷（5 分）。各二级指标之下分为不同的三级指标，每个三级指标对应具体的分值以及评分描述（具体定量见表 7-1）。

表 7-1　律师在诉讼业务中的农村法律援助质量评价指标

序号	二级指标	分值	三级指标分值定量描述	具体要求
1	会见或接待	10	听取当事人或犯罪嫌疑人的陈述，了解案件主要事实（4 分）；提供初步的咨询意见，告知其权利和义务（4 分）；制作详细的笔录，交由当事人或犯罪嫌疑人确认签字，并在事后附卷归档（2 分）	以当事人为中心，耐心倾听，仔细记录，了解当事人的诉求
2	建立委托代理关系	10	达成收费合意（2 分）；签订授权书和协议书（2 分）；授权书和协议书格式规范，权利义务清晰并作出必要的说明（3 分）；保证当事人或犯罪嫌疑人的意思自由，签字+手印（2 分）；出具合格票据（1 分）	利益冲突审查；告知收费标准，承诺为当事人依法保守秘密

续表

序号	二级指标	分值	三级指标分值定量描述	具体要求
3	阅卷	10	及时联系人民法院，全面查阅、摘抄、复制案件材料（5分）；做好阅卷后的研判工作，发现问题，分析问题（5分）	履行勤勉义务，事前研判案情，阅卷有的放矢
4	调查取证、收集证据	15	构建调查取证的思路（5分）；根据案情和阅卷采取有针对性的调查取证行动（在刑事诉讼中，虽然律师在侦查阶段不能调查取证，但可以依法收集证据），说服证人出庭作证，申请诉前证据保全等（10分）	履行勤勉义务，认真阅读案卷材料，了解案件办理的路径和方向
5	法律文书	15	及时发送或签收法律文书（2分）；履行勤勉义务，精心撰写起诉书、答辩书、代理词或辩护词（3分）；法律文书表述的代理意见或辩护意见被人民法院全部认可（10分）、部分认可（5分）或全部否定（0分）	履行勤勉义务，文书格式规范，主旨明确，条理清晰
6	参加庭审	25	按时出庭（5分）；忠于当事人的委托，积极参与庭审程序，积极参与法庭调查，积极举证和质证（10分），积极参与法庭辩论，维护当事人的合法权益（10分）	履行勤勉义务，亲自出庭，保证时间

续表

序号	二级指标	分值	三级指标分值定量描述	具体要求
7	反馈和沟通	10	及时向当事人及其法定代理人、近亲属反馈案件的审理过程和判决结果（5分）；及时向当事人及其法定代理人、近亲属进行解释，必要时可以说服其服判或帮助其上诉（5分）	以当事人为中心，听取当事人对代理或辩护的意见
8	制作案卷	5	整理诉讼案卷材料，包括各种文书和证据材料（3分）；装订并归档（2分）	案卷内容完整，装订整齐

四、对与非诉业务有关的农村法律援助质量评价指标的定量化

农村法律援助的非诉业务比较宽泛，其中包含多种性质不尽相同的具体业务种类，其中既有咨询、代书和起草合同之类的不具有争讼性质的非诉业务，也有调解、和解和仲裁之类具有争讼性质的非诉业务。因此，对律师在非诉业务中践行农村法律援助的质量评价指标的定量化相对复杂一些，在操作中需要尽可能抽象出争讼性的非诉业务和非争讼性的非诉业务之间具有共性的指标，而后在此基础上进行定量化。

律师在农村法律援助的非诉业务中的质量评价指标可以大体分为八个二级指标，分别是接待和洽商、建立委托代理关系、前期研读和会商非诉案件材料、事实分析与法律论证、撰写报告或文书、报告或方案的实施、后期跟踪与信息反馈、制作案卷。各二级指标依工作内容分为不同的三级指标，每个三级指标对应具体的农村法律援助分值以及评分描述，基础总分设定为100分（具体定量如表

7-2 所示）。

表 7-2　律师在非诉业务中的农村法律援助质量评价指标

序号	二级指标	分值	三级指标分值定量描述	具体要求
1	接待和洽商	10	听取当事人的陈述，了解非诉业务的主要内容（4 分）；提供初步的咨询意见（4 分）；制作详细的洽谈笔录并让当事人签字确认（2 分）	以当事人为中心，了解其需求
2	建立委托代理关系	10	达成法律援助合意（2 分）；签订委托书和委托合同（2 分）；委托书或委托合同格式规范，权利义务清晰，如有格式条款，向当事人作出必要的提示和说明（5 分）；出具合格票据（1 分）	利益冲突审查；为当事人保守秘密
3	前期研读和会商非诉案件材料	10	对于非争讼性的非诉业务，收集和获得与非诉业务或非诉案件有关的资料、案卷材料或司法文书；仔细研读或组成团队进行会商，必要时可以吸收当事人参加（5 分） 对于争讼性的非诉业务，必要时可以到法院查阅、摘抄、复制与案件有关的材料，以期了解非诉业务或非诉案件的全貌（5 分）	履行勤勉义务，仔细研读，积极会商

续表

序号	二级指标	分值	三级指标分值定量描述	具体要求
4	事实分析与法律论证	20	对于非争讼性的非诉业务，主要围绕商业合同或商业方案进行事实分析，了解其中的关键点（10分）；提出有利于当事人利益最大化的法律论证方案（10分） 对于争讼性非诉业务，主要针对案件情况进行事实分析，必要时可以依法收集证据，说服证人出庭作证，申请证据保全，等等（10分）；提出有利于当事人利益最大化的法律论证方案（10分）	履行勤勉义务，发现非诉业务办理的路径和方向
5	撰写报告或文书	15	在规定时限内完成报告或文书的撰写工作，报告或文书的内容完整、格式规范，主旨明确（5分）；报告或文书被当事人全部认可（10分）、部分认可（5分）或全部否定（0分）	履行勤勉义务，既有事实分析，也有法律分析

续表

序号	二级指标	分值	三级指标分值定量描述	具体要求
6	报告或方案的实施	20	对于非争讼性的非诉业务，参与或配合报告或方案的实施并予以必要的监督（10分），对其中出现的法律问题进行及时有效的提示，防范法律风险，维护当事人的合法权益（10分） 对于争讼性的非诉业务，代表当事人参与调解、和解或仲裁（10）；按照既定方案提出主张，积极举证和质证；积极参与辩论，维护当事人的合法权益（10分）	忠于当事人的委托，亲自实施或亲自出庭
7	后期跟踪与信息反馈	10	对于非争讼性的非诉案件，及时向当事人反馈业务的法律效果（5分）；帮助当事人总结其中的经验、教训（5分） 对于争讼性的非诉业务，向当事人及其法定代理人、近亲属反馈案件的办理结果（5分）；及时向当事人及其法定代理人、近亲属进行解释，说服其接受调解、和解或仲裁的结果，必要时可以帮助其提起诉讼（5分）	以事实为根据，以法律为准绳，独立判断
8	制作案卷	5	整理非诉业务材料，包括各种合同、文书和证据材料（3分）；装订并归档（2分）	内容完整，装订整齐

五、对与普法宣传有关的数量指标的定量化

普法宣传与法律援助具有非常紧密的联系，它既是司法行政机关的重要职能，也是律师践行农村法律援助的重要领域，但在实践中往往容易流于形式。为了保证普法宣传的效果，有必要对与普法宣传有关的数量指标进行定量化。以工作程序和工作量为标准，普法宣传的农村法律援助质量评价指标可以细化为七个二级指标，分值配置分别为指派或志愿（10 分）、时间安排（10 分）、制定普法宣传方案（20 分）、提供普法宣传材料（15 分）、实地普法宣传讲解（30 分）、跟踪与反馈（10 分）、总结（5 分）。每个二级指标之下分为不同的三级指标，每个三级指标对应具体的分值，总分为 100 分（具体定量如表 7-3 所示）。

表 7-3 律师在普法宣传中的农村法律援助质量评价指标

序号	二级指标	分值	三级指标分值定量描述	农村法律援助具体要求
1	指派或志愿	10	接受指派或志愿安排（5 分）；做好前期准备（5 分）	自愿与志愿
2	时间安排	10	安排好本职工作（5 分）；协调处理本职工作与普法宣传的关系（5 分）；预留充裕时间（10 分）	热忱、奉献，不考虑个人得失
3	制定普法宣传方案	20	了解普法宣传对象（5 分）；确定普法宣传的主题和内容（5 分）；制作必要的普法宣传课件，如 PPT 等（10 分）	履行基本的勤勉义务

续表

序号	二级指标	分值	三级指标分值定量描述	农村法律援助具体要求
4	提供普法宣传材料	15	自备普法宣传材料（10分）；对普法宣传材料进行整理，提炼，便于受众接受（5分）	以受众为中心，把握受众的接受能力
5	实地普法宣传讲解	30	在内容方面，突出主题，条理清晰，注重法律知识的系统性（10分）；在技巧方面，讲究方法，深入浅出，营造良好的学习气氛（10分）；有意识地增强互动，注重普法宣传效果（10分）	注意方式方法，如质如量完成任务
6	跟踪与反馈	10	跟踪普法宣传效果（5分）；听取受众反馈意见（5分）	关注受众的感受
7	总结	5	撰写总结报告（3分）；归卷并备案（2分）	内容详细，善始善终

六、农村法律援助评价质量指标的定性化

对农村法律援助的质量评价也需要做到定量和定性相结合。农村法律援助评价质量指标的定性化是对农村法律援助各项任务分解的质的概括，也体现了从量变到质变的结果。

不同于农村法律援助评价数量指标的定性化，对农村法律援助评价质量指标的定性化既可以单项的数量评价分值为基础，也可以统一的数量评价分值为基础。如果以单项的数量评价分值为基础，可以根据各项业务事项或践行方式的具体任务分解以及律师在其中的农村法律援助付出程度对农村法律援助评价的质量指标分别予以

定性化。定性的等次可以分为四个，即不合格、合格、良好和优秀。各等次的分值范围分别设定为：不合格：0~50分；合格：51~70分；良好：71~84分；优秀：85~100分。如果以统一的数量评价分值为基础，则需要从整体上配比各个业务事项或践行方式的分值。例如，把农村法律援助质量评价的整体总分设定为100分，其中诉讼业务可以配比10分，非诉业务可以配比10分，参政议政可以配比20分，农村法律援助可以配比30分，普法宣传配比10分，其他公益活动配比20分。在这种情况下，可以在总体上把农村法律援助的质量评价分为四个等次，各等次的分值设定为：不合格：0~50分；合格：51~70分；良好：71~84分；优秀：85~100分。

第八章

农村法律援助的激励问题

倡导和促进律师和其他社会力量承担农村法律援助的途径很多。对律师之外的其他社会力量而言，其参与农村法律援助的激励问题和律师激励机制具有共同之处，因而完全可以相互借鉴。下文主要论及律师参与农村法律援助的激励问题。

第一节　建立律师参与农村法律援助的激励机制

所谓激励机制（Motivate Mechanism），是一定的组织体系为了更充分地发挥其成员的主观积极性而为之建立的一系列规则、手段以及双方基于这些规则的动态联系。在该机制中，组织属于激励主体，组织中的成员属于激励对象；激励主体和激励对象之间的动态联系就是二者依据激励规则而展开的互动，简单通俗地说，就是论功行赏。激励手段可以分为物质激励、精神激励和双重激励。物质激励表现为具体的金钱激励、奖品激励或其他附具一定经济利益的激励形式；精神激励表现为相关的荣誉、地位、权利、成就感、社会认同，等等；双重激励主要表现为职务和职级的晋升，这种晋升可以带来物质和精神的双重收益。

激励机制对于促进律师承担农村法律援助是非常必要的。一方面，如果律师长期承担农村法律援助义务而得不到认可，其积极性势必受到打击。也就是说，尽管律师承担农村法律援助工作不以物质激励为条件，但精神激励仍然是非常必要的，因为它体现了一定的激励主体——国家、社会、公众、律师所在的律师协会、律师事务所对律师参与农村法律援助这一过程中的付出的认可。另一方面，一定的激励机制可以引导律师扬长避短，化消极为积极，从而在最大程度上提高其在农村法律援助方面的主观积极性。尽管律师对农村法律援助的贡献的确要受到诸多客观因素的影响，如当地经济发展水平、社会治安环境、个人教育水平、执业条件，等等，但个人主观因素都是可以调控的，是在建立激励机制时应当关注的重点，比如律师的个人社会责任观念、个人在法律服务方面的能力和职业伦理水平、个人对农村法律援助的态度，等等。特别是在客观不能改变的情况下，农村法律援助实施主体的个人主观因素往往可能起到至关重要的决定作用。

关于农村法律援助激励机制的建立，可以参考美国对公益律师的精神激励机制。每个自然年度，美国律师协会的公益活动与公共服务常设委员会都会给在公益服务领域成就卓著的律师或律师事务所颁发社会责任奖。2015 年的颁奖典礼是在芝加哥召开的美国律师协会年会的午餐会上，获奖者是缅因州的独立执业律师莱斯利·S·史尔沃斯泰因（Leslie S Silverstein）。该委员会给她颁奖的理由是：①长期关注社会保障困难群体；②自 2001 年执业以来，总计贡献数千小时为无力支付民事诉讼费用的低收入群体提供法律帮助；③通过缅因州的家庭暴力委员会的志愿者律师项目，在过去 7 年间代理过 200 多个受害者提起诉讼；④长期无偿担任缅因家庭暴力委员会的培训志愿者和家庭暴力受害者辅导员，并鼓励新律师参与这个项目。[1]事实上，我国也可以建立类似的精神激励机制，由全国律师协会或地区律师协会设立一定的标准，并根据标准在全国或本区域内选取那些长期承担农村法律援助或在公益事业领域作出突出贡献的律师或律师事务所，为之颁发一定的奖励。在我国，对律师或其他社会力量参与农村法律援助的激励机制不是权宜之计，而要着眼于长远和可持续发展。在此，不妨重点阐述一下对律师的激励——这对其他社会力量参与农村法律援助是可供参考的。

我国的律师协会、律师事务所乃至司法行政机关应当建立针对律师农村法律援助的长效激励机制。所谓长效激励机制，是指能够长期保持激励效果正常发挥激励机制。长效机制不是一劳永逸、一成不变的，它必须随着时间、条件的变化而不断丰富、发展和完善。长效激励机制的建立需要遵从以下几个方面的原则：①双重目标原则。在激励机制中，目标设置必须同时体现农村法律援助目标和律师个人发展目标的结合。②综合激励原则。物质激励与精神激励要相互结合，但以精神激励为主。③正向激励原则。激励机制的宗旨在于奖勤罚懒、奖优罚劣、惩恶扬善，激励机制要起到引导作为被激励者的律师积极而自觉地践行农村法律援助的效果。④公平合理原则。激励措施要建立在科学评价的基础上，激励尺度要适度而公平。⑤时效原则。要把握好激励的时机，激励越及时，越有利于激发律师践行农村法律援助的自觉性，使其创造力连续有效地发挥出来。[2]

---

〔1〕 信息来自该委员会公益服务中心的网站，载 https：//centerforprobono. wordpress. com，最后访问日期：2016 年 11 月 10 日。

〔2〕 袁本成、李庆林：《论企业的激励机制》，载《人力资源管理》2013 年第 7 期。

第二节　为律师制定专门的农村法律援助激励规则

农村法律援助激励规则至少应该涵盖以下几个方面的内容：

1. 规定一定限度的农村法律援助时限

对律师承担农村法律援助的最低时限进行规定有助于增强律师的农村法律援助意识并督促律师把农村法律援助作为其履行社会责任的一项重要内容。从我国目前的规定来看，无论律师协会还是司法行政机关，均没有制定专门的法律文件对律师承担农村法律援助的最低限度的时限作出规定。《律师执业行为规范（试行）》（律发通〔2018〕58号）在第11条规定律师协会倡导律师关注、支持、积极参加社会公益事业，但并未对参加包括农村法律援助在内的公益事业的最低时间进行规定，各省、自治区和直辖市的律师协会或城市律师协会也未对律师参加农村法律援助的最低时限进行规定。

在这个方面，美国的做法是可以参考借鉴的。美国律师协会（ABA）在其制定的《职业行为示范规则》（2004）第6.1条（自愿公益服务）提出："每个律师都有为无力支付律师费的人们提供法律服务的职业责任。律师每年至少要努力为社会公众从事50小时的公益法律服务。在履行此项责任时，律师不得要求收费或具有收费的愿望。"〔1〕在该条的解释中，美国律师协会倡导各州根据当地的需要和情况在50小时上下为当地律师确定相应的具体时限，

〔1〕参见美国律师协会：《律师职业行为示范规则》（2004）第6.1条。原文为：Every lawyer has a professional responsibility to provide legal services to those unable to pay. A lawyer should aspire to render at least (50) hours of pro bono public legal services per year. In fulfilling this responsibility, the lawyer should: (a) provide a substantial majority of the (50) hours of legal services without fee or expectation of fee….

或者根据律师的执业时间规定一定的百分比。[1]从长远来看，我国也应明确制定此类规定，倡导律师在执业时间之外每年无偿为社会、社区、当事人或社会公众承担包括公益事业在内的一定形式的社会责任。

2. 把农村法律援助情况作为职前社会责任考核的一个重要参考内容，使之纳入职前面试考核范围

我国目前虽已建立职前面试考核制度，但并未把申请者的职前社会责任情况纳入面试考核范围，也未单独建立职前社会责任考评制度。在这个方面，美国的做法也是值得参考的。2012 年，纽约州率先建立职前社会责任考评制度，把申请者在入职之前承担社会公益事业的情况与律师执业申请联系起来并作为其获得律师执业资格的一个条件。也就是说，所有基于通过纽约州律师资格考试的律师资格持有者若要申请宣誓成为纽约州的执业律师，必须在宣誓成为执业律师之前满足这项要求。这一要求不需要在申请考试前就完成，但必须在通过考试、申请宣誓之前完成。在纽约州的影响下，其他各州也开始考虑建立相应的律师职前社会责任考评制度，以督促律师在入职之前就形成一定的社会责任意识。[2]从长远来看，我国也有必要把律师在入职之前承担社会责任的情况，特别是农村法律援助情况，与执业申请联系起来，以此督促律师及早培养公益责任意识和社会责任意识。

---

〔1〕 参见美国律师协会：《律师职业行为示范规则》（2004）第 6.1 条的解释。原文为：States, however, may decide to choose a higher or lower number of hours of annual service (which may be expressed as a percentage of a lawyer´s professional time) depending upon local needs and local conditions.

〔2〕 参见该州律师执业申请的“职前公益行为要求条款（New York State Pro Bono Bar Admission Requirements）”。信息来自美国纽约州最高法院网站，载 www. courts. state. ny. us/attorneys/probono/baradmissionreqs. shtml.

同时，把农村法律援助情况作为职前社会责任考核内容还有一个好处。那就是对高等法学院校的法学教育体系形成一定的倒逼机制，使之改革现行的人才培养模式，把社会责任作为法律人才培养的一个重要内容，使之更加关注农村问题和农村的法治发展问题。事实上，国内不少法学院校的学生在校期间就已参与大量的社会公益，利用所学知识为农村和农民进行普法工作，或为农村贫困人口提供法律援助，这些在校表现完全可以在其今后申请职业资格时纳入职前社会责任中予以考虑。〔1〕

3. 倡导律师在退休之后参与农村法律援助事业

律师作为一个职业，同样适用于我国有关的干部、职工退休政策，一般来说，男性律师在 60 岁，女性律师在 55 岁，就可办理退休手续，享受社会养老保险待遇。同时，退休律师作为脑力劳动者，只要心态还足够积极，脑力还足够发达，精力还足够充沛，法律素养跟得上形势，语言技巧没有退化，就可以发挥余热，继续以其才智为农村法律援助承担一定的社会责任。美国律师协会设有一个专门的“法律与老龄委员会”（ABA Commission on Law and Aging）并制定了专门的“退休律师公益执业规则”（Emeritus Pro Bono Practice Rules），以此组织和倡导律师在退休之后继续承担农村法律援助。此外，美国律师协会还出版了专门的“退休律师公益执业手册”（*Emeritus Pro Bono Practice Brochure*），以倡导各州律师协会招聘退休律师为老年人、贫困阶层乃至中低收入阶层提供法律帮助。在美国律师协会的影响下，美国已有至少 33 个州的律师协会

---

〔1〕 事实上，经过长期的探索和尝试，我国已经形成较为成熟的“保研支教”机制，每年都有一定数量的优秀法科学生在团中央的组织下在寒暑假深入各地农村从事法律援助活动。

建立了退休律师社会公益活动项目。[1]

我国目前已有不少的退休律师，这是宝贵的法治建设人力资源。同时，截至2024年底，根据作者了解到的信息的律师总人数已经接近80万人，其中包含相当一批快到退休年龄的律师。为了发挥退休律师的才智，增进我国农村社会的法治程度，我国也有必要借鉴美国的做法，建立退休律师从事社会公益事业的制度，使有社会责任感的律师即使在退休之后也可以承担一定的农村法律援助责任。

第三节　建立律师参与农村法律援助的培训制度

建立律师参与农村法律援助的培训制度的目标在于提升律师在承担农村法律援助方面的综合业务技能，确保律师在承担农村法律援助方面的工作质量。之所以要建立律师参与农村法律援助的培训制度，主要是因为农村法律援助的涵盖面广、专业性强，具有一定的复杂性。这种复杂性既表现为服务手段的复杂性，也表现为服务对象的复杂性。一方面，律师承担农村法律援助的主要手段是法律服务，而法律服务本身就是一项专业性强的复杂工作。另一方面，律师承担农村法律援助主要表现为以法律手段处理农村地区的社会关系，农村地区的社会关系又是农村居民在劳动生产交往过程中形成的人与人之间的复杂关系，处理这种关系自然也是一个复杂的系统工程。

以广东地区律师在社会保障方面对农民工的法律援助工作为

---

〔1〕 See KS Terry, "Do Not Go Gentle: Using Emeritus Pro Bono Attorneys to Achieve the Promise of Justice", *Geo. J. on Poverty L. & Pol'y*, 2012, Vol. 19, p. 75.

例，其中的法律文件和社会关系都具有很强的复杂性。1998 年 10 月广东省率先公布《广东省社会养老保险条例》，允许农民工参加社会养老保险，其后各地陆续制定相关政策。从地方性政策来看，许多地区的社会养老保险先是吸纳了农民工中的个体工商户，然后才将从事其他灵活就业的农民工吸纳进来，方式是社会统筹与个人账户相结合。2001 年，劳动和社会保障部（现为人力资源和社会保障部）公布了《劳动和社会保障部关于完善城镇职工基本养老保险政策有关问题的通知》，对农民工养老保险关系的转移和一次性支付作了相关规定。与社会养老保险相比，工伤保险和医疗保险对农民工的接纳要晚了许多，相关文件的公布都是在 2004 年。2004 年 6 月，规定农民工可以参加工伤保险，在参保费率、对象比例和基数上与城镇职工基本一致，只是在不同伤残等级的具体待遇支付方式上有所不同，其重点圈定在建筑、矿山等工伤风险较大、职业危害较严重行业。《劳动和社会保障部办公厅关于推进混合所有制企业和非公有制经济组织从业人员参加医疗保险的意见》也于 2004 年出台，明确要求将农民工纳入医疗保险范围，但对于具体的缴费费率和保障方式，没有统一规定，只是各地根据自己的实际情况，陆续制定了一些地方性的政策。政策演变至今，农民工可以加入的社会保险项目在日益增多，但这一群体参保的比例仍需提高，显然，对于复杂的农民工法律援助工作，即使专门以社会保障法为专业的律师在承担特定的法律援助工作之前也应该接受一定的培训。

律师参与农村法律援助的培训工作主要应由各地律师协会负责组织。对此，中华全国律师协会可以制定专门的行业规范，各地律师协会可以制定专门的实施规范并具体负责培训的组织和实施。培训的内容既可以包括律师承担各个方面社会责任的方式和方法，也可以包括相关领域的基础知识、实施流程、注意事项和风险控制，既可以对农村法律援助的承担机制等进行具体分析，也可以对农村法律援助的承担经验进行适时总结。除律师协会外，律师事务所也可以组织此类培训。例如，2016 年 3 月 8 日，北京市京师律师事务所召开新闻发布会，为应对《中华人民共和国慈善法》出台后中国公益慈善领域对实务型公益律师的需求，京师律师事务所公益部携手京师律师学院、中国公益协力网络发起开办国内首个“律师公益高级研修班”，以实际行动践行律师社会责任，推动律师参与农村法治建设。主办方将邀请国内资深专家学者及知名机构领导人授课，从理论到实践，从法律法规到经典案例，深入了解中国公益慈善事业的历史、现状、机遇及挑战，提升实务能力。此后由权威学术机构颁发研修班结业证书，培养出一批真正能够深入参与中国公益慈善事业实践中的律师，将公益慈善相关法律工作职业化、专业化。[1]

第四节　搭建律师农村法律援助工作平台

所谓律师农村法律援助工作平台，是指律师参与农村法律援助的工作机制，其功能在于创造条件，沟通信息，在农村法律援助的供方与农村法律援助的需方之间建立联系，使之实现互联互通。例如，浙江嘉兴市司法局注重发挥法律服务机构专业优势，成功建设市、镇、村三级法律服务实体平台——市级搭建法律服务中心、法律援助中心、社会矛盾联合调解中心三位一体的综合平台，以此督促、引导律师积极履行社会责任，探索推进律师参与公益法律服务。通过该平台，该市推行法律服务中心律师值班，每天安排 1 名

---

〔1〕 王开广：《国内首个律师公益高级研修班将开班》，载 https：//www. toutiao. com/article/6259928384600539649/? upstream_ biz = doubao&source = m_ redirect，最后访问日期：2025 年 3 月 12 日。

律师接待来访群众。镇街道推行基层法律顾问窗口值班制，安排35名专业律师每周到社会管理中心“坐堂门诊”，为基层群众提供基本法律服务。村社区发挥法律顾问熟悉法律、深入基层的优势，组织法律顾问定期上门走访，为基层群众提供法律咨询、法治宣传、纠纷调解、法律援助受理等基本法律服务。2015年以来，已开展村务法律体检138次，排摸化解矛盾168个，解答群众法律咨询2500余人次。[1]

具体而言，搭建律师农村法律援助工作平台的主要目标在于实现三个方面的功能：其一，整合农村法律援助的供方，使之组织化、类型化、菜单化。所谓组织化，就是把原本零散分布于各个地域、各个律师事务所的、愿意承担农村法律援助的律师集合起来，形成一定的团队。所谓类型化，就是根据专业、分工或特长对志愿承担农村法律援助的律师资源进行区分，然后把具备同一专业、分工或特长的律师集合到同一序列。所谓菜单化，就是在类型化的基础上把律师资源的信息挂到网上，以方便农村居民查询、点击和预约。其二，整合农村法律援助的需求，一方面可以把当地村民对律师的法律服务需求分门别类，另一方面可以为之统一安排时间，使具有同一法律服务需求的民众在同一时间接受同一律师或律师团队的服务，从而提高律师承担农村法律援助的效率。其三，在供需双方建立联系。通过对农村法律援助的供需双方进行整合，司法局、律师协会或律师事务所对当地民众需要何种法律服务有了清晰地了解，当地民众对司法局、律师协会或律师事务所能够提供何种类型的律师或法律服务也有了清晰地了解，二者就此在同一平台上实现了充分的对接。

---

〔1〕 信息来自 http：//www.jiaxing.gov.cn，最后访问日期：2015年6月20日。

第五节 建立律师参与农村法律援助的社会责任基金

律师社会责任基金可以为律师践行社会责任提供最基本的物质基础，是倡导和促进律师承担农村法律援助的重要保障措施。在美国，律师社会责任基金既有民间性，也有官方性的。民间性的律师社会责任基金组织很多，“洛杉矶法律援助基金”（Legal Aid Foundation of Los Angeles）、“马里兰法律援助基金”（Maryland Legal Aid Fund）和“西北司法公正基金项目”（Northwest Justice Project）都属于民间性的律师社会责任基金组织。比较典型的官方性的律师社会责任基金组织当属“美国法律服务基金会”（Legal Service Corporation，LSC），它每年都从国会获得一定数额的拨款支持，并依据一定标准直接支付给承担一定社会责任的律师个人、律师事务所，或拨付给其他的律师社会责任基金组织，由后者间接支付给承担一定社会责任的律师个人、律师事务所。[1]这些形式各异的律师社会基金组织为美国律师践行社会责任提供充裕的资助，从而在很大程度上免除了律师践行社会责任的后顾之忧。[2]

律师社会责任基金对普通公众而言还是一个闻所未闻的概念。不过，我国近年来在这一领域取得了显著进步。2012年7月22日，第八届中华全国律师协会第四次常务理事会会议审议通过了《中华全国律师协会律师社会责任基金管理办法》，以此进一步引导律师积极履行社会责任，促进农村法律援助和社会公益事业的发展，服

---

〔1〕 参见美国法律服务基金会网站，载 http：//www.lsc.gov，最后访问日期：2016年6月8日。

〔2〕 仅以2014年“美国法律服务基金会”拨付的年度“公益革新基金（Pro Bono Innovation Fund）”为例，其总额便多达250万美元。参见美国法律服务基金会网站，载 http：//www.lsc.gov，最后访问日期：2016年6月8日。

务社会主义农村法治建设和农村和谐社会建设。根据上述办法第 10 条的规定，律师社会责任基金主要用于：①公益法律服务、重大法律援助案件补贴；②救助灾害、救济贫困、扶助残疾人等困难的社会群体和个人；③全国律协常务理事会讨论通过的促进社会发展和进步的其他社会公共和福利事业。由于该办法不仅可以倡导和激励律师积极承担法律援助，而且可以为之提供基本的物质保障，因而有望对我国农村法律援助的可持续发展起到长远的促进作用。当然，就实际操作中而言，今后一段时期内的重要任务就是如何尽可能多地募集资金并保证这些资金能够有效地用到该用的地方，从而真正有效地促进我国农村法律援助的可持续发展。

第六节 减少律师承担农村法律援助的制度性束缚

为了方便和鼓励律师承担农村法律援助，对律师执业负有职责的司法行政管理机关应当更多地简化审批手续，律师所在的律师协会应当给予更为灵活的年检手续，对于承担农村法律援助的律师，税务机关应当给予税收减免。在律师为当事人减收或免除服务收费方面，立法应该更多地尊重律师的个人意见而不是律师事务所的意见。

在农村法律援助的申请方面，立法应进一步降低申请门槛。例如，为了方便农村留守群体申请法律援助，建议区县司法行政机关开辟专门针对农村留守群体的法律援助“绿色通道”，对农村留守群体或其监护人申请法律援助做到“三快三简”。所谓“三快”，就是快速受理、快速处理、快速派遣；所谓“三简”，就是简化准备程序、简化申请程序、简化审核程序。总之，从申请人提交申请直至法律援助管理机构完成法律援助人员的指派，所有程序不宜超过 10 天期限。

第九章

农村法律援助的责任分担问题

农村法律援助的责任分担是法律援助责任在不同主体之间的分担，是指法律援助责任主体之间依据一定的原则承担各不相同的责任份额。从应然层面而言，既然承担农村法律援助责任主要是一种自觉和自愿的行为，似乎不必对农村法律援助责任的份额进行计量和分派。然而，从现实层面来说，农村对法律援助的某些方面的需求是确定的，甚至是随着经济的发展而不断增长的。[1]显然，在农村对法律援助需求量大且不断增长的情况下，法律援助责任的各个主体之间必然在宏观上面临一定的农村法律援助责任分担问题。

农村法律援助责任的分担体现律师作为社会责任承担主体的自觉性、积极性和参与性。一方面，它意味着一定区域的律师群体对本区域一定总量的农村法律援助责任的共同承担。另一方面，它意味着一定区域的律师群体对另一区域的农村法律援助责任的参与和承担。此外，从更为广泛的意义上来说，农村法律援助的责任分担还意味着作为非律师群体的特定社会力量对本应由律师群体承担的农村法律援助责任的参与和承担。因此，农村法律援助的责任分担

---

〔1〕 导致增长的因素不限于经济，法治的发展也可能导致社会责任需求数量的增长。据《法制日报》2015 年 1 月 14 日报道，为帮助更多困难群众获得优质高效的法律援助服务，司法部推动各地调整补充事项范围和经济困难标准，将就业、就学、就医、社会保障等与民生紧密联系的事项逐步纳入法律援助范围；进一步放宽经济困难标准，将法律援助覆盖人群从“低保群体”逐步拓展至低收入人群。

不是被动的、他主的分配与接受，其在本质上反映了律师或其他社会力量在农村法律援助责任承担上的主体性。

探讨农村法律援助责任的主体间分担问题，在宏观上确定完善的农村法律援助的责任分担原则，不但可以全面、客观、科学地分担农村法律援助责任，而且正确引导、激励和改进律师对农村法律援助责任的参与和承担，从而真正发挥律师承担农村法律援助责任的积极性并维护法治建设的公平。然而，目前学界对农村法律援助的责任分担机制的理论研究仍是非常不够的。一方面，根据现有的法学期刊检索结果，我国整个法学界尚无一篇专门研究农村法律援助的责任分担机制的学术论文或学术著作。另一方面，对农村法律援助的责任分担机制的研究不成体系，致使许多理论问题一直模糊不清，甚至存在诸多的误解或错漏。此种现状之所以存在，其原因不外乎两个方面：一方面，我国律师业界或多或少一直存在片面追求经济利益而忽视社会责任的倾向，不愿意分担其他地区或领域的农村法律援助责任，致使农村法律援助的责任分担机制在我国尚不成熟，难以成为学界关注内容。另一方面，毋庸讳言的是，农村法律援助的责任分担机制问题相对边缘，难以满足学界对所谓重要或热点问题进行研究的功利主义需求。

第一节　农村法律援助责任分担的必要性

在我国当前，农村法律援助责任分担的必要性主要是由以下两个方面的矛盾决定的。

第一，供需矛盾。我国当前正处于法治转型期，农村对法律援助的总体需求量大，但律师和律师事务所的数量很少，由此导致农村对法律援助的总体需求量与承担法律援助的人力资源相对不足之间的矛盾。

农村对法律援助的总体需求量主要取决于两个因素：一是人口数量；二是法治水平。以法律援助为例，截至 2023 年，通过深入开展“法援惠民生，助力农民工”等活动，全国法律援助机构共组织办理农民工法律援助案件 48 万件，为 54 万名农民工追索劳动报酬 68 亿元，有效维护了农民工合法权益。[1]而在近十年前的 2014 年，全国法律援助机构共办理法律援助案件 124 万余件，受援人总数达到近 139 万人次，其中农民工受援人数为 47 万余人次。[2]而到可见，广大农村以及农村居民对法律援助的需求并未减少，而是有增加的趋势。

相较而言，尽管我国的律师人数近年来增长较快，但相对于全国总的人口数量仍然偏少。即便以司法部在其发布的《全国公共法律服务体系建设规划（2021-2025 年）》中规划的 75 万律师人数为分子，除以全国 14 亿人口，每万人才 5.3 名律师。相对而言，美国目前的律师人数已超过 133 万，即平均每千人就有 3.9 个律师（如图 9-1）。[3]因此，相对于社会经济的发展和国家法治建设的进步以及农村对法律援助需求的总量攀升态势，我国律师的人数仍然

---

〔1〕 参见新华社：《图表：2023 年全国法律援助机构组织办理农民工法律援助案件 48 万件》，载 https：//www. gov. cn/zhengce/jiedu/tujie/202402/content_ 6934203. htm，最后访问日期：2024 年 11 月 11 日。

〔2〕 梁捷：《2014 年全国法律援助受援人达 139 万人次》，载《光明日报》2015 年 1 月 22 日，第 8 版。

〔3〕 参见美国律师协会官网，载 https：//www. americanbar. org。这是截至 2023 年 1 月的数字。不过，需要说明的是，该 133 万名“律师”并不是国内通常所说的律师。国内通常所说的律师是狭义上的律师，即根据《律师法》规定，接受当事人委托，为当事人提供法律服务的律师。而美国律师协会统计的律师是广义上的律师，英文是“LAWYER”，准确翻译应该是“法律人”，其范围包括但不限于法官、检察官、法学院教师，还包括相当一部分执业人员。

不存在过剩的情况。

Demographics

sub-chapter jump links:
Growth of the legal profession • Lawyers by state • Lawyers by gender • Lawyers by race and ethnicity • Age • Diversity in US law firms • LGBTQ lawyers • Lawyers with disabilities • Legal demand

Growth of the legal profession

There are more than 1.3 million lawyers in the United States. To be more precise, there were 1,331,290 active lawyers as of Jan. 1, 2023, according to the ABA National Lawyer Population Survey, a tally of lawyers in every U.S. state and territory.

Over the past year, from 2022 to 2023, the number of active lawyers counted by the survey rose slightly, by just over 4,000, or three-tenths of one percent. The increase came mostly in three places – a 7,000 increase in Florida, another 7,000 increase in the District of Columbia and a 3,000 increase in Ohio. This was partly offset by a 14,000 decrease in Maryland. The fluctuation is likely due to how the states count active lawyers who live within the state, rather than actual changes in the number of working lawyers.

图 9–1

然而，即便在农村对法律援助责任的总体需求居高不下而承担法律援助的人力资源却相对不足的情况下，仍有一些律师或律师事务所没有承担起农村法律援助责任，甚至连基本的社会责任都没有承担起来。由此导致的一个直接结果是，那些由于缺乏实力支撑且过多地承担农村法律援助责任的律师或律师事务所，要么因此而造成业务上的困难，要么因此对农村法律援助责任产生逆反情绪，从而对自身发展或农村法律援助事业的发展造成消极影响。因此，基于这种情况，充分挖掘律师承担农村法律援助责任的潜能并使之积极分担农村法律援助责任，就成了一件非常必要的事情。

第二，地域矛盾。我国当前的法律援助责任需求来源地主要是广大的农村和西部地区，而法律援助的资源则主要集中在城市和东部地区，由此也使农村法律援助的责任分担变得更为必要。

众所周知，城乡差别和东西差距是我国的两个重要国情。就现在的城乡差别而言，我国的 14 亿多人口中有 5 亿多生活在农村，农村的经济、社会发展较落后于城市，农村的生活水平和农民的人均收入也较低于城市。[1]就东西差距而言，东南沿海一直是我国经济、社会发展的发达地区，而广袤的西北地区一直在经济、社会发展方面居于落后地位。尽管国家从20世纪80年代以来一直采取“非均衡发展战略”措施，调动东南沿海地区的经济资源对西北地区进行支援和帮扶并使西北地区在经济、社会方面的协调发展取得可喜的成效，但东西差距仍然存在。作为经济、社会发展落后状态的直接结果，广大农村和西部地区的法治水平也一直处于相对落后的状态，在制约国民经济健康发展的同时，也带来了一系列的社会问题。然而，尽管经济、社会发展的落后状态以及由此引发的社会问题需要律师在其中承担更多的农村法律援助责任，但广大农村和西部地区却严重缺乏律师资源。相反，我国的律师和律师事务所大多集中在城市和东部沿海地区，特别是北京、上海、广州和深圳这样的东部大都市。以北京为例，根据《法治周末》的报道，截至2022年底，在全国66.7万名执业律师中，北京市就占了46 971人，在全国3.86万个律师事务所中北京市就占了2887家（合伙所1433家、个人所348家、其他所1家）。也就是说，仅仅北京一个城市就集中了全国律师和律师事务所数量的八成左右。[2]

从本质上而言，地域矛盾其实是由可供满足法律援助需求的资源分布不均造成的。西方学者很早就注意到法律援助责任的区域内分担问题。尽管法律援助责任的分担在实践中也无强制性，但无论农村法律援助责任承担主体在承担法律援助责任方面的实力（财

---

〔1〕 马述忠、冯晗：《东西部差距：变动趋势与影响因素——基于演化与分解的分析框架》，浙江大学出版社2011年版，第2页。

〔2〕 综合司法部和北京律师协会在中国政府网和《法治日报》等媒体上披露的数字。

力、物力和人力）是如何的优越，假如没有适当的法律援助责任分担机制，依其一己之力是难以为继的。相反，如果一味地投入社会责任而无其他资源的摄入或投入——包括没有体现社会整体权威的政府支持与配合，最终可能完全丧失承担农村法律援助责任的能力。[1]因此，若要使法律援助获得可持续的发展，从长远和宏观来看需要建立良好的律师流动机制，使律师愿意在不影响执业利益的条件下自由流动。从律师行业内部而言，律师或律师事务所需要树立良好的社会价值观念，处理好自身发展与农村法律援助责任承担之间的关系，并在没有公共资源投入的情况之下，它就需要全体律师或律师事务所的共同参与并在各主体间形成一定的责任分担原则。就律师行业外部而言，既然律师践行农村法律援助的结果是增进社会整体的公共福祉，则当地政府应当为本区域或区域外的律师或律师事务所承担农村法律援助责任提供必要的政策支持并营造有利于律师承担农村法律援助责任的社会环境。

第二节　农村法律援助责任分担的形式

法律援助责任的分担大体可以根据三种标准进行分类，即以主体为标准的主体间分担，以区域为标准的区域间分担和以行业为标准的行业间分担。

一、法律援助责任的主体间分担

主体间分担是由一定区域内或不同区域间的律师或律师事务所

---

〔1〕 正如美国普林斯顿大学和纽约大学法学院政治科学教授史蒂芬·霍姆斯（Stephen Holmes）和芝加哥大学法律与政治科学教授卡什·R·孙斯坦（Cass R. Sunstein）两人合著出版了《权利的成本：为什么自由依靠税收》。

共同分担或参与分担一定的农村法律援助责任总量，是法律援助责任在不同的律师个体或律师事务所之间的分担。

1. 共同分担

如果一定时期需要律师承担的农村法律援助责任总量大而可供承担农村法律援助责任的律师或律师事务所数量少，可以由一定区域内或不同区域间的律师或律师事务所共同分担额定的农村法律援助责任，这就是共同分担。在这种分担形式中，农村法律援助责任的总量是相对固定的，参与分担的律师或律师事务所越少，单个律师或律师事务所的压力越大；反之，则越少。如果全体律师或律师事务所共同参与分担额定的农村法律援助责任，单个律师或律师事务所的农村法律援助责任压力可降至最小。

区域内的共同分担一般需要运用强大的政府调配力量，但在某些特殊情况下，如重大的自然灾害，共同分担形式仍是最为有效的农村法律援助责任分担方式。在2008年汶川大地震之后，灾害广泛波及成都平原，灾民之多，灾害之大，前所未有。[1]由于短时间内出现大量的财产损害和继承问题，灾民对法律援助的需求数量急剧上升，绝非一个律师或一家律师事务所能够承受。在这种情况下，当地律师协会和司法行政机关倡导本区域内的全体律师共同分担农村法律援助责任，积极为灾民提供法律援助服务，取得了良好的效果。

2. 参与分担

如果某个或某些律师或律师事务所面临较多的农村法律援助责任工作量，可以通过一定的方式引入本区域其他律师或律师事务

---

〔1〕 据民政部报告，截至2008年6月1日12时，四川汶川地震已造成69 016人遇难，368 545人受伤，失踪18 830人。紧急转移安置1514.74万人，累计受灾人数4555.2965万人。

所，使之分担其中的一部分工作量，这就是区域内的参与分担。例如，北京市于2013年启动“村居行动”工程以后，最初只有100多家律师事务所参与其中，致使许多村民或社区居民未能充分获得预期的律师服务。之后，北京律师协会采取更为广泛的社会招标方式，在原来的100多家律师事务所的基础上又增加了另外的300多家，新增加的300多家律师事务所分担了原由100多家律师事务所承担的农村法律援助责任，既满足了村民和社区居民的需求，也使更多的律师和律师事务所得到了锻炼和提高的机会。

二、法律援助责任的区域间分担

区域间分担是法律援助责任在不同的区域之间的分担。区域间的农村法律援助责任分担旨在打破行政区划和管辖上的限制，从而能在更大程度上克服资源分配不均的矛盾。

1. 东部发达地区的律师分担西部欠发达地区的法律援助责任

我国西部地区经济相对落后，农村的社会矛盾相对较多，因而更加需要律师的法律服务。“随着经济快速发展和社会转型，矛盾纠纷多发易发，老百姓对法律服务的需求旺盛。西部律师提供法律服务，推动法治建设的空间更广阔，意义更重大。”[1]然而，如前所述，我国的律师和律师事务所主要集中在东部发达地区，而广大西部地区的律师资源则严重匮乏。截至2015年底，西部地区有律师事务所5286个，律师60 534人，占比均为全国的20%左右。[2]西部律师行业面临着队伍数量严重不足、业务素质亟待提高、办公

〔1〕 参见《东部“大腕”律师团将西行传道》，载《法制日报》2013年4月22日，第5版。

〔2〕 参见兰楠：《领跑西部 四川律所和执业律师数量居首》，载《四川法制报》2015年10月27日，第A06版。

条件十分有限等各种困难。特别是新入行的年轻律师，由于案源少、收费低等原因，生存堪忧。[1]因此，在西部律师数量短期内难以满足农村发展需要的情况下，可由东部地区的律师分担西部地区的法律援助责任。

2. 城市律师分担农村的法律援助责任

我国“三农”问题比较突出，农村的经济发展相对落后，法治水平相对低下，农村的社会矛盾和治安问题相对较多，农村社会生活的诸多方面需要律师在其中承担农村法律援助责任，但农村的律师资源严重不足。由于律师资源不足，农村的普法工作滞后，农村的法律援助事业落后于城市。在农村律师数量短期内难以快速增加的情况下，只能由城市律师，特别是大城市的律师分担农村的法律援助责任，从而促进农村的法治建设与和谐发展。

三、法律援助责任的行业间分担

行业间分担是由律师职业之外的其他行业力量加入法律援助领域并承担本应由律师群体承担的法律援助责任。由于法律援助具有较强的专业性，通常只有具有一定的法律知识和法律技能的法学教育行业的相关人士才能胜任此种分担。具体而言，这种分担形式主要表现为以下两种情况：

第一，在校法科学生对法律援助责任的分担。高等法学院校的在校学生是分担法律援助责任的新生力量。随着我国法学教育事业的不断发展，高等法学院校的在校学生也开始参与承担原本应由执业律师承担的某些法律援助责任。

在高等法学院校的在校学生中，实际参与分担法律援助责任的

---

〔1〕 参见《东部“大腕”律师团将西行传道》，载《法制日报》2013年4月22日，第5版。

学生主要是法律诊所的学生。法律诊所学生这一名词应该追溯到20世纪60年代。当时，美国高等法学院校开始借鉴医学院的临床教育模式而开设“法律诊所”[1]课程，使法学院学生能够从类似于医学诊所的“法律诊所”中学习法律执业技能，并以此为平台服务农村社会，为农村的社会弱势群体提供法律援助服务。诊所学生就是在高等法学院校的法律诊所中为处于困境中的当事人“诊断”法律问题并开出解决问题的“处方”的学生。随着诊所法律教育这一法学教育模式的产生和发展，诊所学生的人数规模也不断得以壮大。在美国，从20世纪60年代率先开始诊所法律教育至今，这一教育模式已有五十多年的发展，目前全美律师协会（ABA）承认的各个法学院均已或早或晚地开设了法律诊所课程。由于美国法学院学生毕业后的法律职业必须从律师做起，几乎所有法学院学生都要经过法律诊所课程的洗礼。在我国，从21世纪初借鉴和引入诊所法律教育模式至今，其发展历程虽然已有二十年多的时间，[2]但也已初具规模。根据我国诊所法律教育专业委员会的数据，迄止2022年7月，国内已有139个法学院校开设法律诊所课程所，在校诊所学生据保守估计也已近10 000人。[3]二十年来，中国高等法学院校的诊

---

〔1〕法律诊所既是一门法学实践教育的课程，也是一个法律援助的平台。最早提出“法律诊所”这一概念的是美国现实主义法学教育的领军人物弗兰克（D. Franker），他在对兰德尔经院主义判例教学法的批判中率先提出了“法律诊所”（clinical legal education）的改革设想。1968年，福特基金会资助全美律师协会成立职业责任法学教育委员会（CLEPR）并实施“法律诊所”教育课程，同时以此向社会提供法律援助。参见朱景文主编：《对西方法律传统的挑战——美国批判法律研究运动》，中国检察出版社1996年版，第312~316页。

〔2〕2000年9月，在美国福特基金会的支持下，中国人民大学、北京大学、清华大学、华东政法大学、复旦大学、武汉大学、中南财经政法大学正式在各自的法学院开设法律诊所课程。

〔3〕具体名录及学生人数可参见中国诊所法律教育专业委员会官方网站，即http：//www. cliniclaw. cn。

所学生向农村提供了大量的法律援助，这是法律诊所学生分担法律援助责任的主要方面。在法律诊所学生提供的各类法律援助中，刑事法律援助是一个重要部分。以 2022 年各高校法律诊所中接受中国诊所法律教育专业委员会资助的法律诊所为例，全体诊所学生保守估计参与超过 1 万个农村法律援助案件的工作，[1] 而据司法部法律援助司的统计数据，全国在该年获得批准的法律援助的总量为 137 万余件，其中为农民工提供的法律援助案件为 46. 8 万件。[2] 也就是说，在相同时间内，各高校法律诊所中接受中国诊所法律教育专业委员会资助的法律诊所向农村提供的法律援助数量大约相当于全国法律援助机构向农村提供法律援助数量的 2. 14%，总量不可小觑。

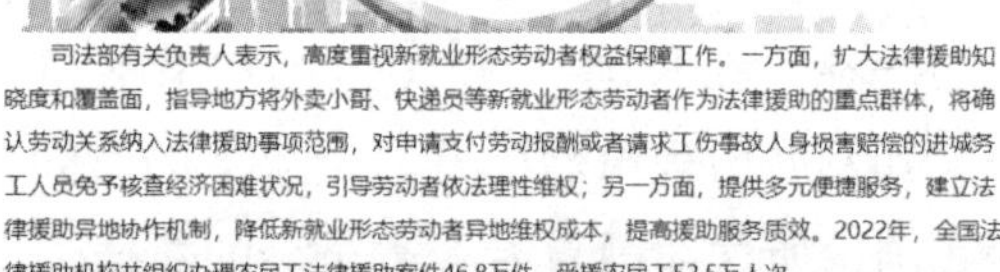
司法部有关负责人表示，高度重视新就业形态劳动者权益保障工作。一方面，扩大法律援助知晓度和覆盖面，指导地方将外卖小哥、快递员等新就业形态劳动者作为法律援助的重点群体，将确认劳动关系纳入法律援助事项范围，对申请支付劳动报酬或者请求工伤事故人身损害赔偿的进城务工人员免予核查经济困难状况，引导劳动者依法理性维权；另一方面，提供多元便捷服务，建立法律援助异地协作机制，降低新就业形态劳动者异地维权成本，提高援助服务质效。2022年，全国法律援助机构共组织办理农民工法律援助案件46.8万件，受援农民工52.5万人次。

图 9-2

第二，法学专家学者对法律援助责任的分担。法学专家学者对法律援助责任的分担由来已久。在我国，法学专家学者除了承担立法之类的社会责任，也可以和律师一样积极参与普法宣传，为农村

〔1〕 这是笔者从中国诊所法律教育专业委员会了解到的数字。

〔2〕 参见《司法部：2022 年全国共办理法律援助案件 137 万余件》，载 https：//politics. gmw. cn/2023-08/24/content_36786458. htm，最后访问日期：2024 年 11 月 11 日。

的社会弱势群体提供法律援助，从而减轻律师在这些领域承担法律援助责任的压力。

第三节　农村法律援助责任分担的主要制约因素

制约律师分担农村法律援助责任的因素很多，主要有以下几个方面：

1. 主观观念的制约

一般来说，对农村法律援助责任的分担不仅意味着在一定程度上或一定时期内对商业利益的舍弃，而且还是一件费钱、费力并不讨好的事情。如果律师的自觉性不强或积极性不高，往往不会主动分担本所或本地区其他律师应当承担的农村法律援助责任。

同时，前已叙及，律师职业具有一定的商业属性，收入和工作机会上的差距导致律师选择在经济发达的东部发达地区工作而不是在经济欠发达的西部地区工作。并且，北京、上海、广州和深圳这样的大都市还具备西部地区所不具备的信息优势和生活条件优势，不仅如此，对这些身居东部大都市的律师而言，如果其到西部或乡村去分担本应由那里的律师承担的农村法律援助责任，可能会暂时失去开展业务的时间和机会。因此，基于利益的权衡考虑，如果律师没有较高的社会责任感，城市或东部地区的律师一般不会主动分担农村法律援助责任。

2. 组织协调的制约

一般来说，律师或律师事务所难以了解其他的律师或律师事务所在农村法律援助责任方面的工作量，特定地域的律师或律师事务所也不大可能了解其他地域的律师或律师事务所的农村法律援助责任工作量。在不了解对方的农村法律援助责任工作量或是否希望工作量得到分担的情况下，即使律师或律师事务所具有分担的愿望，也无头绪如何主动参与分担。因此，协调沟通是农村法律援助责任分担的一个前提条件。

对于重大的农村法律援助责任分担活动，组织实施尤其重要。例如，在我国加入 WTO 之始，经常要应对来自欧美的反倾销诉讼，这种诉讼对律师而言意味着重大的社会责任，是单个的律师或律师事务所难以胜任的，因而有赖于政府发挥其组织职能。然而，由于国家有关部门欠缺组织经验，早期的反倾销诉讼大多因为没有组建科学而合理的律师团队而败诉了。[1]再如，法律援助是政府的一项重要职责，司法行政机关对此具有重要的组织实施职能。如果本区域的法律援助工作量较大，可以在各个律师事务所之间进行组织调配。同时，东部地区的司法行政机关还可以与西部地区的司法行政机关建立常态化的帮扶联络机制，组织本地区的律师分担西部地区的法律援助工作。然而，从目前来看，尽管自 2003 年《法律援助条例》公布以来我国法律援助制度已经建立二十余年，但囿于各方面的主客观原因，特别是地方司法行政机关在这个问题上的组织意识或组织能力的不足，城乡之间、东西部之间的法律援助组织分担机制仍然远未建立起来。

3. 法治环境的制约

法治环境是指全社会主张法律主治、依法而治所形成的特定意义上的社会环境。是社会管理趋向文明过程中所形成的制度化特征和必不可少的客观基础，对生产力的发展起着维护、保障、促进、规范和巩固的作用。

法治环境对于区域之间的农村法律援助责任分担具有重要意

---

〔1〕《诉讼不断 中国成为全球受反倾销损害最大的国家》，载 http：//finance. sina. com. cn/g/27459. html，最后访问日期：2025 年 3 月 12 日。

义。良好的法治环境能够给律师带来安全感，从而增强外来律师分担本地法律援助责任的信心，是引进律师，甚至留住律师的区域信用保证。然而，从目前来看，农村和西部地区的法治环境是相对落后的。在农村和西部地区，人们对律师工作的本质并无清晰认识，不少人甚至对律师职业有误会。以笔者亲历的一个刑事法律援助案件为例，该案被告涉嫌强奸，在异地被羁押并起诉，家人尽管着急，却请不起律师，笔者的律师朋友为之提供法律援助，在法庭内外多次遭到受害方的威胁和谩骂。与之相反，在北京、上海、广州、深圳这样的东部大城市，由于法治环境相对较好，律师一般不会遇到这种处境，其承担法律援助之类的社会责任工作比偏远省份更有安全保障。

4. 经济条件的制约

之所以会出现律师分担农村法律援助责任的问题，根本原因仍在于城乡发展和东西部发展的不均衡。毕竟，律师承担农村法律援助责任是需要成本的，而从城市到农村、从东部到西部参与分担当地的法律援助责任，更加需要成本。从律师个人来看，如果个人经济状况较好，应当在一定程度上承担农村法律援助责任分担所需的支出，这本身就是法律援助责任的题中应有之义。但是，对于个人经济积累并不充裕的律师而言，让其自带干粮分担其他地域的法律援助责任，是比较困难的。例如，在某个西部农村的法律援助案例中，律师的调查取证费用就花费了近 4 万元。这笔费用对律师来说不是一个小数字，当地地方援助中心仅给予几百元的费用补贴。这样的补贴连律师必要的交通、住宿无法保障，直接加重了律师的负担，直接影响着律师分担当地法律援助责任的积极性。[1] 因此，农

〔1〕 刘瑜：《〈法律援助二十年〉专题报道之二法律援助制度也需要援助》，载《民主与法制》2015 年第 33 期。

村法律援助责任分担问题在很大程度上受到当地经济条件的影响。

此外，经济条件还间接地表现为当地是否具有必要的交通、通讯设施以及起码的激励机制，这些对吸引东部地区的律师参与西部法律援助责任的分担也是重要的影响因素。

第四节 农村法律援助责任分担问题的解决途径

针对上述制约农村法律援助责任分担的各种因素，主要应尝试采取以下解决措施：

1. 建立激励机制

良好的激励机制可以激发律师分担农村法律援助责任的主观积极性。在建立激励机制的时候，应该考虑激励的双向性，即东部地区要激励律师走出去，西部地区要吸引律师走进来。同时，律师协会和司法行政机关要鼓励律师从城市走向农村，下基层，接地气。激励可以是经济的，也可以是精神的，但以精神激励为主。对于主动分担异地法律援助工作量达到一定标准的律师，所在的律师协会或所属的司法行政机关可以发放一定额度的奖金。在缺乏经济支持的情况下，所在的律师协会或所属的司法行政机关可以对分担异地法律援助工作量较多的律师颁发一定的荣誉称号，并将此项荣誉作为考评律师的社会信誉和工作能力的指标，向村民加以推广，以此提高相关律师在村民中的认知度。

2. 建立健全法律援助责任分配机制

法律援助责任分配机制主要适应于律师协会或司法行政机关辖区内部的农村法律援助责任分担。也就是说，律师协会或司法行政机关可将特定期间的农村法律援助责任工作以一定方式分配给相应的律师事务所，由律师事务所组织本所律师完成。例如，北京市自

2014年开始建立年度法律定点服务政府采购制度，根据《中华人民共和国政府采购法》和当时的《中华人民共和国合同法》等相关法律、北京市财政局《北京市市级协议供货和定点服务政府采购管理暂行办法》（京财采购〔2010〕362号）、《北京市市级协议供货和定点服务供应商监督考核暂行办法》（京财采购〔2010〕366号）和招标文件的规定，面向全市律师事务所公开进行年度法律定点服务政府采购项目中标公告，当年共有348家律师事务所中标。[1]通过这种方式，该市不但使法律定点服务领域的农村法律援助责任分担工作得到切实保障，而且还增加了小所和年轻律师获得业务的机会。

3. 建立高等法学院校的在校学生分担法律援助责任的法律制度

对此，当务之急是启动相关的立法工作，一方面对诊所法律援助的主体资格进行明确的规定，另一方面对诊所法律援助的具体实施进行有效的规范，即使不能马上制定专门的法律制度，也应该尽快对现有的《法律援助法》加以修改和完善或由各地制定相关的实施细则，以理顺诊所法律援助所涉及的各种主体之间的权利义务关系，使诊所法律援助有法可依，有章可循。在当前法律规定尚难预期的情况下，可以鼓励各个开展诊所法律援助的高等法学院校进行必要的探索和尝试。比如，为了解决法律规范的空缺问题，各个开设法律诊所并进行诊所法律援助的高等院校可以制定相应的规章制度，对诊所法律援助的办案流程、卷宗归类、资料保存、经费收支和业务评价进行详细规定。再如，为了解决诊所师生的资格问题，可以进行大胆的借鉴和创新。一方面，可以借鉴西方国家尤其是美国的实践经验，由律师行业协会承认诊所师生的“准律师”资格，

---

〔1〕 数据来自北京市政府采购中心网站，载http://www.ccgp.gov.cn/df/beijing/201505/t20150504_5252832.htm，最后访问日期：2025年3月3日。

在办理法律援助案件时参照执业律师的规定，享有一定的诉讼权利并承担一定的诉讼义务。另一方面，也可以推动高等法学院校与当地司法行政机关的合作，把诊所法律援助纳入普通法律援助轨道，让诊所师生作为法律援助律师助手参与援助工作。

4. 建立农村法律援助责任分担所需经费的筹资渠道

经费匮乏是制约农村法律援助责任分担可持续发展的又一个迫切问题。资金筹措可以采取不同的方式，但最为可取的方式是建立相应的专项基金。例如，在“中国法律援助基金”之外，还可以建立专门的农村法律援助基金或西部法律援助基金、农村普法基金或西部普法基金，等等。这是因为，专项基金既便于筹资也便于管理。从筹资的角度来说，它具有一定的稳定性和开放性；从管理的角度来说，它具有一定的法律保障和规章制度。无论以何种形式筹集资金，最为重要的是建立严格的支出制度，否则资金再充裕也难免付之流水。原则上来说，筹集的资金只能用于两个方面：一是用于农村法律援助责任分担的日常支出；二是用于相应的奖金或奖学金，对作出突出成绩的律师进行激励。

5. 完善队伍建设

我国绝大部分律师集中在城市，特别是北京、上海、广州这样的大城市，这种现状在短期内恐难改变。为此，西部地区的律师协会和司法行政部门应该聚焦法律人才的培养和招纳，为律师执业培植良好的法治土壤。在农村地区，可以充分发挥或调动基层法律服务工作者和社会法律服务力量的作用。基层法律服务工作者是符合《基层法律服务工作者管理办法》规定的执业条件并在基层法律服务机构中为农村提供法律援助服务的人员，具有一定资质和能力，是分担农村法律援助责任的主要力量。当然，农村的法律援助责任主要是普法和法律援助，由于基层法律服务工作者广泛分布于农村地区，因而在为农村居民提供法律援助方面具有律师所不具备的地理优势，值得大力发展。此外，高等法学院校师生也是一支重要的社会力量，其不但具有丰富的法律知识，而且可以在为农村居民提供法律援助服务的同时增长自身的实务经验。对此，如前所述，可由团中央和司法部共同组织，每年派遣一定数量的高等法学院校师生深入农村，以志愿者的身份为农村留守群体提供普法或法律援助服务。

6. 建立常态化的组织机制

东部发达地区的律师可以自发地分担西部欠发达地区的法律援助责任，也可以在有关部门的组织下进行分担。司法部、中华全国律师协会、中国法律援助基金会共同发起的“‘1+1’中国法律援助志愿者行动”是近年来的一项规模较大的有组织的农村法律援助责任分担活动，该项活动主要通过行业互助和招募志愿者的形式，整合社会资源，动员律师和法学院校优秀毕业生到全国无律师县或中西部律师人才短缺的市、县开展志愿服务，由东部地区分担西部地区的法律援助任务。其中，安徽省先后选派律师 32 人次参加‘1+1’中国法律援助志愿行动。在受援地，志愿律师倾力开展法律服务，共办理各类法律援助案件 1670 件，为受援人挽回经济损失 4950 万元。与此同时，志愿律师协助当地党委、政府妥善调处涉及社会保障等方面群体性纠纷和涉法涉诉信访案件 340 余起，接待法律咨询 1. 13 万人次，开展法制讲座及培训 210 余场次。[1]

---

〔1〕 参见《我省志愿律师赴西部接力法律援助》，载《安徽日报》2015 年 7 月 9 日，第 2 版。

参考文献

1. 卓泽渊：《法治国家论》，中国方正出版社 2001 年版。
2. 陈卫东主编：《律师执业概论》，法律出版社 2005 年版。
3. 田文昌主编：《律师制度》，中国政法大学出版社 2007 年版。
4. 肖明主编：《哲学》，经济科学出版社 1991 年版。
5. ［法］埃米尔·涂尔干：《社会分工论》，渠东译，生活·读书·新知三联书店 2000 年版。
6. ［美］罗斯科·庞德：《通过法律的社会控制》，沈宗灵译，商务印书馆 1984 年版。
7. 孙笑侠等：《法律人之治——法律职业的中国思考》，中国政法大学出版社 2005 年版。
8. 任东来、陈伟、白雪峰等：《美国宪政历程：影响美国的 25 个司法大案》，中国法制出版社 2005 年版。
9. 李鹏主编：《公共管理学》，中共中央党校出版社 2006 年版。
10. 朱景文主编：《对西方法律传统的挑战——美国批判法律研究运动》，中国检察出版社 1996 年版。
11. 甄贞主编：《诊所法律教育在中国》，法律出版社 2002 年版。
12. 张耕主编：《法律援助制度比较研究》，法律出版社 1997 年版。
13. 徐国忠编著：《中国律师制度与实务》，同济大学出版社 2006 年版。

14. 宫晓冰主编：《各国法律援助理论研究》，中国方正出版社 1999 年版。
15. 潘小娟、卢春龙等：《中国农村留守群体生存状况研究》，北京大学出版社 2013 年版。
16. 王云峰、陈卫东编著：《统计学原理——理论与方法》，复旦大学出版社 2014 年版。
17. 马述忠、冯晗：《东西部差距：变动趋势与影响因素——基于演化与分解的分析框架》，浙江大学出版社 2011 年版。
18. 中共中央马克思恩格斯列宁斯大林著作编译局译：《马克思恩格斯全集》（第一卷），人民出版社 1972 年版。
19. 司法部法律援助中心编：《中国法律援助年鉴·2013》，中国民主法制出版社 2015 年版。
20. 文军、沈东：《当代中国城乡关系的演变逻辑与城市中心主义的兴起——基于国家、社会与个体的三维透视》，载《探索与争鸣》2015 年第 7 期。
21. 姚俊廷：《法律信仰的建构及其意义》，载《理论界》2002 年第 1 期。
22. 魏佳容：《法律信仰与中国法治现代化》，载《律师世界》2002 年第 10 期。
23. 陈家付：《在建设社会主义和谐社会中推进人的全面发展》，载《学术论坛》2005 年第 4 期。
24. 顾永忠等：《论律师的职业属性》，载《中国司法》2007 年第 4 期。
25. 司莉：《律师职业功能正义性的悖反与统一》，载《河南社会科学》2008 年第 1 期。
26. 谢佑平：《独立性：律师职业的本质属性》，载《中国律师》

2002 年第 7 期。
27. 陈海：《律师职业的本质属性与律师职业定位的应然性思考》，载《内蒙古农业大学学报（社会科学版）》2010 年第 1 期。
28. 张露藜、陈心歌、李克：《法律援助在社会保障体系中的地位和作用——北京市法律援助工作调查论要》，载《北京政法职业学院学报》2007 年第 1 期。
29. 马刚：《公共物品供给方式及其对我国公共物品供给的思考》，载《经济师》2003 年第 9 期。
30. 柳忠卫、鲁晨生：《城市农民工法律援助问题研究（下）——关注和谐社会构建中的弱势群体》，载《安徽警官职业学院学报》2006 年第 6 期。
31. 马怀德：《公务法人问题研究》，载《中国法学》2000 年第 4 期。
32. 万鄂湘、胡云红：《论刑事被害人诉讼权利和救济制度的完善》，载《人民司法》2012 年第 13 期。
33. 叶敬忠、张弘：《透视中国农村留守人口》，载《社会科学论坛（学术评论卷）》2009 年第 3 期。
34. 刘效仁：《村校集体消亡背后的权利沦陷》，载《中国社会工作》2009 年第 19 期。
35. 袁本成、李庆林：《论企业的激励机制》，载《人力资源管理》2013 年第 7 期。
36. 贾丽萍：《构建农民工社会保障体系不能忽视该群体的复杂性》，载《调研世界》2006 年第 4 期。
37. 吴洪淇：《美国律师职业危机：制度变迁与理论解说》，载《环球法律评论》2010 年第 1 期。
38. 刘思达、梁丽丽、麦宜生：《中国律师的跨地域流动》，载《法律和社会科学》2014 年第 1 期。

39. 全国妇联课题组：《全国农村留守儿童城乡流动儿童状况研究报告》，载《中国妇运》2013 年第 6 期。

40. 刘瑜：《〈法律援助二十年〉专题报道之二法律援助制度也需要援助》，载《民主与法制》2015 年第 33 期。

41. 中国人权研究会：《生存权和发展权是首要的基本人权》，载《人民日报》2005 年 6 月 27 日，第 9 版。

42. 缪晓宝：《正确认识律师的本质属性》，载《人民日报》2004 年 3 月 31 日，第 14 版。

43. 江平、陈夏红：《律师兴则国家兴》，载《北京日报》2010 年 11 月 1 日，第 20 版。

44. 王芬：《刑事被害人法律地位及救济制度研究》，载 http：//www.iolaw. cssn. cn/oldcloumn/rgf/200907/t20090710_4602974. shtml。

45. 中华全国律师协会：《中国律师行业社会责任报告（2013 年）》，载 http：//www. fxcxw. org. cn/dyna/content. php？ id=2794。

46. 中华人民共和国司法部法律援助司：《2008 年全国法律援助工作统计分析》，载 http：//www. chinalegalaid. gov. cn。

47. 蔡国美、刘云萍：《农村法律援助面临的困境与改革》，载何小宁：《2009 年度全国法律援助研讨会综述》（司法部法律援助中心主办的“2009 年度全国法律援助研讨会”会议）。

48. 美国律师协会：《律师职业行为示范规则》（2004）。

49. 零点研究咨询集团：《律师行业发展指数报告》（2009）。

50. Bethany Rubin Henderson，“Asking the Last Question：What Is the Purpose of Law School?”，*Journal of Legal Education*，53，2003.

后 记

本书是作者于2014年立项的中国政法大学校级人文社科项目的结项成果。按照计划，写作应当在2017年6月完成，由于此前本人主持的司法部课程延宕的缘故，不得已申请延期一年结项。项目结项以后，作者又用数年时间对结项文本进行修改和完善，最终形成读者手中的这本书。

必须要指出的是，农村法律援助问题是一个比较边缘的问题，也是一个不怎么受到学界乃至于实务界青睐的问题，但它的确是一个非常重要的问题。之所以"非常"重要，主要是因为它关系到农村法治建设的成败以及"三农"问题的解决和农村的和谐稳定。就此而言，项目申报获得立项批准是有价值的，文稿的写作也是有价值的。

文稿共分为九章，在写作过程中既注重对现实的实证研究，也注重对问题的思辨，具体涵盖中国法律援助的城乡二元化问题、农村法律援助的承担主体、农村法律援助的政府责任、农村法律援助的社会力量参与——诊所法律教育与农村法律援助、农村留守群体的基本权利保护、农村法律援助的主要领域和典型案例、农村法律援助的评价指标体系、农村法律援助的激励问题、农村法律援助的责任分担问题。其中，第二章的调研材料以及相关部分的实例材料由当地或本人提供，作者对此未作大的改动，以尽可能尊重原文和原貌。

文稿在写作过程中得到许多朋友的帮助。我的法律诊所学生参与项目的前提实证调研工作。我的硕士研究生黄香蕾对第三章的第二节写作具有较大贡献。在此谨表衷心谢意!

刘晓兵

2024 年 10 月 18 日于北京通惠河畔